综合督导

提升校长现代治理能力的上城密码

项海刚 ◎ 主编

中国财经出版传媒集团
经济科学出版社
Economic Science Press
·北京·

图书在版编目（CIP）数据

综合督导：提升校长现代治理能力的上城密码 / 项海刚主编. -- 北京：经济科学出版社, 2025.6.
ISBN 978 - 7 - 5218 - 7079 - 4

Ⅰ. G471.2

中国国家版本馆 CIP 数据核字第 2025R6D622 号

责任编辑：王红英
责任校对：王肖楠
责任印制：邱　天

综合督导：提升校长现代治理能力的上城密码
ZONGHE DUDAO: TISHENG XIAOZHANG XIANDAI ZHILI
NENGLI DE SHANGCHENG MIMA
项海刚　主编

经济科学出版社出版、发行　新华书店经销
社址：北京市海淀区阜成路甲 28 号　邮编：100142
总编部电话：010 - 88191217　发行部电话：010 - 88191522
网址：www.esp.com.cn
电子邮箱：esp@esp.com.cn
天猫网店：经济科学出版社旗舰店
网址：http://jjkxcbs.tmall.com
固安华明印业有限公司印装
710×1000　16 开　22.75 印张　300000 字
2025 年 6 月第 1 版　2025 年 6 月第 1 次印刷
ISBN 978 - 7 - 5218 - 7079 - 4　定价：98.00 元
(图书出现印装问题，本社负责调换。电话：010 - 88191545)
(版权所有　侵权必究　打击盗版　举报热线：010 - 88191661
QQ：2242791300　营销中心电话：010 - 88191537
电子邮箱：dbts@esp.com.cn)

《综合督导：提升校长现代治理能力的上城密码》编委会

主　编

项海刚

副主编

陈　韵

执行副主编

庞科军　缪华良

成　员

王晨华　夏　春　周娟娟　应春波　宋德婷
孙心怡　傅亮亮　钱佳芹　金　莹　王　月
张浩强　毛瑶瑶　李　潇　花　弘　王晓强
沈建华　丁海霞　陈婉婉　尚　悦

序

在教育强国建设征程中,教育的政治属性、人民属性、战略属性始终是锚定教育发展航向的核心指引。教育督导作为教育治理体系的重要组成部分,肩负着保障教育高质量发展的重要使命。2020年2月,中共中央、国务院出台《关于深化新时代教育督导体制机制改革的意见》,明确要求"校(园)长在一个任期结束时,要接受一次综合督导",标志着教育督导评估进入新阶段。2021年12月,教育部进一步出台《关于开展中小学幼儿园校(园)长任期结束综合督导评估工作的意见》,系统阐述校(园)长任期督导机制,推动督导重心从"督事"向"督人"转型。这一变革不仅重构了教育督导的价值内核,更锚定了培养"教育家型校长"的时代命题。

在这一时代背景下,如何以综合督导为抓手,在"规范有序"与"激发活力"这一组重大关系之间寻求动态平衡,构建"优质均衡、人民满意"的教育治理新格局,成为上城教育改革的核心课题。自2009年探索发展性评估以来,上城始终以"先行先试"的改革自觉,创新构建"一轴两核""四位一体"的督导评估体系。作为浙江省首批中小学幼儿园校

（园）长任期结束综合督导评估试点区，上城率先实现督导范式的转变，从紧盯"事的闭环"转向聚焦"关键事"与"关键人"的深度融合。这种转变不仅是督导对象的调整，更是治理逻辑的重构。上城不仅培育了一支兼具专业素养和创新精神的治理人才队伍，更是打造了一套精准高效、特色鲜明的区域督导体系。

上城综合督导的实践成果凝结在本书之中，展现出三大鲜明特征。

一是构建双向赋能的督导体系。上城综合督导突破传统"督事"模式，在校长个体发展与学校整体进步之间实现有机统一。以提升校长现代治理能力为核心，将党建统领力、政策执行力、规划发展力、调试整合力、风险防控力等关键能力纳入督导评估体系，既为校长量身定制专业发展路径，又为学校发展绘制清晰蓝图。上城综合督导强调落实"基层减负"理念，通过精简整合督导指标，让校长既能在"关键事"上精准发力，又能在"关键能力"上持续精进，为教育治理现代化提供了"关键人"与"关键事"协同优化的鲜活范例。

二是打造民生导向的实践闭环。上城综合督导的深层价值，在于构建了具有生长性的评估生态。秉持"规范有序、激发活力、师生成长、人民满意"的设计理念，上城通过综合督导撬动校长治理能力提升。在实践过程中，上城不断深化督导工作模式，将指标体系与立德树人根本任务紧密结合，动态融入国家战略、区域需求和时代特征，形成了"过程评价与结果评价贯通、任期评估与发展评估衔接、共性指标与个性指标融合、多元主体与多样方式结合"的评估机制。综合督导成为激活学校内生发展动力的催化引擎，推动教育治理实现从"外部驱动"到"自我生长"的转型。在具体实践中，上城始终将群众对美好教育的需求作为工作的出发点和落脚点，聚焦教育公平与质量提升，推动优质教育资源均衡配置，持续深化办学特色，切实提升师生的幸福感。这种以人民满意为导向的实践探索，让教育发展成果更公平地惠及每一个学生、教师、学校、家庭。

三是提供知行合一的实践指南。本书最大的亮点在于其极强的实践指导性，通过梳理上城十六年的实践经验，采用"理论+案例"的立体架构，系统呈现上城综合督导的实施路径。书中不仅深入剖析"督查、考核、评估、调查、审计"等关键环节，更通过大量真实案例，直观地呈现如何提升校长治理能力的上城经验。同时，本书前瞻性地讨论了管理保障、队伍建设、技术赋能等支撑体系，并针对数智时代的教育变革提出创新策略。无论是教育管理者、研究者，还是一线校长，都能在书中找到可直接借鉴的工作方法和实践智慧。

上城的实践充分证明，教育督导既是校准教育发展方向的"指挥棒"，更是激发教育活力的"催化剂"。在改革进程中，上城既坚守规范办学的底线，确保教育发展行稳致远；又着力激活学校自主发展的内生动力，让教育创新活力竞相进发。如今，上城的改革经验已在国家、省、市等多个层面分享交流，相关成果多次见诸报端，为其他地区推进教育督导改革、提升教育治理水平提供了翔实且极具价值的实践范例。

当前,教育强国建设已进入蓄势突破、全面跃升的关键阶段。站在新的历史方位,蓝图绘就,未来可期。期待上城教育人以更开阔的视野、更务实的举措,在教育强国建设的征程中继续破题探路,为推进教育治理体系和治理能力现代化贡献更多"见人、见事、见效"的上城密码。

是为序。

2025年4月于杭州

CONTENTS 目录

第一章　绪论 / 1

　　第一节　审视：校长治理能力的时代观照 / 2

　　　　一、全球视野下校长角色定位的变化 / 2

　　　　二、中国教育现代化视域下的校长角色 / 7

　　　　三、提升校长治理能力的各国对策 / 10

　　第二节　回顾：以综合督导撬动校长治理能力提升的上城轨迹 / 13

　　　　一、基础性发展阶段：以队伍和制度并重，双轮驱动规范办学 / 14

　　　　二、整体性发展阶段：以管办助评为抓手，全面激发办学活力 / 17

　　　　三、主体性发展阶段：以综合督导体系重构，促进教育深度变革 / 20

第二章　设计：综合督导的上城架构 / 23

　　第一节　阐释：综合督导的价值定位 / 24

　　　　一、从重规范走向重活力：综合督导的价值起点 / 24

二、从关键事走向关键人：综合督导的价值内核/29
　　三、从更均衡走向更优质：综合督导的终极目标/33

第二节　架构：上城教育综合督导的顶层设计/38
　　一、上城教育综合督导的设计理念/39
　　二、上城教育综合督导的基本原则/43
　　三、上城教育综合督导的总体架构/44
　　四、上城教育综合督导的特征解析/50

第三章　督查：指向提升党建统领力的专项督查/55

第一节　党建统领力督查的内涵/56
　　一、党建统领力的内涵及价值/56
　　二、全面从严治党专项督查的内涵与目的/61
　　三、专项督查与党建统领力提升的内在逻辑/64

第二节　专项督查的实施操作/65
　　一、高标准的目标要求/65
　　二、高保障的工作机制/68
　　三、高质量的实施路径/73

第三节　专项督查党建统领力的实践样态/79
　　一、督规范：从规范督查到治理赋能/79
　　二、督专项：从问题整改到生态构建/84
　　三、督特色：从把脉巡诊到持续滋养/89

第四章　考核：指向提升政策执行力的综合督导/95

第一节　解读：政策执行力的内涵/96
　　一、政策执行力的内涵概述/96

二、政策执行力的要素和特征／99

三、政策执行力的落地与作用／103

第二节　实践：执行力考核的操作／106

一、执行力考核的整体定位／106

二、执行力考核的运行机制／117

第三节　政策执行力考核的典型案例／123

一、核实执行度：目标清晰，强化治理效能／123

二、激发创新度：瞄准突破，创新攻关项目／129

三、奖励贡献度：价值追求，突出能力提升／135

第五章　评估：指向提升规划发展力的综合督导／142

第一节　解读：规划发展力的内涵／143

一、规划发展力的内涵概述／143

二、规划发展力的要素解析与特征／146

三、校长规划发展力与学校发展性评估的内在关联／149

第二节　实践：规划发展力的实践操作／154

一、发展性评估的架构与定位／154

二、发展性评估的运行机制／158

三、发展性评估驱动下的学校三年发展规划制定
与校长规划发展力的跃升／161

第三节　经验：规划发展力考核的典型案例／163

一、区域评估引领：学校整体性发展的实践样态／163

二、自主发展赋能：学校个性化发展的实践智慧／168

三、关键指标锚定：学校竞争力提升的实践探索／174

第六章　调查：指向提升调适整合力的综合督导 / 179

第一节　解读：调适整合力的内涵 / 179

一、调适整合力的内涵及价值 / 180

二、调查的内涵与目的 / 184

三、调查与调适整合力的内在逻辑 / 187

第二节　实践：调适整合力调查的操作 / 190

一、明确目标要求 / 191

二、清晰调查内容 / 194

三、规范实施路径 / 198

四、落实反馈整改 / 203

第三节　经验：调适整合力调查的典型案例 / 206

一、从聚焦点滴走向全面优化 / 206

二、从被动应对走向主动引领 / 211

三、从个体发展走向经验共享 / 216

第七章　审计：指向提升风险防控力的综合督导 / 222

第一节　解读：风险防控力的内涵 / 223

一、风险防控力内涵概述 / 223

二、审计提升风险防控力的驱动机制 / 227

三、审计提升风险防控力的协同效应与长效治理 / 230

第二节　实践：风险防控力审计的操作 / 233

一、审计筹备阶段：谋定而后动 / 234

二、审计实施阶段：行稳以致远 / 241

三、审计报告阶段：精准而致效 / 243

四、审计跟踪阶段：常抓而不怠／246

第三节　经验：风险防控力审计的典型案例／248

一、优化流程：学校治理提效能，审计监督促规范／248

二、提升价值：资源配置增效益，教育发展强根基／258

三、整改提质：问题整改抓关键，长效机制保长效／264

第八章　支持：综合督导的保障机制／273

第一节　管理：综合督导的规程与机制建设／273

一、综合督导的规程建设／274

二、综合督导的监管机制／279

三、综合督导的评估改进／284

第二节　队伍：综合督导的人力资源建设／287

一、督评队伍的组建／287

二、督评队伍的研训／291

三、督评队伍的考核／295

第三节　技术：综合督导的工具建设与技术赋能／298

一、工具的编制与使用／298

二、技术赋能与改进／302

三、结果呈现与应用／304

第九章　收获：综合督导的成效与展望／312

第一节　成效：综合督导带来了区域教育的新面貌／313

一、培育了一支有着现代治理能力的书记、校长队伍／314

二、形成了一个符合现代教育规律的综合督导体系／316

三、助推了区域教育走向持续提升优质均衡的新高度／319

第二节　思考：深化区域综合督导的未来展望／323

　　一、完善综合督导系统设计与机制建设／323

　　二、构建教育家办学校长队伍与治理格局／329

　　三、筑牢智能防控预警监控与风险屏障／332

　　四、深推教育发展优质均衡与教育强国／334

参考文献／339

后记／346

第一章

绪　　论

　　综合督导，又称综合性教育督导，是教育督导机构有计划地对一个地区、一个部门或者一所学校的教育工作进行全面系统的督导。其核心价值在于通过对学校教育管理、教学质量、师资队伍、校园文化等多方面的全面评估与指导，帮助校长明确自身的治理短板，制定针对性的提升策略，从而实现治理能力的质的飞跃。作为一种科学的、系统的评估与指导方式，综合督导的概念源于国外，其历史可以追溯到17世纪的北美大陆，尤其是当时率先实施的教师聘任与检查制度。而在中国，综合督导的引入和发展经历了多个重要阶段，从新中国成立之初，教育督导工作开始逐步建立，到1977年恢复构建，再到20世纪末的巩固发展，综合督导逐渐从关注教学秩序、经验式管理向科学化、精细化治理转变，成为推动学校内涵式发展、提升教育质量的重要工具，不断适应并满足社会对高质量教育的广泛需求，为教育事业的持续健康发展提供了有力的保障。

　　在这样的背景之下，杭州市上城区作为中国教育改革的先行者，自2009年起，以治理创新破解优质均衡发展难题，开始推动"管办助评"综合改革。通过十余年的实践摸索，目前已成功构建了以综合督导为核心的教育治理体系，管、办、助、评各司其职，形成了既相对分离又相互支持的现代化教育新格局，为提升校长治理能力提供了宝贵的经验。

本章主要概述综合督导的起源与发展背景，分析其在提升校长治理能力方面的重要作用，并在此基础上展现上城区在综合督导实践中的总体思路与宝贵经验。

第一节 审视：校长治理能力的时代观照

对校长治理能力的时代观照，是一个涉及全球视野与本土实践相结合的综合议题。随着全球教育治理现代化步伐的加速，校长治理能力的重要性越发凸显，成为衡量一个国家或地区教育水平的重要指标之一。置身于教育强国建设的宏伟目标之中，基础教育治理现代化不仅是时代的要求，更是推动教育进步的关键驱动力。而实现基础教育治理现代化，提升中小学校长的学校治理能力是关键。在全球化的背景下，校长的角色定位正在经历深刻的变化，这种变化在不同地理区域呈现出不同的特点。

一、全球视野下校长角色定位的变化

在全球化的背景下，校长的角色定位正经历着一场深刻的转型与革新。一方面，国际教育交流与合作日益频繁，要求校长具

备更加开放和国际化的视野,能够引领学校在全球化竞争中保持竞争力;另一方面,随着人工智能的迅猛发展,校长的角色逐渐从传统的教育管理者向教育创新者和变革引领者转变,需要更加注重培养学生的创新思维和实践能力,以适应未来社会的需求。在这样的时代背景下,全球不同地理区域的校长角色定位也呈现出多样化的特点。

(一)北美与欧洲:从传统管理者到教育创新的引领者[①]

在北美和欧洲等发达国家和地区,校长的角色定位已经从传统的学校管理者转变为教育创新的引领者。这些地区的学校普遍拥有较为完善的教育体系和较高的教育质量,校长们不再仅仅满足于学校的日常运营,而是更加关注如何通过创新教学方法、优化课程设置、提升教师素质等手段,推动学校教育的持续改进和发展。

在美国,校长们通常具备较高的学术背景和丰富的管理经验。他们不仅在日常管理中发挥领导作用,还需要积极参与教育政策的制订和实施,为学校争取更多的资源和支持。同时,他们也是学校文化建设的推动者,通过组织各种校园活动、营造积极向上的学习氛围,激发学生的学习兴趣和创造力。如美国《每个学生都成功法案》(ESSA,2015)赋予校长更大自主权,鼓励创新教学模式;"教育领导力标准"(ISLLC,2020年修订版)明确校长须具备数据驱动决策能力,其中芝加哥某校长利用学习分析平台将数学及格率提升40%。

在欧洲的许多国家,如芬兰、瑞典等,校长们更加重视教育

---

① 吴景松. 西方公共教育治理范式变革及其启示 [J]. 中国教育学刊, 2010 (11): 10-13.

的公平性和包容性。他们致力于缩小不同社会背景学生之间的教育差距，通过提供个性化的教学服务和支持，确保每个学生都能获得适合自己的教育。其中，芬兰《国家核心课程大纲》（2016）规定校长推动"现象教学"（phenomenon-based learning）。此外，这些国家的校长们还积极参与国际教育交流与合作，借鉴其他国家的成功经验，不断提升本国的教育质量。

（二）非洲与拉美：从教育资源匮乏的应对者到教育公平的推动者[①]

在非洲和拉美等发展中国家和地区，校长的角色定位更加侧重于应对教育资源匮乏的挑战和推动教育公平的实现。这些地区的学校普遍面临资金不足、师资短缺、教学设施落后等问题，校长们需要在有限的资源条件下，尽力为学生创造良好的教育环境和学习条件。

在非洲的许多国家，比如肯尼亚，其《基础教育法案》（2024）规定，校长需通过社区合作（如"Harambee"筹款模式）解决校舍短缺，利用废旧集装箱改造教室。校长们不仅要负责日常的教学管理，还要积极争取外部资源和支持，改善学校的基础设施和教学设备。他们通过与国际组织、慈善机构等合作，争取资金援助和教学物资捐赠，努力提升学校的教育质量。同时，他们还注重培养学生的实践能力和生存技能，通过开设职业技能培训课程、组织实习实训等活动，帮助学生更好地适应社会的需求。

在拉美地区，如巴西、墨西哥等国家，校长们也在努力推动

[①] García, M. The Transformation of School Principals' Roles in Latin American Educational Governance [M]. Mexico City: Latin American Education Press, 2020.

教育公平的实现。巴西《国家教育计划》（PNE，2014~2024）中规定，校长应推动数字包容性，如亚马逊州"Mediotec"项目通过卫星网络覆盖偏远部落学校，关注弱势群体的教育权益，通过提供特殊教育服务、开展远程教育等方式，确保每个学生都能获得平等的教育机会。同时，他们还积极参与教育政策的制订和实施，为政府提供改进教育体系的建议和意见，推动教育改革的深入实施。

（三）亚洲：从应试教育的执行者到素质教育的倡导者[1]

在亚洲地区，特别是中国、日本、韩国等教育强国，校长的角色定位正在从应试教育的执行者转变为素质教育的倡导者。这些国家的学校教育长期受应试教育的影响，校长们往往更加注重学生的考试成绩和升学率。然而，随着社会的发展和教育观念的转变，越来越多的校长开始认识到应试教育的局限性，并积极探索素质教育的实施路径。

在中国，政府大力推动教育改革，倡导素质教育和全面发展。《深化新时代教育评价改革总体方案》（2020）中强调破除"唯分数论"，要求校长建立多元化评价体系，如浙江省"初中强校工程"试点学校采用"成长档案"替代单一考试成绩评价。"双减"政策（2021）明确规定减少学生课业负担和校外培训压力，要求校长重构课后服务体系。越来越多的校长也开始认识到应试教育的局限性，他们积极响应政策号召，通过优化课程设置、加强实践教学、推进教育信息化建设等手段，努力培养学生的创新精神和实践能力。同时，他们还关注学生的心理健康和综

---

[1] UNESCO. Global Education Monitoring Report：East Asian Practices under the Quality Education Framework [R]. Paris：UNESCO，2021.

合素质的培养,通过开设心理辅导课程、组织社会实践活动等方式,促进学生的全面发展。这一过程不仅体现了校长们对素质教育的深刻理解,也展示了他们在教育实践中的积极作为。

在日本和韩国,校长们也在积极探索素质教育的实施路径。校长们注重培养学生的批判性思维能力和解决问题能力,通过组织各种学术竞赛和科研项目等活动,激发学生的学术兴趣和探索精神。同时,他们还关注学生的身心健康和人际交往能力,通过开设体育、艺术等课程,丰富学生的课余生活,提升学生的综合素质。日本的教育改革强调培养学生的自主学习能力和社会适应力,校长的角色从管理者转向引导者。其《学习指导要领》(2017年修订版)中规定校长需实施"主动学习"(Active Learning),如广岛县部分学校开发"地域共创课程",让学生与企业合作解决社区实际问题。韩国近年来逐步弱化应试教育,校长在推动素质教育方面采取多项措施。"自由学期制"(2016)中取消初中阶段的期中、期末考试,校长需设计职业体验、项目学习等替代性课程,《2015修订教育课程》中强调"核心素养"培养,校长需优化课程结构。

(四) 全球趋势:从单一角色向多元角色的转变

在全球视野下,校长角色定位的变化是时代发展的必然产物。校长角色定位的变化呈现从单一角色向多元角色转变的趋势。无论是在北美与欧洲、非洲与拉美还是亚洲地区,校长们都在积极适应时代的变化和需求,不断拓展自己的角色和功能。他们不仅是学校的管理者和教育政策的执行者,更是教育创新的引领者、教育公平的推动者、资源优化的利用者以及素质教育的倡导者和实施者。这种多元化的角色定位不仅提升了校长的治理能力，也为学校的持续发展和教育质量的提升注入了新的活力。这标志着校长们正逐步从传统的教育管理者向现代教育领导者转变，成为推动教育变革和引领教育创新的重要力量。

二、中国教育现代化视域下的校长角色

推进教育治理体系和治理能力现代化是中共中央、国务院2019年印发的《中国教育现代化2035》的十大战略任务之一，也是中共中央、国务院2025年印发的《教育强国建设规划纲要（2024—2035年）》中"加快建设高质量教育体系"的核心议题。随着教育改革的持续深化，中国教育正积极实现从"管理"走向"治理"的转型。构建现代学校综合治理体系和发展机制，已成为中国教育人共同追求的目标，也是贯彻教育家精神、践行教育家办学的必由之路。同时，中国特色学校领导体制也对校长提出多维职责要求，现代学校体制和现代治理理念对校长提出多项能力要求，日益复杂的工作面向使校长角色功能日趋多元化。基于建设高质量教育体系、建设高素质教师队伍、办好人民满意的教育等时代诉求，校长的角色定位已发生根本性转变，他们不仅是学校的管理者，更需要是治理体系的坚定执行者、政策落地的精准推动者、多元关系的规划发展者、教育质量的调适整合者以及教育生态的风险防控者。

（一）治理体系的坚定执行者

在教育现代化的背景下，校长必须深刻理解"培养什么人、

怎样培养人、为谁培养人"这一根本问题，深化对教育事业规律性的认识，坚持为党育人、为国育才的正确导向，落实立德树人根本任务，培养德、智、体、美、劳全面发展的社会主义建设者和接班人，着力提升人民群众对教育的满意度和获得感。作为学校的核心领导者，校长需要扮演学校治理的顶层设计师角色，他们的首要任务是规划并引领学校的战略愿景。他们需要深入研究教育政策与趋势，结合学校的实际情况，明确学校的发展方向与定位，制订切实可行的学校治理方案。校长应成为教育理念的先行者，通过制订长远的发展规划，为学校描绘出一幅清晰的发展蓝图。这不仅要体现在学校硬件设施的建设上，更要深入教育理念、课程体系、师资队伍等核心要素的规划与优化中。校长需通过有效的沟通机制，将战略愿景转化为全体师生的共同追求，激发他们的潜能与创造力，形成积极向上的学校文化。同时，校长还须具备敏锐的洞察力，能够预见教育行业的未来走向，引领学校朝着正确的方向发展，及时调整战略方向，确保学校综合治理工作的有序进行。

（二）政策落地的精准推动者

构建现代学校综合治理体系，是校长角色的又一重要维度。从"管理"到"治理"，校长需要推动学校治理体系的转型升级。他们不仅是规则的制订者，更应该是政策落地的精准推动者。校长需明确各部门的职责与权力边界，建立科学、民主、高效的决策机制与监督机制，确保学校治理的规范化与制度化。在这个过程中，校长应充分利用信息技术，推动学校治理的信息化与智能化，提高治理效率与透明度。同时，校长还需强化民主管理，鼓励师生参与学校治理，通过设立教职工代表大会、学生代表会议等机制，收集各方意见与建议，形成共治共享的良好局面。此外，校长还需关注治理体系的动态调整与优化，根据学校发展的新需求，不断修订完善规章制度，确保治理体系始终适应学校发展的步伐。通过创新和优化治理机制，校长能够推动学校治理体系现代化的进程。

(三) 多元关系的规划发展者

学校治理需要政府、学校、家庭、社会等多方主体的共同参与。校长作为学校的法人，需承担多元关系的协调者与沟通者的角色。他们需要加强与其他主体的沟通和合作，形成教育合力。校长需要加强与政府部门的沟通与协调，争取政策与资源的支持，为学校的发展创造良好的外部环境。同时，还需密切家校联系，通过家长会、家长学校等形式，增进家长对学校的理解与信任，形成家校共育的良好氛围。此外，校长还需具备整合资源的能力，充分利用校内外资源，为学校发展提供有力支撑。在协调各方主体和整合资源的过程中，校长需注重构建教育生态的和谐与平衡，促进各方主体的互利共赢。通过深入的沟通与协作，校长能推动学校治理工作的深入开展，为学校发展注入新的活力。

(四) 教育质量的调适整合者

学校治理的最终目的是提高教育质量，促进学生的全面发展。教育质量是学校发展的生命线，校长作为教育质量的调适整合者，需要时刻关注学校的教学质量、治理水平等方面的问题，及时采取措施加以改进。他们需建立科学的教学质量监测与评估体系，及时发现并解决教学中存在的问题。同时，校长还须具备提升教育质量的意识和能力，通过创新教学方法、提高教学效率与质量，推动学校教学质量的稳步提升；同时加强师德师风建设，培养一支高素质的教师队伍，不断提高学校的教育质量；还需注重学生的全面发展，关注学生的身心健康与个性成长。通过综合施策，校长需要确保学校治理工作的实效性，为学校的长远发展奠定坚实基础。

（五）教育生态的风险防控者

在教育现代化治理中，校长还需立足教育生态的全局性、动态性和系统性，构建"风险治理"的立体框架，以系统性制度设计维护教育生态稳定。其核心在于构建多维风险预警机制，统筹应对教育生态内外部挑战，包括校园安全、师生心理健康、教育数字化转型风险、家校社协同矛盾及政策执行偏差等。校长不能仅是风险的被动应对者，更应该是教育生态健康的"风险防控者"，需以法治思维统筹资源配置，以教育智慧平衡安全与发展，通过制度重构与文化引领，将风险转化为教育治理能力提升的契机，为学校现代化转型构筑韧性治理体系。

三、提升校长治理能力的各国对策

在全球教育变革的浪潮中，校长作为学校的领航者，其治理能力的高低直接关系学校的教育质量和长远发展。为了培养一批具备高效治理能力的校长队伍，各国纷纷采取行动，从多个维度出发，制定并实施了一系列针对性的提升对策。这些对策不仅涵盖了校长的专业发展与领导力提升，还涉及家校合作、社区融入以及政策引导等多个层面，旨在构建一个更加完善、高效的教育治理体系。各国都在根据自身国情和教育实际，量身定制提升校长治理能力的有效策略。我们将深入剖析几个主要国家在此方面的具体做法，以期为全球教育治理的革新提供有益的参考与借鉴。

（一）美国：多维度治理策略①

在美国，提升校长治理能力被看作教育改革和学校治理的关键。政府和教育机构采取了一系列多维度、综合性的治理策略。首先，美国注重校长的专业发展和领导力培训，通过系统的课程学习和实践锻炼，提升校长的教育治理能力和决策水平。其次，他们强调家校合作与社区参与，鼓励校长与家长、社区成员建立紧密的合作关系，共同关注和支持学校的发展。再次，美国还注重教育政策的制订和执行，确保校长能够在明确的政策框架内有效治理学校。最后，利用信息技术手段，如教育治理系统、数据分析工具等，提升学校治理的科学性和效率。这些综合治理策略共同构成美国提升校长治理能力的有力支撑。

（二）英国：战略规划与多方协同治理②

英国在提升校长治理能力方面，注重战略规划的制定与实施，以及多方协同治理的构建。校长们需要制定清晰、可行的战

---

① 薛国凤，赵立平. 走向领导——美国校长课程管理角色转变研究及启示 [J]. 外国中小学教育，2011（1）：47-51.
② 张杰英，祁占勇. 多元共治：英国职业教育治理的路径选择与经验镜鉴 [J]. 西北成人教育学院学报，2024（6）：42-48.

略规划，明确学校的发展方向和目标。同时，英国强调家校合作、师生共同参与以及社区支持的重要性。校长需要与家长、学生、教师以及社区成员建立紧密的合作关系，共同推动学校的发展。此外，英国还注重教育资源的整合与利用，鼓励校长在治理过程中充分利用各种教育资源，提升学校的教育质量和效益。这些综合治理策略的实施，有助于校长在复杂的教育环境中做出明智的决策，推动学校的持续改进和发展。

（三）巴西：本土化与社区参与的综合治理[①]

巴西在提升校长治理能力的过程中，特别强调了本土化与社区参与的重要性。校长们需要结合当地的文化和教育实际，制订符合学校特点的治理策略。同时，积极与当地社区建立紧密的合作关系，共同解决教育问题，推动教育公平。这种本土化与社区参与的综合治理策略，有助于校长更好地理解当地的教育需求和挑战，制订更加贴近实际的治理措施。此外，巴西还注重校长的职业道德和领导力培养，鼓励校长在治理过程中秉持公正的、透明的原则，树立良好的教育形象。

（四）中国：政策引导校长专业化发展

在中国，提升校长治理能力已成为教育现代化进程中的重要任务。2020年2月，中共中央办公厅、国务院办公厅发布的《关于深化新时代教育督导体制机制改革的意见》明确提出：原则上，学校校（园）长在一个任期结束时，要接受一次综合督

---

① https://www.sohu.com/a/816817347_267106.

导。为落实上述要求,教育部出台《关于开展中小学幼儿园校(园)长任期结束综合督导评估工作的意见》(以下简称《意见》),专门对相关工作做出部署。政府和教育部门通过制订一系列政策,引导校长专业化发展。首先,实施校长任职资格制度,确保校长具备必要的专业知识和领导能力。其次,加强校长培训,提升校长的教育理念和管理水平。再次,鼓励校长创新学校治理模式,引入现代管理理念和技术手段,提高学校治理的科学性和效率。最后,中国还注重家校合作与社区参与,鼓励校长与家长、社区成员建立紧密的合作关系,共同推进学校的发展。这些学校治理策略的实施,有助于校长在复杂多变的教育环境中保持敏锐的洞察力和决策能力,推动学校的持续发展和创新。

第二节 回顾:以综合督导撬动校长治理能力提升的上城轨迹

加快建设教育强国,以教育现代化支撑中国式现代化,是教育的责任,也是教育督导的使命。[①] 教育督导是现代教育治理体系的重要组成,也是教育发展的指挥棒。它有"督"的作用,承担着对学校发展的监督、服务、评价的职能,也有"导"的职能,对学校发展和校长角色定位起到指导、建议的作用,是助推学校规范办学,提升学校治理水平的重要措施和方法。

面向教育现代化目标对学校办学提出的现实要求,教育行

---

① 黄建顺. 在强国建设中校准教育督导坐标定位 [J]. 中小学校长, 2024 (2): 5-9.

政部门需要在新时代的背景下重新审视学校治理，不断提升校长治理能力，从而促进学校高质量发展。上城以综合督导推动教育改革，推进教育治理体系和治理能力现代化，历经基础性发展阶段（1999~2009年）、整体性发展阶段（2009~2021年）、主体性发展阶段（2021年至今）三个阶段，探索出一条"优化教育管理、推动学校办学改革、提升校长治理能力"的上城实践路径。

一、基础性发展阶段：以队伍和制度并重，双轮驱动规范办学

在基础性发展阶段，中国教育改革如火如荼。21世纪初，全国各地通过增加学校数量、扩大规模、合理配置教育资源等方式实现了基本普及九年义务教育的目标。1999年，第三次全国教育工作会议发布《中共中央、国务院关于深化教育改革全面推进素质教育的决定》，阐述了深化教育改革及全面推进素质教育的重要性。深化教育改革，提高教育质量，这是每所学校必须贯彻落实的教育方针，也是校长在学校治理中规范办学和依法治校的政治要求。从"应试教育"到"素质教育"，不能仅局限在法律和政策层面的高度提升，更重要的是在这一时代背景下，校长角色定位应从应试教育的执行者转变为素质教育的倡导者、实践者。

如何推进校长角色转型，切实促进基础教育工作高质量、高水平和可持续的改革和发展？构建系统的教育监测机制和制度成为重中之重，而教育督导就是其中一个重要的方式。在基础性发

展阶段，上城区①深化教育督导体制改革，建立健全教育督导制度，为发展区域的教育督导事业、助推学校规范办学以及提升学校治理能力提供了有力支撑。

（一）方向领航：聚焦队伍建设，守牢底线管理

在实现"两基"目标中，教育行政部门发布了一系列政策文件和法律法规，逐步推动学校管理向依法治校和规范办学方向发展。这些政策不仅反映了我国教育体制改革的深化，也体现了对教育公平、提高质量和可持续发展的高度重视。教育不仅是民生，更是国之大计、党之大计，贯彻落实党的教育方针，坚持正确方向办学是教育目标的政治性要求。督学是教育督导的重要环节，承担着监督、评估和指导学校教育工作的责任。上城通过加强督导队伍建设把握教育方向，发挥督学职能，强化规范办学。上城聘请教育专家作为特约督学，邀请特级教师等名优教师作为兼职督学，聘用教育系统内在职的调研员、已退休人员作为责任督学，三管齐下打造了一支高素质的、多层次的督学队伍。责任督学、兼职督学、特约督学分工合作各展所长，通过对区域内学校的不定期随访检查、督导，不断促进学校全面贯彻落实党和国家的教育法规政策，强化学校在课程实施、资源配置、教学管理等方面的规范性。上城区通过队伍建设，系统指导学校工作，有效地端正了校长规范办学的思想。校长把准办学方向，在改进课堂教学、提高办学效益、融合教育资源等办学实践中推动依法治校和规范管理，以实现学校100%建立规范化管理制度。

---

① 上城区为浙江省杭州市辖区。

（二）价值引领：聚焦制度建设，夯实治理根基

基础性发展阶段，教育规模迅速扩大，传统的行政管理模式难以适应新形势，社会对教育要求也随之提高。教育的迅速变革也在呼唤教育治理现代化。依法治校是教育治理现代化的必由之路，其关键在于制度建设。制度建设是治理的基础和途径，缺乏系统政策、稳定制度及约束机制，将导致治理失效。①

上城区充分发挥督导评估对学校发展具有的引领性作用，深入贯彻落实教育督导改革要求，健全督导体制和机制。1999年，上城区在教育部统一部署的背景下，逐步完善督学管理机制，出台了《上城区教育督导暂行规定》，建立《上城区督学责任区制度》和《上城区督学责任区考核细则》，完善并修订《上城区责任督学管理办法》。推动教育督导逐渐法治化、规范化、科学化同时，也为教育督导部门和学校之间搭起了沟通的桥梁，为有效地反映问题及开展指导提供了载体。督导评估重点关注学校的制度建设，通过"跟踪督导+过程督导"模式，推动学校将外部督导要求转化为内部治理标准，强化制度执行的过程监控。一是以章程统领渗透法治理念。重点核查章程是否涵盖党建、办学方向、治理结构、师生权益保障等核心要素，确保内容合法、程序规范、特色鲜明。形成"章程—基础制度—具体规章"的三级制度体系，实现治理规则的系统化、层级化。二是以价值引领构建治理生态。督导过程中重点检查重大决策是否履行民主程序、信息公开是否透明，是否发挥学校教师集体决策的

---

① 郝德永. 教育治理的国家逻辑及其方法论原则［J］. 教育研究，2020（12）：4-13.

力量。通过关注依法治校、民主管理的治理生态构建发挥价值引领作用,用制度来规范校长负责制的科学运行,全面推进依法治校。

二、整体性发展阶段：以管办助评为抓手，全面激发办学活力

改革开放以来,社会已经发生了翻天覆地的变化,基础教育领域的面貌也焕然一新。优先发展教育,全面提高国民素质,促进教育事业科学发展,加快社会主义现代化进程也成为这一时期社会发展的关键目标。① 随着教育治理体系和治理能力现代化建设的不断推进,教育治理主体的多元化改变了政府"管办评一肩挑"的局面,加快了政府职能转变,教育管理方式的变革。教育督导职能悄然发生变化,与此同时,校长的责任与使命也迎来了前所未有的挑战。上城区积极构建"督政、督学、评估监测"三位一体的职能体系,以全程监督、指导、评价学校制订及实施三年发展规划为基本路径,通过个性化引导与精准帮扶,最大限度激发学校发展内生力。

(一) 完善"三位一体"职能体系，提升自主办学动力

随着"放管服"改革的深入推进,政府简政放权的力度越来越大,学校自主办学的权利和空间也逐步加大。教育督导作为政府进行教育评价的主要途径,在教育活动中的独特性与不可替代

---

① 国家中长期教育改革和发展规划纲要(2010—2020年),http://www.moe.gov.cn/jyb_xwfb/s6052/moe_838/201008/t20100802_93704.html.

性不言而喻。在此背景下，通过构建以教育督导为主，第三方评价机构为辅的新型评价体系，可以更好地在管办评分离的制度框架下发挥其应有的作用和价值。

2010年，上城区以"管""办""助""评"四个维度协同推进的组织架构开始运作。在本次组织架构变革过程中，"评"这一维度得到了极大的重视。同年9月，成立了上城区教育督导与评价中心，明确了督政、督学、评估监测三位一体的教育督导体系。上城区教育督导与评价中心以全新的姿态出现在区域教育组织管理架构当中，除了"督政、督学"的职能之外，还明确了"三个机构"职能。一是区域教育质量监测机构，制订区域学生素质发展标准，制订区域学校发展性评估标准，依据标准开展教育质量监测工作。二是基层学校管理咨询机构。可为学校发展规划、校园文化诊断、课程教学改革诊断助力。三是区域教育政策参谋机构。为区域教育政策建言献策，开展教育政策评估，分析教育政策效益。

上城以教育督导为主、多元参与的教育督导评估体系改革，推进了办学自主权的下放，促进了"政府—学校—社会"多元主体共同管理、合作的教育治理机制。办学自主权的下放，意味着学校在教育教学、人事管理、财务管理等方面拥有更多的自主决策权，能更加灵活配置资源，可自主招聘和评聘教师，建立更加灵活的教师队伍。这也反向对学校内部治理水平、校长的教育现代化治理能力提出要求，需要根据学校的发展定位和师生需求，建立科学民主决策、民主管理和监督机制，形成"自主管理、自主发展、自我约束、社会监督"的机制，才能把学校办出特色、办出水平、办出品牌。

（二）优化发展性评估体系，引领学校内涵发展

为了追求学校评价的精准实施，更大限度地促进学校自主办学，上城从2009年开始进行初中三年发展规划试点，到2022年已经实现对不同办学性质、不同学段学校全面覆盖的分类发展性评估。逐步形成"一轴两结合"管理模式，科学建构多维度助力、多视角评测的"四位一体"的评估指标体系。

学校三年发展规划督导评估以四学年为一个周期，由教育督导科全程把控、多方协同、强势托底。第一学年聚焦规划制订，下发指导意见，全程指导学校科学制订规划。专家团队聚焦规划的科学性和可行性进行论证并出具论证意见，提出修订建议。第二、第三学年聚焦规划实施，第四学年聚焦规划终结性评估。按照"关键性指标"逐项监测、"个性发展指标"学年考核、"基础性指标"督导随访、"发展性指标"终结评估的管理思路，实时监控各校发展规划实施状况。实施"一校一策"评估反馈，从根本上帮助学校发现优势和问题，指导学校找到发展的方向和动力。由督导室或第三方机构对学校三年发展规划制订实施的全流程进行多维度考核评估，增强评价的独立性、公信力、发展性，注重纵向发展指数，并切实发挥评价诊断、分析、决策的功能。引领学校从内涵发展的规范化阶段走向个性化阶段，从特色发展走向全面优质发展。

对于校长而言，发展性评估是自我发展的"坐标系"，可以从自身学校资源、特色出发，建立发展性目标。同时，发展性评估也是科学规划的"指南针"，可以助力查找和剖析各学校历史遗留问题、办学短板、发展困境或症结所在，便于后续针对性改

进。借助督导反馈，可系统梳理发展瓶颈，通过制订三年改进路线图，实现从"被动整改"到"主动优化"的转变。这种"评估—反馈—改进—提升"的闭环机制，使督导成为教育高质量发展的核心驱动力，助力校长从"事务管理者"向"学校治理领导者"的升级。

三、主体性发展阶段：以综合督导体系重构，促进教育深度变革

在高质量发展的大背景下，学校自主办学需要更深层次的内生动力。2020年2月，中共中央办公厅、国务院办公厅《关于深化新时代教育督导体制机制改革的意见》明确提出，"原则上，学校校（园）长在一个任期结束时，要接受一次综合督导"。[1] 2022年，教育部针对校（园）长履职尽责、规范办学又出台了《关于开展中小学幼儿园校（园）长任期结束综合督导评估工作的意见》。任期综合督导强化了校长的主体责任，还通过多维度的评估机制推动其治理模式从单一行政化向专业化、系统化转变，标志着校长治理能力要求的重大变革。

上城作为浙江省首批入选的中小学幼儿园校（园）长任期结束综合督导评估试点区，积极践行"一轴两核""四位一体"的综合督导工作模式，以学校三年发展规划的制订、实施为主路径，依托区域已有的发展性评估工作，统整职能科室对学校办学行为与办学质量的考核，形成"关键事"与"关键人"有机结

---

[1] 中共中央办公厅 国务院办公厅印发《关于深化新时代教育督导体制机制改革的意见》，http://www.moe.gov.cn/jyb_xxgk/moe_1777/moe_1778/202002/t20200219_422406.html.

合的评价机制。通过校（园）长任期结束综合督导评估在评估导向和评估机制上的变革，推动校长角色定位从"管理者"向"治理者"转变。

（一）以综合督导推进融合发展

学校发展性督导与校长任期考查都是以内部动因作为逻辑起点，其核心理念是促进学校可持续的、个性化的自主发展。综合督导就是有机将两者结合起来，综合评估学校办学成效，进而评估任期内校（园）长的专业状态和担当作为，实现见事见人。2025年1月，上城以"过程评价与结果评价、任期评估与发展评价、共性评估与个性评估、多元评价与多样评价"四个相结合的原则，科学制订《上城区中小学幼儿园校（园）长任期结束综合督导暨三年发展规划终结性评估实施方案》。将校（园）长聘任及任期目标责任制与学校发展规划的制定、实施和考核紧密结合，实现"一校一策"+"一人一策"综合督导。自任命的校长签订《校长任期目标责任书》起，校长即开始进行为期四年的学校发展规划制订与实施。任期届满时由督导科牵头对校（园）长开展任期综合督导，并根据督导结果评定考核结果，以此作为校长连任、调任或转任的重要依据。上城不断积极探索有温度又科学理性的评估机制，力求能准确地反映校（园）长的综合能力和学校的真实发展状况。期望在"一校一策"+"一人一策"综合督导中，促进校长成长与学校发展的深度融合，实现个人增值发展和学校内涵式发展，实现共同成长的双赢局面。

（二）以多元参与促进综合治理

传统校（园）长任期结束评估主要由教育行政部门组织实施，评估主体相对单一，缺乏广泛参与。上城在新时代校（园）长任期结束综合督导评估中更加注重"多元参与"，构建了更加开放、民主的评估机制。一是发挥专家队伍力量，由省市督学、知名院校教授组成智库专家团队与督学队伍，结合日常督导、专项督导、综合督导等方式，系统梳理校（园）长任期工作得与失。在对学校发展性督导评估中，基于"督评—整改—反馈"流程，开展"回头看"对问题整改情况及时复查，随时掌握整改情况，防止问题反弹，确保督导流程闭环、问责有效。对问题突出、整改不力的校（园）长，依照职能和管理权限可进行内部监督和责任追究。通过反馈与改进机制，校长能够不断及时发现问题、解决问题，并不断改进治理方式和方法。二是多方协同，对校（园）长任期内的履职情况进行评估。教育行政部门以执行力考核、经济责任审计和专项督查评价学校是否贯彻党的教育方针、引领学校发展、指导学校内部治理、坚守办学底线，以发展性指标评价激励学校自主发展，以满意度测评和民主评议客观反映社会公众对学校教育工作和校（园）长履职情况的认可程度。通过多部门协同配合、多维度信息支撑、多层面量质互证，形成一份由部门、同行、专家、师生共同为校（园）长画出的综合画像，从而可以更全面了解校（园）长的履职情况和学校的实际发展状况。通过多元参与的评估机制，提升了教育治理的科学性和精准性，有效拓宽了校长治理视野，促进了学校综合治理工作的深入开展。

第二章

设计：综合督导的上城架构

　　作为省首批"中小学幼儿园校（园）长任期结束综合督导"工作试点区，杭州市上城区以实际行动回应习近平总书记在2024年全国教育大会上提出的深刻领会和正确处理好"五个重大关系"的要求，秉承"规范有序、激发活力、师生成长、人民满意"的设计理念，准确把握从重规范走向重活力的价值起点，明晰从关键事走向关键人的价值内核，追寻从更均衡走向更优质的终极目标，依据"正确导向、统筹协调、因地制宜、方法创新"的基本原则，架构包括"指向党建统领力的专项督查、指向政策执行力的执行力考核、指向规划发展力的发展性评估、指向调适整合力的满意度调查、指向风险防控力的经济责任审计"在内的综合督导总体架构，将校长任期与学校发展相联系，对其在任期内履职情况以及学校三年发展规划实施效果进行全面、系统、科学的评估，实现多视角、多维度的综合督导评价，深化任期综合督导指标体系，强化任期综合督导结果运用，有效构建现代教育治理体系。

第一节　阐释：综合督导的价值定位

综合督导，又称综合性教育督导，是教育督导机构有计划地对一个地区、一个部门或者一所学校的教育工作进行全面系统的督导。其在促进教育公平、提升学校办学水平、优化教育行政管理等方面具有重要意义。随着时代变化，综合督导的价值也不断发生变化，正逐步从重规范走向重活力，从关键事走向关键人，从更均衡走向更优质。

一、从重规范走向重活力：综合督导的价值起点

从重规范走向重活力是综合督导的价值起点，重规范是综合督导的应然起点，以此保障其权威性、公平性和有效性。但是随着时代的发展，综合督导重活力的诉求越发强烈，重活力能促进学校特色发展，提升综合督导效能。

（一）重规范是综合督导的应然起点

综合督导在落实教育方针政策，规范学校各项办学行为，提高学校办学水平等方面发挥着不可替代的作用。因综合督导的功能使然，所以其重规范的特点尤为提出。

1. 重规范保障综合督导权威性

综合督导以国家颁布的法律法规、政策文件和教育标准为依据，具有很强的规范性。《教育督导条例》明确指出了督导的主

要内容、督学的主要职责、督导的实施以及法律责任，为综合督导规范实施提供了有效的保障。《国务院关于统筹推进县域内城乡义务教育一体化改革发展的若干意见》《中共中央 国务院关于深化教育教学改革全面提高义务教育质量的意见》《教育督导问责办法》等文件的出台，为综合督导提供了明确的方向，有助于充分发挥督导的作用，进一步规范学校的办学、管理、教学等各个方面。

2. 重规范保证督导过程公平性

相关的法律法规以及政策文件，为综合督导提供了统一的评估标准，这些标准不会因为不同的被督导对象而发生变化，这样能有效避免因标准不统一而出现综合督导不公平的现象。综合督导过程中流程规范、公开，被督导对象也清晰了解督导的流程、规则，既为迎接督导做好准备，也能更积极配合督导工作，与此同时也能主动监督督导人员开展各项工作，确保综合督导公平性得到有效保证。除此以外，督导人员均经过专业培训，要求督导人员保持中立、客观、公正的态度，严格按照流程规范执行，保证督导过程公正、透明。

3. 重规范确保督导结果有效性

借助规范、统一的督导标准，对被督导对象（单位）进行全过程、全方位的督导，在督导过程中能全面精准了解被督导对象存在的问题，并为被督导对象提供有针对性的整改建议。除此以外，督导人员会追踪督导对象的整改情况，从而确保督导结果能真正改进学校的办学。为了确保督导结果的有效性，压实教育督导问责制度，国务院教育督导委员会在2021年印发的《教育督导问责办法》中明确指出，对教育督导发现的问题整改不力、推诿扯皮、不作为等导致没有完成整改落实任务将进行问责，进一步用法律的形式保障督导结果的有效性。

（二）重活力是综合督导的时代诉求

随着时代的发展，综合督导在重规范的基础上，越来越注重活力的激发。通过创新督导的方式方法，将多元与多样评价相结合，激发学校的办学活力，促进学校的特色和内涵发展。与此同时，注重运用信息技术手段，优化工作流程，为综合督导注入新的活力，以此不断提升其运行效能。

1. 重活力回应时代发展需求

2023年5月，习近平总书记在中共中央政治局第五次集体学习时强调："从教育大国到教育强国是一个系统性跃升和质变，必须以改革创新为动力。"《教育部等八部门关于进一步激发中小学办学活力的若干意见》中明确指出："各地要坚持基础教育优先发展，把激发中小学办学活力作为加快推进教育治理体系和治理能力现代化的重大任务，摆上重要议事日程……"故综合督导也应该顺应时代的需求，不断创新督导形式，因地制宜，注重共性评估与个性评估相结合，以此激活不同条件背景、不同层次学校的办学活力。

2. 重活力促进学校特色发展

重活力的综合督导能激发学校办学活力，促进学校特色发展。2025年，上城区人民政府教育督导委员会办公室在发布的《上城区中小学幼儿园校（园）长任期结束综合督导暨三年发展规划终结性评估实施方案》中特别强调发展性评估，主要分学校发展、育人模式、学生发展、教师成长、校长领导力等五个维度，共16项指标展开，并且针对不同办学性质、不同学段学校合理制订评估标准。重点优化，标准分层的评估方式有助于在督导的引领下，学校合理优化自身的人力、物力、财力，积极探索适合自身的发展路径，打造独特的校园文化品牌。除此以外，重活力的综合督导也能为学校营造创新氛围，促进学校特色项目打造，满足师生的个性化发展需求。

3. 重活力提升综合督导效能

综合督导的督导标准更为灵活，根据不同学校的特质，督导人员可以研制更富弹性、更为合理的评估标准，以此提升综合督导的针对性和科学性。督导方式更为创新，通过信息技术手段，借助大数据、云计算等技术，搭建综合督导信息化平台，实现数据实时收集、分析和反馈，以此优化工作流程，提升督导效能。督导结果评判更加多维，不仅查看学校自评材料，初步形成亮点清单和问题清单，还要进行入校实地考察，对于督导评估结果还要分等级进行奖惩。从标准更为灵活、方式更为创新、结果评判更为多维三个方面，可以为综合督导注入新的活力，有效提升督导效能。

（三）重规范与重活力是辩证的统一

习近平总书记在新时代第二次全国教育大会上强调："正确处理支撑国家战略和满足民生需求、知识学习和全面发展、培养人才和满足社会需要、规范有序和激发活力、扎根中国大地和借鉴国际经验等重大关系。"[①] 故处理好规范有序和激发活力这对关

---

① 褚宏启. 教育强国建设要处理好的重大关系［N］. 中国教育，2024-10-17（05）.

系既是加快建设教育强国的重要前提，也是新时代综合督导的价值起点。

1. 重规范是重活力的坚实基石

综合督导牵涉方方面面，其运行较为复杂，如果没有规范的制度与流程加以调控，活力的发挥也容易偏离正常的发展轨道。具体而言，综合督导需要以规范为基础，在制订督导指标时要以教育法规、政策文件等为依据，综合督导过程中严格按照流程规范执行，保证督导过程公正、透明。最后督导反馈结果也以法律的形式进行保障，确保反馈结果的有效性。在重规范的引领下，综合督导的活力得以生成和绽放，督导活力的发挥也能始终围绕立德树人这一根本任务。

2. 重活力为重规范注入新动能

重活力是综合督导的时代诉求，随着时代的发展以及社会需求日益多元化，单纯依靠重规范的综合督导已经难以满足学校个性化发展以及创新人才的培养的需求。重活力的综合督导借助发展性评估激发学校办学活力，激活不同层次学校特色发展，也能借助大数据、云计算等技术，实现督导数据实时收集、分析和反馈，实现工作流程目标的优化，从而提升督导效能。重活力在规范的基础上，为综合督导注入新动能，使重规范不再等同于墨守成规，而成为守好底线又富有动力的持续改进过程。

3. 综合督导从重规范走向重活力

综合督导肩负着"规范+活力"的双重使命，所以在实践中要不断寻求两者的平衡。一方面，要借助规范的教育法规、政策文件维护综合督导的权威性、公正性和有效性，只有这样才能让督导"长牙齿"；另一方面，综合督导也要不断注入新的活力，以多维的评估指标、创新的督导方式激发学校的办学活力,提升督导的运行效能。上城的综合督导经过多年的实践运行,不断探索从规范到活力的衔接模式,实现从重规范向重活力的转型,既让规范成为综合督导平稳发展的"安全阀",又让活力成为督导创新的"助推器"。

二、从关键事走向关键人:综合督导的价值内核

综合督导从督查关键的事转向督查关键的少数人,是其价值内核的集中显现。督关键事多以重点工作为督查对象,以具体事的督查推进为目标;督查关键人则以中小学幼儿园校(园)长为督查目标,重点督查关键人的履职协同情况。

(一)关键事是综合督导的有矢之的

关键事是综合督导的有矢之的,也是督导中最显现的评估内容,其往往聚焦教育改革发展阶段性的重点或难点问题。督关键事有助于提高督导效能,避免出现盲目督查的现象,也便于评估学校或者区域工作实效,真正做到督导透明化、公开化。

1. 督关键事是督导的关键环节

关键事一直是综合督导的主要对象,教育部关于《县域义务教育优质均衡发展督导评估办法》中明确指出资源配置、政府保障程度、教育质量、社会认可度四个方面内容是县域义务教育优质均衡发展督导评估内容。《县域学前教育普及普惠督导评估办法》中指出普及普惠水平、政府保障情况、幼儿园保教质量保障情况是督导评估的主要内容。除此以外,县域义务教育均衡督

评估认定、"两基"督导的验收等都是以关键事为核心推进督导工作的运行。督好关键事是综合督导的关键环节，只有在关键事得到系统解决后，教育高质量发展才得以实现。

2. 督关键事有利于提高督导效能

关键事往往是教育改革发展阶段性的重点或难点问题，具有牵一发而动全身的特征。以关键事为督导对象，有利于督导小组合理配置资源，集中时间、人力和资源，重点围绕关键事展开督导全过程。前期督导部门围绕关键事展开系统调研，统一督导标准和规范；督导过程中通过督关键事，精准锁定学校在重点或难点工作开展中存在的问题，并将这些问题及时有效反馈给学校，便于学校开展有针对性的改进。综合督导以督关键事为核心，能最大限度避免出现盲目督查的现象，以此提升综合督导的整体效能。

3. 督关键事便于评估工作实效

督关键事除了发现关键事落实中存在的问题外，还为后续整改落实奠定了基础。督关键事往往需要借助量化或质性的指标，这些指标使评估结果更为直观，更具说服力，为后续的改进提供了有力的方向。除此以外，聚焦关键事有利于进行不同区域间的横向对比，聚焦同一个关键事，能追踪差异存在的根源，并以此为基础，探寻下个阶段的改进策略。同时，督关键事也有助于发挥社会监督的力度，社会各界均能聚焦关键事，发挥自身的监督职责，真正做到监督透明化、公开化，以此全方位评估工作实效。

（二）关键人是综合督导的必然走向

关键人主要指的是具备独立法人资格的中小学幼儿园校

（园）长，他们不仅是学校的管理者，更是战略愿景的规划者与引领者、治理体系的构建者与完善者、多元关系的协调者与沟通者、教育质量的保障者与提升者。引导关键人提高政治站位，树立科学的教育观、业绩观、人才观、安全观，落实"五育"并举是综合督导的必然走向。

1. 督关键人是综合督导的核心要义

2021年12月，教育部出台了《关于开展中小学幼儿园校（园）长任期结束综合督导评估工作的意见》（以下简称《意见》），这一文件明确规定了从党的建设、立德树人、学校治理、教师工作、规范办学、安全卫生、满意度七个共性方面对中小学幼儿园校（园）长任期结束后开展综合督导评估。除此以外，针对幼儿园园长、义务教育学校校长、普通高中学校校长又有针对性的综合督导评估参考要点，使文件更易于落地，更具可操作性。督好关键人能实现在以关键人为核心，推动中小学幼儿园规范办学的同时，真正发挥其在战略愿景规划、治理体系建构、多元关系协调、教育质量提升等方面的重要作用。

2. 督关键人是落实立德树人的关键所在

党的二十大强调，要坚持立德树人，培养德、智、体、美、劳全面发展的社会主义建设者和接班人。《意见》中明确指出，中小学校（园）长综合督导评估要以习近平新时代中国特色社会主义思想为指导，全面落实党的教育方针，牢牢把握社会主义办学方向，坚持立德树人根本任务，着力提升人民群众对教育的满意度和获得感。通过督关键人有助于校园长牢牢把握办学的根本方向，把立德树人置于学校教育理念的核心位置，体现在办学治校的方方面面，实现以关键人为引领落实立德树人的目标。

3. 督关键人是实现持续发展的必经之路

以关键人为督查对象,能充分发挥校园长的主观能动性,实现从"管理"走向"治理"。《意见》中指出,在任期结束的综合督导评估时,除了评估校园长任期结束时学校党的建设、立德树人、学校治理、教师工作、规范办学、安全卫生、满意度这七方面整体情况外,还要与校园长任职之前的整体情况进行比对,科学合理评估校园长任职情况。《上城区中小学幼儿园校(园)长任期结束综合督导暨三年发展规划终结性评估实施方案》也特别注重诊断性、发展性、增值性评价。督关键人强有力的落地,能充分发挥校长引领方向、推动变革、凝聚人心的作用,在学校中形成以关键人为核心,带动全体师生共同进步的态势,营造有利于学校持续发展的良好生态环境。

(三)关键事与关键人是辩证的统一

督关键事与督关键人并不矛盾,前者是教育督导评估工作的切入点,后者是支撑关键事落地的主体力量。督关键人是为了使关键事更加有靶向、更为有序地推进;而督关键事又能有效检验并印证关键人的管理能力和办学水平。从关键事走向关键人不仅是督导对象的转变,更是综合督导制度层面的重大创新。

1. 综合督导见关键事见关键人

《意见》的出台,让综合督导更具"见事见人"特征。学校诸多关键领域都需要校长这一关键人来统筹和引领;其专业状态和担当作为将直接影响关键事的深入推进。反过来,关键事的落实质量和实际成效,也为检验与证明校长的专业素养、办学水平提供了客观依据。综合督导正是如此既评价"事"也评价

"人",最终实现"以事带人、以人促事"的双向发展。

2. 综合督导从关键事走向关键人

从关键事走向关键人是综合督导的价值内核,也是顺应新时代教育高质量发展的重要目标。若仅仅是督关键事,就容易陷入就事论事的死胡同,难以洞见关键事背后深层的价值追求。当综合督导逐步转向督关键人时,将充分发挥其在战略愿景的规划与引领作用,治理体系的构建完善的作用,多元关系的协调与沟通作用以及教育质量的保障与提升作用,真正回应建设高质量教育体系、建设高素质教师队伍、办人民满意的教育等时代诉求。督好关键人既需要借助访谈、问卷、走访等多元的手段,全面评估校园长的办学理念、育人水平、管理能力;也需要借助关键事的推进情况对其在治校办学能力展开评估。正因为如此,综合督导从督关键事的落实转为督关键事与关键人协同发展的情况。从关键事走向关键人,能激发教育系统的内生动力,让综合督导在教育高质量发展中发挥更重要、更持久的推动作用。

三、从更均衡走向更优质:综合督导的终极目标

从更均衡走向更优质是综合督导的终极目标,更均衡是综合督导对教育的要求,意味着守好公平这一底线;更优质是综合督导对教育的期盼,意味着教育朝着高质量发展目标前进。其优质是以更均衡为基础的优质,是优质均衡的协同并进。从更均衡走向更优质这一过程中,关键人发挥着不可替代的作用,是推动实现综合督导终极目标的核心动力。

（一）更均衡是综合督导对教育的要求

均衡就意味着公平，要求努力缩小地区、城乡、校际和群体之间的差距。教育强国建设要处理好的五大重大关系之首就是"处理好支撑国家战略和满足民生需求的关系"，其中就特别指出一体推进教育的平等性公平、补偿性公平和差异性公平。综合督导也要发挥其功能，以督好关键人为切口，促进三大公平落地，实现教育更均衡发展。

1. 保障平等性公平

平等性公平指的是普惠性教育中，学生能平等地享受接受教育的机会，这个平等不仅包括了入学机会的起点公平，还包括受教育中的过程公平以及最后的结果公平。平等性公平是均衡的基础，关键人作为学校的引领人，在公平理念渗透、资源调配、制度建设、教学管理、家校合作等方面发挥着至关重要的价值。综合督导对照《全国义务教育优质均衡发展督导评估指标解读》，对学校资源配置、政府保障程度、教育质量、社会认可度四个方面的指标进行诊断评估，保障每一位学生都有公平入学的机会。除此以外，让学生就近入学是义务教育作为公共服务的重要使命，所以上城教育倡导每所学校都要成为"家门口的名校"，把家门口的学校都办成优质学校，方便学生就近入学。

2. 做好补偿性公平

补偿性公平针对一些因各种原因造成经济地位处于不利的学生，如留守儿童、孤儿、随迁子女、特困户儿童等，在教育资源配置上给予一定的补偿。校长要对这类学生的家庭经济状况、身心发展情况、同伴交流交往等方面进行全过程跟进，全方位关注，并动态建立追踪制度，以此真正实现补偿性公平的有效落地。褚宏启在《正确理解并扎实推进义务教育优质均衡发展》一文中指出：在物质补偿之外，还要注意精神补偿；政府、学校和教师要合力推进补偿性公平。① 由此可见，综合督导一方面要关注看得到的经济补偿，精准识别需补偿群体，建立台账并形成动态跟踪系统，确保补偿政策真正落到实处。与此同时，综合督导还要特别关注这类群体在校得到的精神补偿，通过访谈、个案追踪等多样方式了解这些学生在校的学习、生活情况。

3. 推进差异性公平

差异性公平指的是教育要针对不同个体的学习需求，提供有针对性的教育资源，采用不同的教学策略，真正做到因材施教。针对因为身体残疾、心理原因等多方面造成学习困难的学生，学校可以提供学生申请随班就读的途径，给予这类学生更多人力、物力保障，以保证这类学生学有所获。针对有突出才能的英才学生，学校要给予这些学生更多的发展空间，提供个性化课程，以便更好发挥这类学生的才能。针对差异性公平推进，校长应抓住两头生的情况，统筹安排。而综合督导既要全过程跟踪人力、物力支持情况的落地，也要全方位评估个性化课程、活动的实施情况。

（二）更优质是综合督导对教育的期盼

更优质是综合督导对教育的期盼，解读《关于构建优质均衡的基本公共教育服务体系的意见》发现：与基本均衡相比，优质

---

① 褚宏启. 正确理解并扎实推进义务教育均衡发展［J］. 中国基础教育，2024（11）：6－11.

均衡更加注重内涵发展和质量提升,集中表现在:全面发展的理念更鲜明,学校标准化建设程度更高,教师队伍更强,人民群众更满意。

1. 指向全体学生更优质发展

更优质意味着要充分发挥关键人在学校的引领作用,助力学生全面发展。综合督导要发挥其作用,重新校准学校的育人目标,它不再局限于学生的分数、升学,而是着眼学生的全面发展。不仅关注学生知识能力的提升,也要关注学生的情感审美的发展,更要关注学生身心的健康发展。与此同时,综合督导也要对学校的课程、活动设计进行全方位督查,保证学校开设丰富多样的课程以满足学生的全面发展,实现真正以督导为手段,助力学生更优质发展。

2. 引导教师队伍更优质成长

学校依照综合督导要求,要建立一套专业、科学的教师考核评估体系,对教师的师德师风、教学质量、专业发展等进行全方面督导。督导过程中对表现优秀的教师进行表彰和奖励,对违反师德师风、违反教学常规等的各种表现进行严肃处理。除此以外,要充分发挥综合督导指挥棒作用,引领校长结合学校办学实际,精准分析教师发展需求,制订清晰的教师发展目标,并在此基础上组织各类培训、工作室等活动,提升教师的专业发展水平。综合督导通过引导教师队伍更优质成长,实现教育高质量发展。

3. 满足人民上好学的教育需求

从"有学上"转向"上好学",代表了人民群众对基础教育更高层次、更高质量的需求。"上好学"是人民对于优质教育的渴望，老百姓关注的教育问题，如义务教育阳光招生、就近入学、双减有效落地等，都成为综合督导重点监督和指导的内容。与此同时，综合督导还注重推动家校联动，要求关键人充分发挥其作用，建立完善的家校沟通机制，通过定期举行家长学校活动、亲子研学活动等，帮助家长及时了解学生在学校的情况，增强家校之间的相互信任与支持。

（三）更均衡与更优质是综合督导的民生回应

更均衡与更优质是综合督导的民生回应，更均衡与更优质并非对立，而是互为补充的整体。在教育高质量发展的进程中，需充分发挥关键人的作用，以关键人为纽带，促进更均衡与更优质协力并进，以此不断满足人民群众对美好教育的期盼。

1. 更均衡与更优质融为一体

更均衡与更优质并非对立，而是相辅相成的双重目标。更均衡是综合督导对教育的要求，综合督导要牢牢守住公平这一底线，优化区域教育资源配置，保障平等性公平、做好补偿性公平、推进差异性公平，逐步缩小城乡、区域、校际、群体差距。有了更均衡的基础，更鲜明的全面发展的理念，更高标准的学校建设，更强的教师队伍，更受人民群众满意的教育才得以实现落地。综合督导以关键人为抓手，通过对学校进行全程评估，将"均衡"与"优质"融为一体，真正将教育改革落到实处，以此不断满足人民群众对美好教育的期盼。

2. 更均衡与更优质协力并进

更均衡与更优质不仅融为一体，更是互为补充、协力并进。要推动教育高质量发展，就需要更均衡与更优质两个维度同时发力，不能顾此失彼。综合督导在开展督导工作时，若只关注更均衡，就无法激活学校办学活力；如若只关注更优质，可能会出现资源向部分优势学校或地区集中的情况，这可能在短期内加剧教育不均衡。基于此，综合督导要充分发挥其功能，实现更均衡与更优质双向协作，在开展学校督导中，充分发挥校长的主观能动性，不仅发挥其在均衡教育推进中的作用，更发挥其在建设高质量教育体系、建设高素质教师队伍、办人民满意的教育等多方面工作中的作用，真正发挥"关键人"在更均衡与更优质协力并进中的纽带作用，从而真切回应人民群众对优质均衡教育的期待。

第二节　架构：上城教育综合督导的顶层设计

2020年，中共中央办公厅、国务院办公厅印发的《关于深化新时代教育督导体制机制改革的意见》提出，"校（园）长在一个任期结束时要接受一次综合督导（简称'任期综合督导'）"。综合督导是基于综合督导评估学校办学成效，进而评估任期内校（园）长的专业状态和担当作为，具有见事见人的特征。杭州市上城区作为浙江省首批"中小学幼儿园校（园）长任期结束综合督导"工作试点区，正通过对学校发展情况的综合评价，印证校（园）长的工作能力与业绩状态；逐步完善校（园）长任期制度，深化任期综合督导指标体系，强化任期综合督导结果运用，有效构建现代教育治理体系。

一、上城教育综合督导的设计理念

2009年起，杭州市上城区在积极构建督政、督学、评估监测职能体系的基础上，以全程监督、指导、评价学校制订及实施三年发展规划为基本路径，强化对学校发展中过程性评价、发展性评价的科学监督管理，建立健全"以发展素质教育为导向的办学质量"监督评价体系，以督导评价结果作为对学校及管理团队绩效考核、校长任期及教师考核表彰的重要依据，并通过个性化引导与精准帮扶，最大限度激发学校发展内生力，助力"学校管理"转型为"学校治理"，打造"名校就在家门口，名师就在我身边"的美好教育愿景。基于上城教育高位发展的实践基础，区域将"规范有序、激发活力、师生成长、人民满意"确定为上城教育综合督导的设计理念。

（一）规范有序：聚焦"主体责任"督导教育规范

上城教育综合督导应发挥其在教育决策、执行、监督闭环中既相对分离又协调运转的地位优势，通过全覆盖督导、全周期纳管、全要素集成这三项举措，加强宏观引领和助推服务，构建现代教育治理体系。

1. 依法依规，全要素集成

教育督导科根据《关于深化新时代教育督导体制机制改革的意见》《浙江省教育督导条例》等文件精神，全面梳理"浙江省教育现代化发展水平监测工作"及"浙江省县域基础教育生态监测工作"两项督政项目指标，并将经济责任审计、专项督查、执行力考核和三年发展规划有机统整至中小学幼儿园校（园）长任期结束综合督导之中。

2. 循环上升，全周期纳管

上城区公办学校（单位）以三年发展规划为载体，四年为一个周期，第四学年开展校（园）长任期结束综合督导暨三年发展规划终结性评估。而民办中小学和幼儿园每学年开展一次任期综合督导暨发展性核评，以此规范学校（幼儿园）依法办学行为。每次三年发展规划（发展性核评）的循环上升，将过程性评价与结果性评价有机结合，实现动态监测与周期性复盘，各校（园）能够及时调整办学策略，将督导结果转化为优化管理的具体行动，最终实现"以评促建、以评促改"的目标，为区域教育优质均衡发展提供制度保障。

（二）激发活力：聚焦"发展规划"督导教育治理

上城区教育局自2009年起，由教育督导科牵头抓总，进行学校三年发展规划评估督导管理工作，逐步形成了以引领学校三年发展规划制订及实施为主轴，自查自评和督导评价相结合、学校自主发展与督导引领发展相结合的"一轴两结合"管理模式，科学建构多维度助力、多视角评测的"四位一体"的评估指标体系。

1. 以督为重，有序实施规划

教育督导科按照"关键性指标"逐项监测、"个性发展指标"学年考核、"基础性指标"督导随访、"发展性指标"终结评估的管理思路，实时监控各校发展规划实施状况。一是督评关键性指标，助推区域中心工作。二是督评个性发展指标，落实学校重点项目。三是督评基础性指标，坚守办学治校底线。四是督评发展性指标，激励学校自主发展。第四学年，专家团队入校进行终结性评估。发展性指标有学校发展、育人模式、学生成长、教师发展、社会满意度五个维度的16项指标，关注学校办学的增量发展。通过组织行政人员和专家相结合的团队，以听取汇报、随堂听课、巡查校园、查阅资料、焦点访谈等方式全面了解学校发展规划达成情况，并对发展性指标实施考核。终结性评估帮助学校总结办学成就与不足，提炼经验，理性反思，为学校新一轮发展提供决策依据和指导方向，促进学校自主、持续发展。

2. "一校一策"，施策推进规划

上城教育综合督导应精准把脉问题症结，其目标和归属都在于最终的精准施策，向结果性、过程性、增值性和综合性的高度融合迈进。对三年发展规划制订实施的全流程多维度考核评估，同时，实施"一校一策"评估反馈，对每所学校进行点对点精准反馈，规划实施的成效如何、措施效果如何，从根本上帮助学校发现优势和问题，指导学校找到发展的方向和动力，真正体现评估个性化和发展性的指导意义。

（三）师生成长：聚焦"优师优学"督导教育质量

上城区积极探索美好教育新路径，通过综合督导体系的架构，全面推进优师、优学一体化发展，持续擦亮独具韵味的上城教育"金名片"。

1. 立足于优师发展

综合督导在教师个体成长和团队发展中都起到关键作用。基于个体成长，将为教师提供全方位的专业发展支持，助力其提升教育教学能力，实现职业成长与自我突破。基于团队发展，将推动教研组建设与跨学科合作，促进教师间的经验交流与协同创新，同时引导教师进行深度自我反思，培养持续改进的能力与习惯。同时，通过绩效评价与表彰先进，激励教师积极履职，激发工作热情与创造力。最后，督导评估通过公开透明的结果反馈，提升教师的社会认可度与专业形象，增进家校信任与合作。

2. 立足于优学成长

上城教育综合督导立足于通过科学、全面的评估机制，为学生创造更加优质的教育环境，注重学生的全面发展，推动德育、智育、体育、美育和劳动教育协调发展，关注学生的心理健康和个体差异，实施因材施教。同时，督导评估还注重培养学生的自主学习能力、创新思维和社会实践能力，增强其社会责任感和综合素质。通过建立学生成长档案和动态跟踪机制，确保学生成长中的问题得到及时解决，减轻学业负担，提升学生的幸福感和获得感。

（四）人民满意：聚焦"公平优质"督导教育生态

上城教育综合督导积极围绕"创优质、促均衡、惠民生"三大方面，努力将打造优质均衡、人民满意的"美好教育引领区"的目标付诸实践，落到实处。

1. 秉承"教育公平"

上城教育综合督导立足于优化教育资源配置，推动师资、设施、经费等资源向薄弱学校和区域倾斜，确保每个学生都能享受到公平而优质的教育，缩小校际和区域差距。同时，关注弱势群体，加强对特殊教育、随迁子女、留守儿童等群体的关注，确保教育机会公平。

2. 辐射"教育美好"

通过督导全力破解教育热点难点问题，回应民生关切（如"择校热""大班额"等），提升人民群众的获得感和满意度，打造公平而有质量的教育体系，切实满足人民群众对优质教育的期待，推动教育高质量发展。

二、上城教育综合督导的基本原则

上城区中小学幼儿园校（园）长任期结束综合督导暨三年发展规划终结性评估以科学性、公平公正、全面性、目标导向为核心原则，注重多维度评估与多方参与，聚焦校长履职成效和学校发展规划落实。

（一）正确导向，注重过程评价与结果评价相结合

充分发挥督导评估引导、诊断、改进和激励的指挥棒作用，引导中小学校长、幼儿园园长提高政治站位，树立科学的教育观、业绩观、人才观、安全观，落实"五育"并举，促进学生德、智、体、美、劳全面发展。加强诊断性、发展性、增值性评价，激发不同条件背景、不同层次学校自主发展的积极性。

（二）统筹协调，注重任期评估与发展评价相结合

贯彻落实组织、教育等部门对中小学幼儿园校（园）长职责的规定，全面考察校（园）长履职尽责及学校规范办学情况。与学校、幼儿园制订及实施三年发展规划的全过程相结合，与专项

督查、经济责任审计等工作协调和衔接，统筹使用相关数据信息，避免因多头评价、重复督导增加基层负担。

（三）因地制宜，注重共性评估与个性评估相结合

综合督导既强化对校（园）长履职的统一要求，又充分考虑学校的差异，坚守依法治校、规范办学的底线，又针对不同办学性质、不同学段学校合理制订评估标准，调动校（园）长工作的积极性和主动性，激发中小学校和幼儿园的办学活力。

（四）方法创新，注重多元评价与多样评价相结合

上城区教育综合督导采取自评与他评、线上与线下、明察与暗访、定性与定量相结合等多种方式，客观全面了解学校发展及校（园）长履职情况。注重运用信息技术手段，优化工作流程，规范实施环节，增强督导评估针对性、实效性，强化督导评估严肃性、权威性，确保督出效果。

三、上城教育综合督导的总体架构

为贯彻落实《教育部关于开展中小学幼儿园校（园）长任期结束综合督导评估工作的意见》精神，深化中小学幼儿园评价改革，引导督促校（园）长认真履职尽责，推动上城教育高质量发展。上城区教育督导委员会办公室对《上城区中小学幼儿园校（园）长任期结束综合督导暨三年发展规划终结性评估实施方案（试行稿）》进行了修订，印发《上城区中小学幼儿园校（园）长任期结束综合督导暨三年发展规划终结性评估实施方案》。

（一）定义

上城区中小学幼儿园校（园）长任期结束综合督导暨三年发展规划终结性评估（下文中简称为"上城教育综合督导"）是指在区域内中小学幼儿园校（园）长任期届满时，将校长任期与学校发展相联系，对其在任期内履职情况以及学校三年发展规划实施效果进行的全面、系统、科学的评估，实现多视角、多维度对"关键事"与"关键人"的综合督导评价。该综合督导旨在通过多部门协同配合、多维度信息支撑、多层面量质互证，形成一份由部门、同行、专家、师生共同为校（园）长绘制的综合画像。其核心内容包括：指向党建统领力的专项督查、指向政策执行力的执行力考核、指向规划发展力的发展性评估、指向调适整合力的满意度测评、指向风险防控力的经济责任审计。图 2-1 为上城教育综合督导的整体架构。

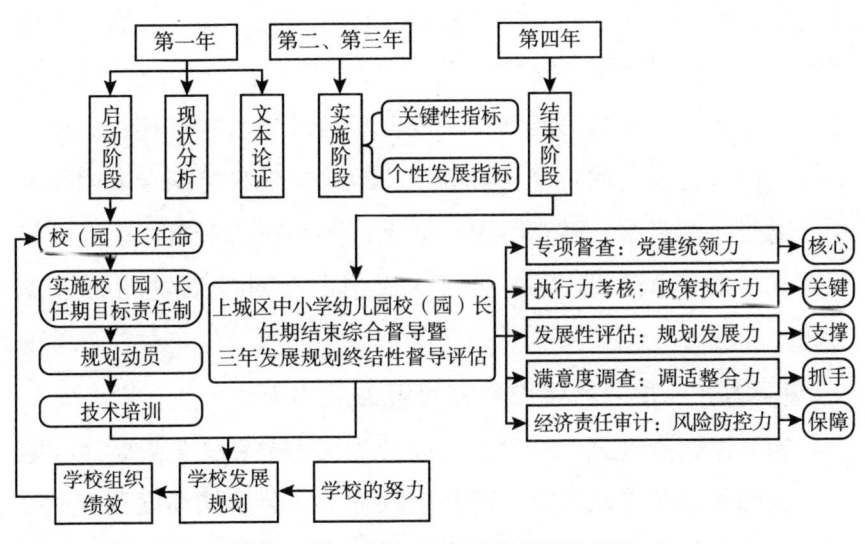

图 2-1 上城教育综合督导的整体架构

1. 核心：指向党建统领力的专项督查

专项督查（共 100 分）主要分党建统领全局、政治理论学习、基层党务工作、党风廉政建设、两支队伍建设及财经纪律执行等六个维度。在校（园）长任期内根据局党委全面从严治党专项督查工作要求，通过听汇报，个别谈话，受理信访，调阅文件、档案、会议记录等资料方式实施考核。

2. 关键：指向政策执行力的执行力考核

执行力考核（共 100 分）是对学校办学规范、教育教学管理的基本要求，分综合管理、教育教学、人力资源、经费后勤、依法治校、群团建设六个维度。由区教育局组宣科牵头，各相关职能科室组织实施，对学校的教育教学管理工作进行综合评价。

3. 支撑：指向规划发展力的发展性评估

发展性评估（共 100 分）是激励学校自主发展，体现发展性、增值性和差异性，分学校发展、育人模式、学生发展、教师成长、校长领导力五个维度，共 16 项指标。在校（园）长任期结束暨三年发展规划第四学年，根据学校开展自查自评，完成终结性自评报告，交教育督导科审核。教育督导科组织专家团队入校，通过听取汇报、随堂听课、巡查校园、查阅资料、焦点访谈等方式全面了解学校发展规划达成情况，对发展性指标实施考核。

4. 抓手：指向调适整合力的满意度调查

满意度调查（共 100 分）主要分为两部分：一是对学生、家长、教师和社会群众四类人群开展教育工作公众满意度调查；二是对校级干部履职情况开展民主评议。通过多维度收集教育利益相关群体及社会群众对学校教育工作的主观评价和总体感受情况，客观反映社会公众对学校教育工作和校（园）长履职情况的认可程度。

5. 保障：指向风险防控力的经济责任审计

经济责任审计（共100分）是全面促进学校经济决策科学化、内部管理规范化、风险防控常态化的基本手段，分重大政策和重大经济事项的执行、学校内部控制制度的建立健全和执行、资产管理、财政财务管理与经济风险防范执行、党风廉政建设责任与廉洁从政的落实五个维度，共13项指标。通过依法审计基层单位财务收支的真实性、合规合法性、效益性及有关经济活动开展情况，对学校履行经济责任行为进行考核。

（二）要素

上城区中小学幼儿园校（园）长任期结束综合督导暨三年发展规划终结性评估工作由教育督导科组织开展。

1. 督导评估对象

中小学幼儿园校（园）长任期结束综合督导暨三年发展规划终结性评估的对象为具备独立法人资格的中小学幼儿园校（园）长。

2. 督导评估周期

（1）公办学校（单位）校（园）长任期结束综合督导：公办学校（单位）以三年发展规划为载体，四年为一个周期，第一学年校（园）长签订任期责任书，同时开展三年发展规划论证，第四学年开展校（园）长任期结束综合督导暨三年发展规划终结性评估。

（2）民办中小学和幼儿园任期综合督导：民办中小学和幼儿园每学年开展一次任期综合督导暨发展性核评，以此规范学校（幼儿园）依法办学行为。

3. 督导评估程序

（1）校长任命。区教育局党委根据干部选拔任用的有关规定任命校长并明确任期。同时，为促进校（园）长履行岗位职责、实现规划目标，区教育局党委与受聘校长签订《校长任期目标责任书》。校（园）长任期制考核，与学校三年发展规划的制订、实施和评估紧密结合在一起，任期一般为四年，任期结束，进行综合督导评估暨三年发展规划终结性评估。

（2）下达通知。教育督导科在每年年初将本学年接受任期督导评估的校（园）长名单正式通知学校，相关学校提前做好各项准备。

（3）开展自评。校（园）长根据评估指标及有关要求开展自查自评工作，主要对任期履职情况、任期绩效进行自我述评，并准备必要的佐证材料。

（4）评估准备。组建由督学、教育行政干部和有关专家等组成的督导评估组，收集涉及督导评估对象及单位的督导、评估、监测、审计、考核等各类材料，结合自评材料初步形成亮点清单和问题清单。

（5）实地评估。督导评估组根据掌握的情况，对照评估指标及相关要求，入校（园）开展实地评估。主要通过校（园）长述职与答辩、随堂听课、巡查校园、问卷调查、焦点访谈等方式展开。实地评估结束后，向被评估对象及其班子成员反馈评估情况。

（6）形成结论。校（园）长任期结束综合督导评估体系由执行力考核（20%）、经济责任审计（10%）、专项督查（10%）、发展性评估（50%）、满意度调查（10%）及少数否定性指标组成。督导评估结果分A、B、C、D四个等次。根据"一校一评、分类汇总"的原则，将校（园）长任期结束综合督导评估暨三年发展规划终结性评估总分按四类从高分到低分进行排序。此外，出现其他严重问题，影响教育系统，在各项工作考核中被"一票否决"的，经局党委研究讨论，校（园）长任期结束综合督导评估暨三年发展规划终结性评估结果认定为D等。

（7）反馈意见。教育督导科向被评估的校（园）长或继任者及所在学校（幼儿园）反馈评估意见，重点针对存在问题向学校（幼儿园）及继任者提出整改要求。

4. 督导评估结果运用

（1）任期结束综合督导评估暨三年发展规划终结性评估结果，作为办学情况诊断、重大决策、校（园）长考核和校（园）长连任、调任或转任的重要依据。

（2）任期结束综合督导评估暨三年发展规划终结性评估结果，作为学校管理团队考核的重要依据；同时在各类年度评优评先中对A等学校的管理团队予以倾斜；校（园）长任期结束综合督导暨三年发展规划终结性评估为A等的学校，按人均核发教师考核奖。

（3）任期结束综合督导评估暨三年发展规划终结性评估为C等及以下的学校进行全区通报，对问题突出、整改不力的校（园）长，要依据《浙江省教育督导问责实施细则》进行严肃问责。

四、上城教育综合督导的特征解析

上城区中小学幼儿园校（园）长任期结束综合督导暨三年发展规划终结性评估是一项综合性、科学性和目标导向的评估工作，旨在全面检验校（园）长在任期内的履职情况和三年发展规划的落实情况。评估通过多维度、多主体的参与，结合定量与定性分析，动态关注工作过程与结果，注重反馈与改进，为学校未来发展提供科学依据和战略指导。同时，评估结果与奖惩机制挂钩，激励校（园）长积极履职，并发挥优秀典型的示范作用。这一评估体系不仅总结过去的工作成效，更为学校的持续发展奠定了基础，体现了规范性、前瞻性和激励性相结合的特点。

（一）一体化实施，构建督导评价新模式

上城区综合督导的新模式旨在通过整合教育资源、优化评估流程，打造科学、高效、协同的督导评价体系，将学校管理、教学质量、发展规划等核心要素有机融合，形成闭环管理。

1. 高位完善的制度体系是基础

依据国家和省级关于综合督导评估的文件精神，教育督导科制订了《上城区中小学幼儿园校（园）长任期结束综合督导暨三年发展规划终结性评估实施方案》，将过程性评价与发展性评价相结合，该评估以目标为导向，通过多维度、多主体的参与，结合定量与定性分析，动态关注校（园）长的履职表现和学校三年发展规划整体趋势。

2. 多方联动的协同支撑是关键

上城教育综合督导将发展性评估、执行力考核、经济责任审计、专项督查等各类督导在目标设计、指标建构、督评流程等方面进行一体化实施，形成"指标精简、流程优化、数字赋能"的综合性督导评价模式。

3. 专业权威的督评队伍是核心

上城教育拥有三支强大的专家队伍：一是聘请省市督学、知名院校教授组成智库专家团队作为特约督学；二是聘请教育专家担任兼职督学；三是由聘用教育系统内在职的调研员、已退休人员作为责任督学组成"亮剑团"督学队伍，实现了督学队伍数量充足、政治素质过硬、业务水平精湛的布局。上城区充分利用三支专家队伍的智慧，结合日常督导、专项督导、综合督导等方式，系统梳理校（园）长任期工作的得与失。

（二）三要素统整，促进教育高质量发展

上城教育综合督导聚焦于教育管理、教学质量和学生发展的有机统一，通过整合资源、优化机制、创新方法，构建科学高效的教育生态体系，努力实现教育公平与效率的双重目标，为培养全面发展的高素质人才奠定坚实基础。

1. 指标统整，明晰重点

任期综合督导基于学校原有基础和发展规划，通过学校的发展性和成长性评估校长的专业状态和担当作为，是基于个体的增值评价。上城区在保留原有发展性评估指标框架的同时，从校长履职过程和履职成效两个维度进一步统整和优化校（园）长任期结束综合督导指标框架。其中，履职过程是坚守规

范办学底线，指标涵盖贯彻党的教育方针、引领指导学校发展、学校内部治理等，主要体现为执行力考核。履职成效是激发办学活力，指标涵盖学生成长、教师成长、学校发展等，主要体现为发展性评估。

2. 流程统整，明确节点

学校发展性督导重点评价学校办学规划目标的达成度，而任期综合督导是以规划达成为重心、改进为价值导向，是从"督事"转换为"督事+督人"。因此，处理好评价校长与评价学校的关系，做好流程统整与优化是关键。一是周期优化。统整原来长短不一的各类督导时间周期，确定四年一周期，确保指标考核时间不重叠；明确经济责任审计等在校长任期内只考核一次。二是交错印证。执行力考核、经济责任审计、专项督查与发展性评估平行实施督导，同时加强信息的交流与印证，避免存在互相矛盾的结论。三是数据赋能。自主研发上城区教育督导评估系统，形成"线上+线下"一体化督评体系，实现中小学幼儿园、特殊学校和直属部门全覆盖。

3. 报告统整，凸显实效

综合督导报告遵循"一人一校一案"的原则，既区别于学校发展性督导，又不同于组织干部考察。任期综合督导报告在发展性督导报告的基础上进一步统整，凸显校（园）长在规划发展、课程领导力等方面的作用，同时结合执行力考核、经济责任审计、专项督查、公众满意度等数据和信息，肯定任期内校（园）长为学校办学付出的个人努力，指出存在的不足和未来改进的建议。任期综合督导充分关注"评价人时的感性"与"对照指标时的理性"的有机结合。

（三）多维度运用，强化督导利剑功能

上城区教育综合督导以数据为支撑、以问题为导向、以实效为目标，充分发挥督导的诊断、指导和监督作用，切实增强督导的权威性和实效性，为教育高质量发展提供坚实保障。

1. 结果认定科学严谨

教育督导科成立由教育行政领导、专家、省市督学组成的专家团队，对校（园）长任期综合督导进行网评和实地评估。其中，实地评估涵盖校园观察、校长汇报等环节，多维度聚焦校（园）长角色进行归因分析。根据"一校一评、分类汇总"的原则，将督导评估结果按 A、B、C、D 四个等次进行排序。前30%认定为 A 等，其余无特殊情况认定为 B 等，符合"履行教育职责严重失职"等四种情况认定为 C 等，符合"出现严重问题"的情况经局党委研究讨论认定为 D 等。

2. 与校长任期制紧密结合

上城区将校（园）长聘任及任期目标责任制与学校发展规划的制订、实施和考核紧密结合。自任命校长签订《校长任期目标责任书》起，校长即开始进行为期四年的学校发展规划制订与实施。任期届满时由督导科牵头对校（园）长开展任期综合督导，并根据督导结果评定优秀、称职、基本称职、不称职四档考核结果，以此作为校长连任、调任或转任的重要依据。

3. 全流程全方位闭环管理

在对学校发展性督导评估中，基于"督评—整改—反馈"流程，开展"回头看"对问题整改情况及时复查，随时掌握整改情况，防止问题反弹，确保督导流程闭环、问责有效。对问题突

出、整改不力的校（园）长，依照职能和管理权限进行内部监督和责任追究。对一学年内收到 3 张及以上《教育督导整改通知书》的学校，在当年的学校发展性督导评估中是否降档；对发展性督导评估为 C 等及以下的学校进行全区通报、问责和督导整改，以强势问责发挥教育督导"长牙齿"的作用。

第三章

督查：指向提升党建统领力的专项督查

习近平总书记在全国教育大会上发表重要讲话时强调，加强党对教育工作的全面领导，是办好教育的根本保证。[①] 近年来，上城区教育局党委以"打造上城教育党建新高地"为目标，以习近平新时代中国特色社会主义思想为指引，切实加强党对教育事业的全面领导，以高质量党建引领上城教育高质量发展。全面从严治党专项督查（以下简称"专项督查"），作为党内监督的重要手段，既是打通全面从严治党"最后一公里"的关键抓手，也是夯实基层党组织建设根基、助力基层党组织全方位提升党建统领力的重要手段。自2019年起，上城区教育局党委高度重视全面从严治党专项督查工作，持续高标准规划、高质量推进、高保障护航此项工作。本章将深度剖析指向提升党建统领力的专项督查的内在逻辑与实践路径，第一部分系统阐述党建统领力的内

[①] 习近平. 论教育[M]. 北京：中央文献出版社，2024：22.

涵及价值、专项督查的内涵与目的；第二部分详细剖析专项督查在提升党建统领力方面的具体实施路径与策略方法；第三部分结合具体案例，总结专项督查所取得的成效与经验启示。

第一节　党建统领力督查的内涵

新时代新征程，党建统领力是学校发展的核心动力。学校坚持和加强党对学校的全面领导，坚持把政治标准和政治要求贯穿办学治校、教书育人全过程各方面，推动党建工作与学校治理深度融合、同频共振。而指向党建统领力的专项督查，需要深度聚焦学校党组织在党建统领实践中的关键节点、薄弱环节，及时发现问题、分析问题、解决问题、消除问题，确保学校党组织全面领导学校工作，切实保障学校在高质量发展的道路上行稳致远、奋发有为。

一、党建统领力的内涵及价值

"坚持以党的政治建设统领党的建设各项工作"，[1] 是习近平总书记关于党的建设的重要思想的重要内容。在教育强国战略加速推进的当下，学校党组织肩负着将党的理论优势、政治优势、组织优势等转化为办学治校实际效能的重要使命。

（一）党建统领力的时代背景

党的十八大以来，习近平总书记着眼中华民族伟大复兴战略

---

[1] 《习近平谈治国理政》第三卷。

全局和世界百年未有之大变局，站在新时代坚持和发展中国特色社会主义的政治高度，从根本上深刻阐明了坚持党对一切工作领导的重大意义、方向原则、体制机制、方式方法等重大问题，有力引领党充分发挥总揽全局、协调各方的领导核心作用，推动党和国家事业取得历史性成就、发生历史性变革。党的十九大提出了新时代党的建设总布局，第一次把党的政治建设纳入党的建设总要求，强调新时代党的建设要以党的政治建设为统领。习近平总书记强调"党的政治建设是党的根本性建设，要把党的政治建设摆在首位，以党的政治建设为统领"。① 党的二十届二中全会对深入推进全面从严治党提出明确要求，以党的政治建设为统领，扎实推进党的各方面建设，推动新时代党的建设新的伟大工程向纵深发展。

教育是国之大计、党之大计。坚持和加强党对教育工作的全面领导是办好教育的根本保证，是进一步办好人民满意的教育的关键所在。党的十八大以来，以习近平同志为核心的党中央高度重视加强党对教育系统的全面领导和党的建设，做出一系列重大部署，为做好新形势下教育系统的党建工作指明了前进方向。2024年9月召开的全国教育大会上，习近平总书记强调，我们要建设的教育强国，是中国特色社会主义教育强国，必须以坚持党对教育事业的全面领导为根本保证。加快推进教育强国建设，必须加强党对教育工作的全面领导，牢牢掌握党对教育工作的领导权，不断夯实教育强国建设的政治根基。

（二）党建统领力的概念解析

党建统领力，是指学校党组织通过强化党对学校工作的全

---

① 《习近平谈治国理政》第三卷。

面领导，充分发挥党的政治优势、组织优势、密切联系群众优势等，将其转化为推动学校教育教学发展的治理效能，进而达成学校党建质量与教育质量协同全面提升的能力体现。具体而言，学校党组织需切实履行好把方向、管大局、作决策、抓班子、带队伍、保落实的领导职责，聚焦教育教学质量，持续发力提升办学治校水平，统领学校高质量发展，在这一进程中全方位展现党建与教育教学深度融合、相互促进、同步提高的成效，充分彰显党组织的战斗堡垒作用以及党员的先锋模范作用。

习近平同志在党的十九大报告中强调："不断增强党的政治领导力、思想引领力、群众组织力、社会号召力，确保我们党永葆旺盛生命力和强大战斗力。"政治领导力、思想引领力、群众组织力、社会号召力这"四力"的提出，既是推进党的建设新的伟大工程的题中应有之义，又是推进党的建设新的伟大工程的重要目标指向。就教育领域而言，依据以上重要论述，党建统领力的构成要素可细化为政治领导力、思想引领力、群众向心力、社会协同力这四个关键维度。其中，政治领导核心力体现为学校党组织需精准把握政治方向，贯彻党的基本理论、基本路线、基本方略，坚持为党育人、为国育才，确保党的教育方针和党中央决策部署在中小学校得到切实贯彻落实；思想铸魂引领力要求学校党组织充分发挥思想引领功能，落实立德树人根本任务，用党的创新理论武装师生头脑，营造风清气正、积极向上的校园思想文化氛围；群众凝聚向心力指的是学校党组织要自觉践行全心全意为人民服务的根本宗旨，密切联系师生群众，关心师生成长需求、工作学习困难等实际问题，以党组织为纽带，汇聚起师生齐心协力推动学校发展的力量；社会协同力则要求学校党组织主动"走出去"，拓宽教育视野，整合社会资源，提升教育质量，实现教育与社会的良性互动、协同共进。

综上所述，这"四力"相互配合、相辅相成，共同为学校党组织引领学校的持续健康发展保驾护航。可见，党建统领力作为一种综合性、关键性的能力，在学校发展进程中有着不可替代的实践意义，是推动学校迈向更高水平的核心动力。

（三）党建统领力的价值探寻

在教育领域持续推进改革发展的进程中，党建统领力对于全方位优化学校治理和教育生态起着关键作用，其价值可从政治领导力、思想引领力、群众向心力、社会协同力四个维度展开剖析，具体体现如下。

1. 校准教育方向，践行育人使命

在复杂多变的教育环境下，学校党组织坚定不移地将政治标准与政治要求贯穿于办学治校、教书育人的全过程、各方面，坚守为党育人、为国育才的初心，确保党的教育方针以及党中央的决策部署在中小学校落地生根。从课程规划、教学实施，再到校园文化建设以及师生思想引导等诸多环节，切实保障教育服务于国家战略大局的使命担当得以落实。

2. 优化学校治理，提升管理效能

学校党组织充分发挥党建统领效能，全方位优化学校治理模式，提升管理质效。例如，在决策环节，严格遵循民主集中制，凡属重大问题都按照集体领导、民主集中、个别酝酿、会议决定的原则，由学校党组织会议集体讨论做出决定，确保决策过程的民主性和科学性；在执行过程中，依托党建工作整合各方力量，促进学校各部门协同联动，打破管理壁垒，激发教职员工的主观能动性，为学校可持续发展筑牢坚实的基础。

3. 凝聚师资力量，营造育人氛围

聚焦教师团队成长，党建统领力同样是激发教师奋进活力的核心要素。党员教师切实发挥先锋模范作用，在日常工作中以高标准严格自我要求、以身作则，引领全体教职工营造自律、奋进的工作氛围，各项工作得以有效落实，进而推动教师队伍专业成长，驱动学校教育教学质量稳步提升。

着眼学生成长全程，优良党风对学风具有正向牵引功效。身处积极向上的校园氛围中，学生们自然而然养成勤奋刻苦、勇于探索的学习习惯。学校通过组织开展红色文化进校园、党史学习教育等系列党建主题活动，让学生充实学生课余生活、拓宽知识视野，汲取红色精神养分，全方位助力学生健康成长。

4. 强化社会协同，促进多元发展

从社会协同发展的角度来看，党建统领力有效强化了学校与社会的紧密联系。学校借助党建平台与社会各界开展深度合作，不仅拓宽了学校教育资源获取渠道，还使学校成为向社会传递正能量的重要窗口，提升社会对学校教育的认可度与信任度，促进教育与社会良性互动、协同发展。

综上所述，党建统领力在教育的各个关键环节彰显出不可替代的价值，是保障学校沿着正确方向稳健前行的核心动力，是助力学校师资队伍建设的关键力量，是护航学生茁壮成长的坚实保障，更是推动教育与社会紧密相连、协同发展的重要纽带。

二、全面从严治党专项督查的内涵与目的

党要管党、全面从严治党，是党的建设的一贯要求和根本方针。在新时代教育领域，全面从严治党专项督查成为落实这一要求的具体实践举措。其通过系统化、制度化、精准化监督，推动学校党组织切实履行管党治党政治责任，将党的优势转化为办学治校效能。作为巡视巡察向基层延伸的关键手段，专项督查以"发现问题—分析问题—解决问题—消除问题"为工作闭环，既是对党建质量的系统性"全面体检"，更是一条提升党建统领力的有效实践路径，为推动教育系统党建工作高质量发展筑牢根基。

（一）专项督查的工作背景

2014年10月，习近平总书记在党的群众路线教育实践活动总结大会上首次提出"全面推进从严治党"。2014年12月，习近平总书记在江苏调研时，首次提出"全面从严治党"，也是第一次把"全面从严治党"同全面建成小康社会、全面深化改革、全面推进依法治国并列提出。党的十九大将"全面从严治党"正式写入党章，彰显了其在新时代党的建设中的核心地位。党的二十大报告更是明确提出，"全面从严治党永远在路上，党的自我革命永远在路上"，为坚持不懈把全面从严治党向纵深推进、确保党永葆旺盛生命力和强大战斗力指明了方向。

深入贯彻落实习近平总书记在全国教育大会上的重要讲话精神，加快建设教育强国，要求教育领域毫不动摇坚持和加强党的

全面领导，推动全面从严治党向纵深发展。而全面从严治党专项督查正是顺应这一时代发展需求，应势而生，其肩负着强化教育领域党建工作、保障教育事业健康发展的重任。

（二）专项督查的概念解析

全面从严治党以巡视巡察为重要手段。巡视巡察是指通过建立专门机构，按照有关规定对下级党组织领导班子及其成员进行监督，并直接向派出的党组织负责的一种党内监督制度。按照《中国共产党巡视工作条例》规定，中央和省级层面成立巡视办和巡视组、市县级成立巡察办和巡察组，在中央、省级层面称作巡视，在市县层面称作巡察。而全面从严治党专项督查，是巡视巡察工作的深化与延伸，为向下级党组织传递压力、压实责任提供了有效途径，是确保全面从严治党要求层层传导、逐级落实的关键机制。

作为巡视巡察向基层党组织的重要延伸，上城区教育局党委切实贯彻落实党中央对全面从严治党的要求，在区纪委区监委的指导下，立足教育系统实际，深度谋划、精细布局，自2019年起，持续高质量开展专项督查工作，将其作为提升学校党组织党建统领力的有力抓手，构建科学、严谨、高效的督查机制，创新督查方式，为教育事业的持续健康发展提供更加坚实的保障。

（三）专项督查的目的意义

专项督查，通过督查学校党组织的建设情况，发现和解决学校治理中存在的突出问题，推动学校党建工作提质增效，提升学校治理能力。督查目的主要体现在两个方面：一方面，保障学校党组织履行好把方向、管大局、作决策、抓班子、带队伍、保落实的领导职责，切实发挥党组织在学校发展中的领航定向作用；另一方面，推动学校将党建工作深度融入办学治校的全方位实践，稳扎稳打地推进党建基础工作落地生根，为学校实现可持续的整体发展筑牢坚实的根基。

专项督查以"发现问题、分析问题、解决问题、消除问题"为关键闭环，其意义体现在以下四个维度。

1. 督查在发现问题上精准发力

专项督查的首要任务便是精准识别问题。督查组通过深入细致的调研、实地走访、数据分析以及广泛听取群众意见等多种方式，全方位、多角度地掌握学校党组织建设及治理中的薄弱环节和突出问题。在此过程中，督查组直插问题要害，引导学校党组织直面问题，力求确保问题发现得既准确又全面。

2. 督查在分析问题上靶向发力

发现问题仅是第一步，更加关键的是深入剖析问题的根源与症结所在。督查组指导学校党组织运用系统思维，对问题进行全面梳理、分类归纳和科学研判，从而明确问题的性质、范围和影响程度。直击问题本质，为制订针对性的整改措施提供科学依据。

3. 督查在解决问题上强劲发力

在精准发现和深入分析问题的基础上，专项督查致力于推动问题的解决。督查组与学校党组织紧密合作，指导其制订切实可行的整改方案，明确责任主体、整改时限和具体措施。通过强有力的执行和监督,确保整改措施落到实处,问题得到有效解决。

4. 督查在消除问题上持续发力

专项督查不仅注重解决当前问题,更着眼于从根本上铲除问题产生的土壤,防止问题反弹。督查组推动学校党组织建立长效机制,通过完善制度、强化监督、提升素质等多种方式,从根本上解决问题,确保学校治理体系的健康运行和治理能力的持续提升。

三、专项督查与党建统领力提升的内在逻辑

专项督查与党建统领力提升之间存在着深刻且紧密的内在联系,两者相互作用、协同发力,共同推动学校治理体系和治理能力的现代化。其内在逻辑可从两个维度进行解析。

1. 专项督查是党建统领力提升的重要手段

专项督查通过系统化、制度化、规范化的检查评估机制,精准诊断学校党组织在政治建设、思想建设、组织建设等方面的短板弱项,为靶向施策提供科学依据。督查工作既是对基层党组织的"政治体检",也是对党建工作质效的全面检验。通过问题导向的督查机制,学校党组织能够及时校准党建与业务融合的偏差,确保党的教育方针和决策部署落地见效。同时,依托"督查—反馈—整改—提升"的闭环管理,推动形成"问题整改促规范、机制优化促长效、效能提升促发展"的良性循环,实现党建统领力的持续增强。

2. 党建统领力提升是专项督查的目标指向

专项督查的根本目标在于以高质量党建引领学校高质量发展，助推教育治理体系和治理能力现代化。党建统领力的提升，既是督查工作的出发点和落脚点，也是检验督查成效的重要标准。通过专项督查，学校党组织能够持续强化政治引领、优化组织体系、提升治理效能，从而切实发挥把方向、管大局、作决策、抓班子、带队伍、保落实的领导核心作用，为落实立德树人根本任务提供坚强政治保证。

第二节 专项督查的实施操作

围绕全面从严治党专项督查工作，上城区教育局党委构建了高标准的目标要求、高保障的工作机制、高质量的实施路径，形成"督前准备—督中实施—督后整改"的规范流程和"督查—反馈—整改—提升"的良性循环。

一、高标准的目标要求

在全面从严治党背景下，专项督查作为确保政策落实、提升治理效能的重要手段，其评价指标的设定必须体现高标准、严要求。表3-1是一套针对教育领域全面从严治党专项督查的详细评价指标（2024年修订版）。专项督查指标涵盖党建统领全局、政治理论学习、基层党务工作、党风廉政建设、两支队伍建设及财经纪律执行六大方面，下设31项二级指标。

表 3-1　全面从严治党专项督查的评价指标（2024 年修订版）

一级指标	二级指标	责任科室
党建统领全局	1. 党组织五年工作情况报告	组织宣传科
	2. 近五年以来学校章程，审计整改落实情况，信访、安全主体责任落实情况	政策法规科办公室
	3. 近五年以来国家、省（区、市）教育重点工作（如：校家社协同育人、教育评价改革、思政教育一体化、科学教育、劳动教育、学生心理健康等）的推进落实情况，特色亮点及创新举措情况	发展规划科
政治理论学习	4. 近五年以来党组织落实历次主题教育工作情况	组织宣传科
	5. 近五年以来单位党政领导班子贯彻落实"第一议题"制度情况，开展政治理论学习情况	
基层党务工作	6. 近五年以来党组织年度工作计划与总结	
	7. 近五年以来党组织"三会一课"、组织生活开展情况	
	8. 近五年以来党组织的架构情况（含党组织名称、党内职务、任职时间），党组织换届选举情况	
	9. 近五年以来党组织发展党员情况，党员花名册动态更新情况，党费按时足额缴纳情况	
党风廉政建设	10. 近五年以来单位党风廉政目标责任书签订及完成情况	组织宣传科
	11. 近五年以来单位"三重一大"制度执行情况	组织宣传科计划基建财务科
	12. 近五年以来单位主要负责人"五不直接分管"制度执行情况、领导班子成员分工情况、岗位廉政风险排查情况，"小微权力"清单建立情况	组织宣传科
	13. 近五年以来单位教师招聘情况	人事科
	14. 近五年以来学校招生相关资料（含招生方案、插班转学资料等）	义务教育科综合教育科
	15. 近五年以来单位政府采购、劳务外包、工程建设等的执行情况，包括采购预算与计划、采购活动、履约与验收、采购档案保管等	计划基建财务科
	16. 近五年以来单位维修项目情况，包括对校舍安全功能进行维修的决策、采购、实施、结算的规范管理	
	17. 近五年以来单位设置财务相关岗位情况，相关岗位责权明确、各环节不相容岗位人员分离的情况	

续表

一级指标	二级指标	责任科室
两支队伍建设	18. 近五年以来单位领导班子成员历年的述职评议情况	组织宣传科
	19. 近五年以来单位中层干部选拔任用情况，校级干部提拔使用情况	
	20. 近五年以来单位区级及以上名优教师培养情况，各级各类评优评先情况	人事科
	21. 近五年以来单位岗位设置情况，职称评聘情况，教师辞职、交流情况	
	22. 近五年以来单位编内外教师、外聘人员管理情况，教职工违纪违法（师德师风）及处理情况	
财经纪律执行	23. 近五年以来单位编内外教师工资、奖金规范发放情况	人事科 计划基建财务科
	24. 近五年以来单位内部控制等相关制度的建设情况，包括预算、收支、政府采购、资产、建设项目、合同等内部管理制度	计划基建财务科
	25. 近五年以来单位固定资产管理、资产使用绩效情况	
	26. 近五年以来单位财务收支规范化情况，包括会计凭证、账簿、财务报表、其他会计资料等情况	
	27. 近五年以来单位贯彻落实中央八项规定精神、《党政机关厉行节约反对浪费条例》等情况，执行财经纪律情况，包括有无违规发放津补贴、加班费、公款旅游等情况	
	28. 近五年以来单位经费规范使用与管理情况，包括有无预算细化；"三公""五费"有无超标准、超范围开支；业务用车"三定"情况；学校组织培训计划与审批情况等	
	29. 近五年以来单位收费政策执行情况，包括食堂、学后托管等收费退费情况	
	30. 近五年以来单位食堂安全和膳食经费管理情况，包括食堂财务信息公开，盈亏率控制，是否侵占学生伙食费等情况	
	31. 近五年以来单位工会经费支出及财务管理情况	

二、高保障的工作机制

专项督查的高效实施需依托科学化、规范化、系统化的工作机制。通过精准内容定位、清晰职责划分、多元方法集成、闭环成果运用四大核心模块的协同联动，构建起全链条、立体化的督查实施体系，为提升学校治理效能提供制度保障。

（一）精准内容定位

专项督查内容紧扣学校治理核心领域，聚焦党建与业务深度融合的关键环节，形成"六维一体"的督查内容。通过量化指标与质性评价相结合的方式，确保督查靶向精准、覆盖全面。以下是各一级指标的具体内涵及督查重点。

1. 党建统领全局

党建统领全局是指党组织在学校各项事务中处于领导核心地位，掌控全局发展方向，协调各方资源推动学校前进。重点督查党组织参与学校治理的多方面效能，如对学校发展规划、重大事项决策的监督执行，涵盖决策参与、政治把关环节；聚焦党组织领导的校长负责制、学校章程执行、审计整改、信访和安全责任落实，国家和地方教育重点工作推进成效。保障学校发展遵循党的教育方针，确保学校各项工作在正确政治方向上前行，避免发展偏差，凝聚各方力量推动学校持续进步。

2. 政治理论学习

政治理论学习要求党组织、领导班子、党员围绕党的理论知识、方针政策等开展学习活动，提升政治素养与思想觉悟。重点关注"第一议题"制度落实，督查学习制度全流程，包含学习计划拟订、学习形式采用、学习纪律遵守；查看学习内容是否紧扣党的路线方针政策、时事政治、教育改革发展等关键主题。让党组织成员时刻紧跟党的步伐，精准把握政策走向，为学校决策、教育教学实践提供坚实的理论支撑，统一思想认识，强化党组织战斗力。

3. 基层党务工作

基层党务工作是党组织战斗力的基础，该指标重点督查基层党组织建设情况，聚焦于基层党组织的日常工作开展情况，包括年度工作计划与总结、"三会一课"、组织生活的落实情况，以及党组织架构、换届选举、党员发展等基础性工作。通过这一指标，评估基层党组织是否规范运作，是否有效发挥战斗堡垒作用。

4. 党风廉政建设

党风廉政建设是全面从严治党的重要内容，该指标重点评估党组织在党风廉政建设方面的落实情况，特别是"三重一大"制度、"五不直接分管"制度的执行情况，以及岗位廉政风险排查、"小微权力"清单的建立情况。通过这一指标，确保党组织在权力运行、干部选拔、财务管理等方面做到公开透明，防止腐败现象的发生。

5. 两支队伍建设

两支队伍建设是学校发展的关键，该指标重点督查党员队伍和教师队伍的建设情况，涵盖领导班子和中层干部的选拔任用、述职评议、名优教师培养、岗位设置及职称评聘等。通过评估干部选拔和培养机制的科学性，提升干部队伍整体素质。同时，关注教职工管理，严查教职工违纪违法（师德师风）行为，确保教师队伍稳定性和专业性。

6. 财经纪律执行

财经纪律执行是学校财务管理的重要保障，该指标重点督查学校财务管理制度的建立健全和执行情况，包括预算管理、收支管理、资产管理等方面的规范化程度。督查学校经费使用的合规性和效益性，包括经费审批、报销、使用等方面的程序和手续是否合规，以及经费使用是否达到预期效果。关注学校内部控制制度的建立健全和执行情况，以及风险防范措施的落实情况。

（二）清晰职责划分

明确督查主体是专项督查工作的基础。督查职责的划分需要清晰界定各参与主体的责任，能够确保督查工作责任到人、落实到位，为专项督查的顺利实施提供保障。只有明确督查主体及其职责，才能形成上下联动、协同推进的工作机制，确保专项督查取得实效。

1. 督查主体的职责

督查组是专项督查工作的核心力量，由教育局党委领导班子成员直接领导，全程把关督查过程，确保工作规范有序；区纪委区监委派驻纪检组全程参与指导，确保督查过程公开透明、结果客观公正；督查组成员由局机关各科室负责督查的工作人员组成。督查组的主要职责包括制订督查方案、组织实施督查、汇总分析问题、提出整改意见并跟踪落实。

2. 督查对象的职责

被督查党组织是专项督查工作的直接对象，其职责同样重要。

首先，被督查党组织需认真开展自查自纠，对照督查要求全面梳理自身工作，主动查找问题、分析问题根源。同时，被督查党组织还需积极配合督查组的工作，如实提供相关资料和数据，确保督查工作顺利开展。其次，针对发现的问题，被督查党组织需制订切实可行的整改方案，明确整改责任人和整改时限，确保问题得到有效解决。最后，被督查党组织需以专项督查为契机，在督查组的指导下，建立健全长效机制，防止问题反弹，推动党建工作与学校治理深度融合，为党建统领力的持续提升奠定坚实的基础。

3. 相关部门的协同职责

专项督查涉及区教育局的多个科室，因此需要明确各部门的协同职责。除了发现问题时发挥"督"的作用，针对学校在工作中存在的薄弱环节，相关部门要主动发挥"导"的作用。一方面，各部门需结合自身职能，为学校党组织提供政策指导和技术支持，帮助其找准问题根源、制订整改措施。另一方面，各部门需加强沟通协作，建立信息共享机制，及时反馈督查中发现的问题，形成整改合力。

（三）多元方法集成

合理有效的督查方法能够确保督查工作的深入性和全面性，提高督查效率。督查方法主要包括以下几种：

1. 听取汇报

听取被督查党组织的汇报是督查工作的首要步骤。由党组织书记进行口头汇报，通过听取汇报，督查组可以初步了解被督查党组织的工作情况、存在问题及整改措施。汇报内容应真实、全面，避免隐瞒或夸大事实。

2. 调阅、复制有关文件资料

督查组有权调阅、复制被督查党组织的有关文件资料，包括工作计划、工作总结、会议记录、财务报表等。这些文件资料是督查工作的重要依据，有助于督查组全面了解被督查党组织的工作情况。

3. 走访调研

走访调研是督查工作的重要手段之一。督查组须深入基层，与被督查学校的党员教师、教职员工进行面对面交流，了解他们的真实想法和意见。通过走访调研，督查组可以发现一些在汇报和文件资料中难以发现的问题，为后续的督查工作提供有力支持。

4. 个别谈话

与党员教师、教职员工个别谈话是督查工作的另一种重要方式。通过个别谈话，督查组可以深入了解教职员工对被督查党组织工作的看法和意见，以及他们在工作中遇到的困难和问题。这有助于督查组更全面地了解被督查党组织的工作情况，为制订整改措施提供依据。

5. 召开座谈会

召开座谈会是督查工作的一种有效形式。督查组可以邀请被督查党组织的领导、教职员工以及相关部门的代表参加座谈会，就督查工作中的问题进行深入讨论和交流。通过座谈会，督查组可以广泛听取各方面的意见和建议，为制订督查报告和整改措施提供参考。

6. 受理来信来电来访

督查组应设立专门的信访渠道，受理教职员工和群众的来信来电来访。通过信访渠道，督查组可以及时发现和了解被督查党组织存在的问题和线索，为后续的督查工作提供重要依据。

（四）闭环成果运用

1. 为问题整改提供依据

专项督查能够精确识别被督查党组织存在的问题与短板，进而形成详尽的反馈意见。这份报告不仅列出了问题的具体表现，还提供了明确的整改方向和针对性的解决措施，为被督查党组织提供了清晰、可行的整改路径。

2. 为考核机制提供抓手

加强督查结果在执行力考核中的运用，将督查结果与绩效考核挂钩，确保整改措施有效落实。对执行力差、工作不力的学校进行问责和督促整改，形成有效的激励约束机制。

3. 为教育决策提供参考

专项督查不仅是对当前工作的一次全面审视，更是对未来教育政策制定与调整的重要参考。督查中收集的数据、发现的问题以及总结的经验教训，为教育局党委提供了宝贵的决策依据，有助于推动教育政策的科学化和精细化发展。

三、高质量的实施路径

上城区教育局党委以年度为单位开展专项督查，旨在通过科学规划、精准执行和有效反馈，确保督查工作高效、规范、有序开展。专项督查的实施路径分为督查前期、督查中期和督查后期三个阶段，每个阶段都包含详细的工作步骤和具体要求，以确保督查工作的全面性和实效性。图 3-1 为全面从严治党专项督查工作基本流程（2024 年修订版）。

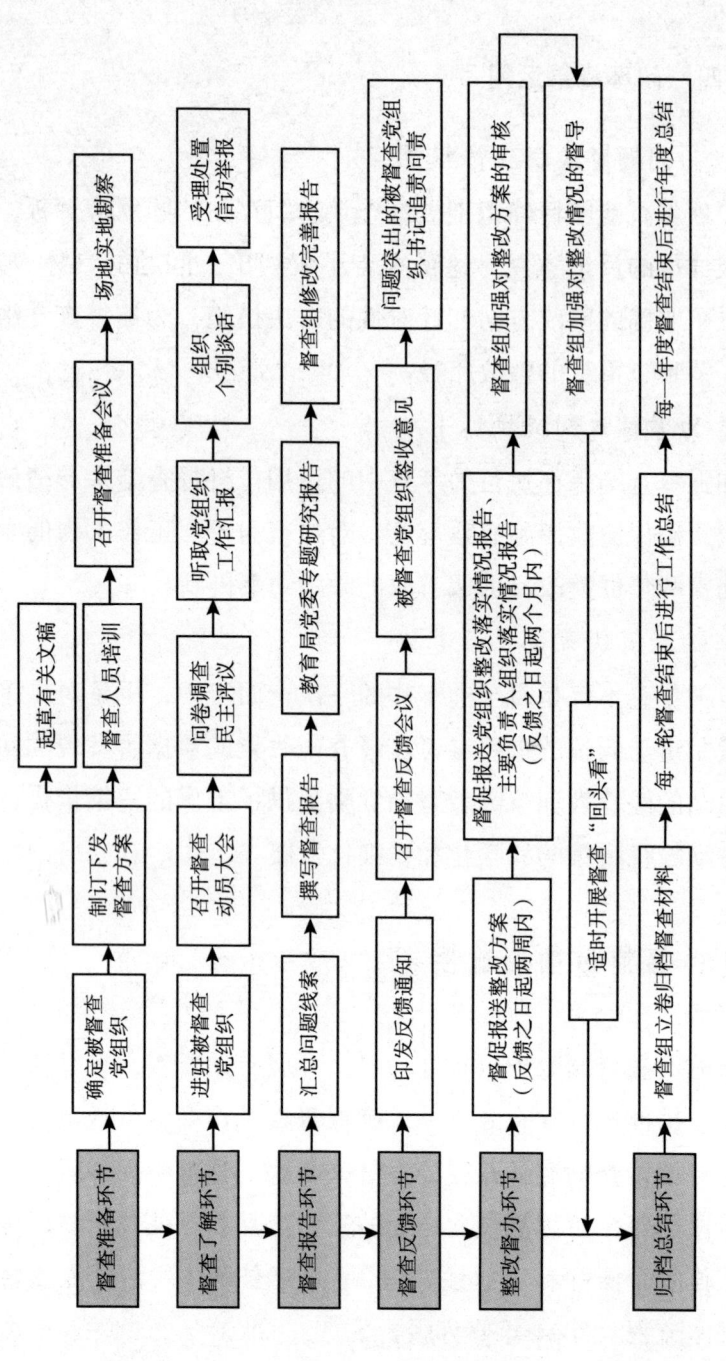

图3-1 全面从严治党专项督查工作基本流程（2024年修订版）

（一）督查前期

1. 制订督查方案

根据全面从严治党总体部署，结合上城区教育系统工作实际，制订科学翔实的督查方案。方案经督查组组长审定后，报区纪委区监委派驻纪检监察组备案。方案内容涵盖时间安排、任务分工、工作要求、督查方式、监督范围等要素，确保督查工作有章可循。按照年度工作计划，对基层党组织开展专项督查，每轮次督查周期为1个月。在制订方案时，督查组需充分考虑被督查党组织的实际情况，结合教育系统的特点和重点任务，确保方案具有针对性和可操作性。

2. 下发督查方案

每年年初，督查组向被督查学校党组织正式下发督查通知书。通知书明确督查组的主要任务、工作方式、具体时间安排等事项，确保被督查党组织提前做好相关准备工作。同时，要求被督查党组织提供必要的资料和支持，为督查工作顺利开展创造良好条件。通知书的发放不仅是形式上的要求，更是确保被督查党组织高度重视、积极配合的关键环节。通过提前沟通，督查组可以了解被督查党组织的基本情况，为后续工作奠定基础。

3. 督查成员培训

组织督查组成员开展专题会议，重点学习督查工作规范、纪律要求、方式方法等内容。通过案例分析、经验交流等形式，提升督查人员的党建意识、业务能力、工作水平。同时，明确督查纪律，强调廉洁自律、保密意识，为高质量开展督查工作奠定基础。培训内容不仅包括政策法规的学习，还需结合实际案例进行深入分析，帮助督查组成员掌握工作技巧和方法。通过培训，督查组成员能够更好地理解督查工作的意义，增强责任感和使命感。

（二）督查中期

1. 督查准备会议

每一轮督查启动时，召集基层党组织的书记、校（园）长参加督查启动准备会，督查组组长在会议上作讲话，督查组成员与被督查党组织沟通，明确前期准备要求。会议的主要目的是统一思想、明确任务，确保被督查党组织充分理解督查工作的重要性和具体要求。通过面对面沟通，督查组可以解答被督查党组织的疑问，消除顾虑，为后续工作创造良好条件。

2. 场地实地勘察

督查组提前对被督查党组织的场地进行实地勘察，了解公示场地、会议场地、调阅材料场地等，确保督查工作有序进行。同时，与被督查党组织书记沟通，明确督查期间的工作安排和注意事项。实地勘察是确保督查工作顺利进行的重要环节。通过实地了解，督查组可以合理安排工作流程，避免因场地问题影响工作效率。

3. 入校启动督查

入校启动督查是督查工作的核心环节，涉及多个方面的工作内容。通过多种形式的调查和访谈，督查组可以全面掌握被督查党组织的情况，为后续整改提供依据：召开督查动员大会，明确督查目的、意义和要求，动员全体教职工积极配合；开展问卷调查、民主测评，广泛听取教职工意见，全面了解被督查党组织情况；听取工作汇报，了解被督查党组织在党建、教育教学等方面的工作进展和存在问题；组织个别谈话，深入了解领导班子履职情况和教职工思想动态；受理信访举报，畅通问题反映渠道；现场调阅资料，查阅相关文件、记录和台账。

4. 现场立行立改

对督查过程中发现的问题，督查组现场提出整改意见，要求被督查党组织立行立改。对于短期内无法解决的问题，要求制订整改计划并明确整改时限，确保问题整改落到实处。现场立行立改是督查工作的重要原则，体现了督查工作的实效性和严肃性。通过及时整改，可以有效解决存在的问题，提升被督查党组织的工作水平。

(三) 督查后期

1. 撰写督查报告

督查报告是督查工作的重要成果，需全面反映被督查党组织的情况，并提出切实可行的整改建议。督查了解工作结束后，督查组及时撰写督查反馈意见报告，报告内容包括督查整体情况、发现的主要问题以及针对性意见建议。报告要求事实清楚、数据准确、分析透彻，为后续整改提供依据。

2. 研讨督查报告

研讨督查报告是确保报告质量的重要环节。每年年末，局党委召开会议专题研究督查报告，结合实际情况提出修改意见。通过集体讨论，督查组可以进一步完善报告内容，确保其科学性和可操作性。督查组根据局党委意见对报告进行修改完善，确保报告内容客观准确、建议切实可行，为整改工作提供科学指导。

3. 督查反馈会议

以年度为单位，组织召开专项督查反馈会议，24家被督查学校的党组织书记、校（园）长参加会议。通过面对面反馈，会议严肃指出各党组织存在的突出问题，明确整改要求和时限，压实整改责任，增强被督查党组织的责任感和紧迫感，确保整改工作落到实处。

4. 跟踪落实整改

（1）督促报送整改方案

被督查党组织在签收反馈意见后两周内制订整改方案并报送局党委督查组。督查组对整改方案进行审核，提出改进意见，不符合要求的需在一周内重新上报。

（2）督促报送整改情况报告

被督查党组织自签收反馈意见后，两个月内以党组织正式文件向局党委督查组报送党组织整改落实情况报告、主要负责人组织落实情况报告。

（3）审核整改情况报告

督查组审核被督查党组织报送的整改情况报告，有不同意见的，在收到的一周内明确提出，并加强与被督查党组织的交流沟通，指导其进一步完善整改工作，确保整改工作不走过场、不流于形式。

（4）适时开展督查回头看

适时组织督查"回头看"，对被督查党组织的整改情况进行重点检查。对整改落实工作不力的、群众反映依然较多的党组织以"回头看"的形式"杀回马枪"，防止问题反弹，并视情建议追究责任，确保整改成效长期保持。

(5) 立卷归档督查材料

督查组对督查过程中形成的各类材料进行系统整理和归档，建立完整的督查档案。归档材料包括督查方案、督查报告、整改方案、整改情况报告、会议记录、谈话记录、问卷调查结果等，为后续工作提供翔实的参考依据，同时也有助于总结经验、优化流程，为下一轮督查工作提供借鉴。

第三节 专项督查党建统领力的实践样态

教育治理现代化进程中，党建统领力是驱动高质量发展的核心引擎。党的十八大以来，党中央将全面从严治党提升至全新的战略高度。上城教育以全面从严治党专项督查为实践抓手，紧扣"督规范、督专项、督特色"三维路径，通过刚性约束、靶向纠治与品牌赋能，推动教育治理从"对标合规"迈向"提质增效"。从夯实办学规范的"三阶段治理"闭环，到破解党建难题的"螺旋式提升"模式，再到打造清廉品牌的"诊疗式指导"范式，上城教育以督导之力破题改革深水区，为构建高质量教育体系提供鲜活样本。

一、督规范：从规范督查到治理赋能

规范办学既是全面从严治党的基层实践，也是提高教育质量和办学水平的基本保障。上城教育深刻把握"规范即质量"的核心要义，将专项督查作为确保办学规范落地的重要抓手，将制度

刚性转化为治理效能，推动实现"标准化办学"与"现代化治理"深度融合。

【案例 3-1】

位于杭州市核心板块的某公办小学，有着悠久的办学历史。随着办学模式的固化，暴露出诸多新问题，如管理僵化、教学质量停滞等。2024 年 3 月，上城区教育局党委对该校进行了全面从严治党专项督查，以规范办学为立足点，形成了"查隐患—促整改—亮成效"的"三阶段治理"闭环。

1. 查隐患，敲响规范办学警示钟

督查组在查阅台账、个别谈话、召开座谈会等过程中，发现该校存在若干办学不规范问题，主要表现在招生、信访和档案三个方面。

（1）招生规范落实不细

督查组查阅近五年招生工作台账，发现该校在招生工作方案上存在瑕疵，具体表现为招生工作领导小组未根据实际调整。如：2021 年 7 月，该校分管招生工作的副校长李某调离，然而在 2022 年的招生工作方案表述中，招生工作领导小组副组长仍为李某。招生工作方案的决策程序也存在疏漏。如：在比对行政会议记录与"三重一大"会议记录时发现，该校 2022 年的招生工作方案只在行政会议上有汇报与讨论，但未经"三重一大"会议决议。

（2）信访风险研判不够

督查组通过"民呼我为"平台统计发现，该校近五年来信访量存在上升趋势。在实地查阅台账，以及与学校相关工作人员谈话后，发现该校缺乏对信访工作的统一领导。如：连续五年，该校在校级领导班子分工文件中,均未明确信访工作的分管领导人。此外,该校也缺乏对信访形势的定期研判。如:2023年暑假,该校401班班主任王某,因参加区内交流调整岗位。401班家长就换班主任一事联名信访,造成不良影响。督查组倒查2023年该校信访台账发现,该校未结合暑期教师岗位调整等重要事件、关键节点排查信访风险,也未每半年进行信访形势分析。

(3) 档案资料保管不善

督查组在倒查相关工作流程时发现,该校近五年档案管理工作存在明显疏忽。表现为中层干部主观上轻视档案工作。如:该校办公室主任张某作为档案工作主管处室负责人,在与督查组的谈话中表示,档案工作是"鸡肋",只要处事态度认真、流程规范,过程性资料是否一定要存档并不重要。同时,存在过程性档案资料缺失。如:2022学年第二学期行政会议记录本丢失;2021年11月批次教师招聘过程中,评委及工作人员签到单、承诺书等材料遗失。

2. 促整改,织密规范办学保障网

专项督查给该校在规范办学方面敲响了警钟。自收到反馈意见后,该校党政领导班子高度重视,表态整改。在督查组的指导下,该校党支部牵头,有序组织、切实推进问题整改。

(1) 思想认同,压实责任链条

该校第一时间召开党组织会议专题部署整改工作,督查组成员莅临指导。随后,又召开行政会议,以"各个击破"的方式,深入剖析问题成因、细化整改落实举措。从"为什么""是什么""怎么做"三个维度全面认识招生、信访、档案工作的规范性,并举一反三深刻反省行政管理中的其他不规范情况。该校强化对办学规范的学习，既向文本学，也向实践学。招生、信访、档案工作的分管领导，带领中层干部主动联系区教育局义务教育科、办公室、档案室，面对面请教、点对点学习，进一步明确日常工作要求和流程。该校组建问题整改领导小组和工作小组，将招生、信访、档案分别挂包教导处、办公室、档案室，细化整改举措，确定整改责任人和整改完成时限，梳理形成一份完善的整改工作方案。"挂图作战"推动整改落地见效。

(2) 建章立制，夯实机制保障

在督查组指导下，该校瞄准从上级要求到学校实施的"中间一公里"，进一步修订完善各项制度，更加突出政策性、实操性。该校根据招生政策，将招生全流程绘制成"××小学招生工作流程图"，用直观、清晰的图示将招生程序做充分、做规范。该校制订《××小学信访工作实施办法》，突出信访工作的领导小组、工作小组，明晰受理登记、调查处置、反馈归档等程序，强调矛盾排查与预防、工作监督与追责。在档案管理方面，该校也形成了《××小学档案工作细则》。该校借鉴督查组工作模式，建立相关责任处室学期自查，纪检干部学年"回头看"的工作机制，借检查之机推动制度落实，提升中层干部、纪检干部业务能力。在征询督查组意见后，该校推行中层干部述评机制。中层干部以学年为单位进行工作述职，重点阐述履行岗位责任、规范化开展主管工作等情况，并由校级干部、教职工代表做点评，以评促改，实现"人岗相适"。

(3) 清单管理，落实规范执行

在督查组指导下，该校结合《义务教育学校管理标准》和《浙江省普通中小学办学行为负面清单》，对招生、信访、档案管理等规范办学事项进行全面梳理，并根据处室的不同职能建立各自工作清单，细化一级、二级指标。如：在办公室的工作清单中，含有一级指标"档案管理"，而"档案管理"的下一级，就有198项具体需入档的材料名称。该校将严格执行招生、信访、档案管理三方面的规范写入新一年度学校工作思路中，并在各条线工作计划中加以具体化。此外，该校还将各处室工作清单的执行情况纳入中层干部的管理绩效，每月对标进行执行力考核，并公示考核结果。奖优罚劣，对于工作规范执行不力的中层干部及时进行一般性提醒谈话，将苗头性问题扼杀在摇篮里。

3. 亮成效，绘就规范办学新画卷

该校坚持以问题为导向，持续深化"发现问题—分析问题—解决问题—消除问题"四步整改，将规范办学从"被动整改"向"主动创优"跃升，实现了学校现代化治理效能可持续发展，办学满意度持续攀升。

（1）制度筑基，勾勒规范办学经纬线

依靠制度固根本、管长远。该校将专项督查成果转化为长效治理机制，制订档案管理制度1项，修订信访、招生等相关工作办法2项，推出《××小学规范办学负面清单》1套。该校还建立起"中层自查—校级抽查—党支部督查"三级检查机制，以查促改，以查固本，以查提质。

（2）经验赋能，筑造规范办学同心圆

借助交流促深化、提质效。该校搭建"纵向贯通、横向联动"的经验辐射网格。在督查组的指导下，深化整改成果，提炼整改经验，形成规范办学优秀案例1个。该校还在区教育局党委"看见"行动分享会上介绍规范办学典型举措和特色亮点，供兄弟学校参考借鉴。

（3）势能聚变，激活规范办学新动能

突破创新谋发展、展作为。该校充分依靠督查组专业力量，细化标准、强化举措、优化流程、量化考核，解构行政管理机制，重构校园治理体系。在确保规范办学的基础上大胆创新、寻求突破，建立校本化从业标准《青年教师工作标准43条》等。以一个个校本化标准激发办学活力，提升办学品质，助推教育发展。

二、督专项：从问题整改到生态构建

加强党对教育工作的全面领导，是新时代坚持社会主义办学方向、实现教育高质量发展的根本保障。构建高质量党建工作体系，不仅是将党的政治领导力、思想引领力、群众向心力、社会协同力转化为教育治理效能的核心路径，更是破解教育领域改革发展难题的战略选择。在新时代学校党建工作中，如何切实提升党建工作质量，使其更为有效地服务党的教育事业，已然成为各级党组织亟待破解的关键课题。

【案例3-2】

某公办中学，坐落于城市核心区域，学校有着悠久办学历史，是区域内基础教育领域的标杆学校之一。近一年来，局党委发现，学校党支部班子未能形成有效合力，在最近一次民主评议中，有20%的教职工对学校党支部班子不满意，同时信访明显增多。局党委对该校进行了全面从严治党专项督查，专项督查学校党建工作。

督查组从发现问题、分析成因、提出建议，到落实整改，形成"精准识别—溯源归因—靶向纠治—闭环固效"的提升机制，帮助学校提升党建品质，打造特色党建品牌，推动学校各项工作，从而使学校早日跨上一个新台阶。

1. 精准识别，查摆问题清晰度

督查组通过座谈会、个别谈话等方式深入教职工中，掌握一手资料，全方位了解学校党支部党建工作落实情况，查摆问题。

（1）党的政治思想建设不够坚强有力

党支部政治站位不高、政治敏锐性不强。党支部的政治引领作用弱化，未能充分发挥领导核心作用，学校三年发展规划中未纳入党建工作。政治学习浮于表面，内容陈旧，形式单一，未能与学校日常教学、管理等工作深度融合。党内政治生活不严肃，组织生活会未按规定由书记主持，且相关会议记录等留痕材料严重缺失。

（2）党的组织建设虚化弱化问题突出

党支部组织管理松散，执行力不强。"三会一课"制度落实不到位，会议记录不完整、部分记录存在逻辑矛盾、前后内容不一致等情况。选人用人工作不规范。未建立规范的中层干部选拔任用工作制度，干部选拔工作缺乏制度依据，中层干部竞聘中，群众座谈记录等原始材料缺失，使整个选拔流程的规范性大打折扣，极大地影响了干部选拔工作的公信力。

（3）民主集中制未能切实贯彻

党支部议事规则缺失、决策程序不规范。未严格执行"三重一大"重要事项集体决策机制，存在当日动议、当日决策的情况，存在先实施、后补议的情况。主要领导未落实"末位表态"

制度。会议与会人员的表决意见记录不详细，部分会议记录缺失与会人员签字。

2. 溯源归因，明确责任辨识度

督查组根据收集问题，指导学校党支部，组织党员和中层干部以"问题溯源—责任定位—机制优化"为主线展开深度分析，从党建角度纵深切入，穿透问题追根溯源，直达"表征"背后的党建"症结"。

（1）党支部主体责任虚化空转

党支部的政治功能未能有效彰显，未能充分发挥政治引领作用。未将党的要求融入日常工作流程，党组织的指示和部署未能执行到位。存在重业务轻政治的倾向，导致对思想政治学习不积极、不主动，流于形式。

（2）组织生活规矩意识淡化

对组织生活的严肃性和规范性认识不够，对"三会一课"制度的重要性缺乏认识，同时负责会议记录的党员缺乏必要的业务培训，会议记录人员业务培训不足，导致记录不完整、不准确。

（3）党政决策范围与边界未能厘清

对党组织领导的校长负责制理解不深刻，党政权责清单不明晰，导致党政分工在执行中变成了党政分开，校长负责制在实施中异化为"校长负责"，决策中随意性大，制度执行表面化。

3. 靶向纠治，对齐整改颗粒度

督查组梳理出反馈意见后，学校党支部高度重视、第一时间成立整改工作领导小组，全面研究部署整改落实工作。支部班子逐条梳理反馈意见，细化分解问题清单，制订整改措施，明确责任分工，严格规定整改时限，切实推动整改工作落地见效：

(1) 强化理论学习，提升治校能力

强化理论学习深度与广度，精心规划班子中心组学习计划，将法律法规纳入重点学习范畴，通过案例剖析等方式，切实提升依法治校能力。由书记牵头开展制度专项培训。

(2) 压实主体责任，明确议事规则

明确党支部书记为"三重一大"制度执行第一责任人，全程监督决策程序。班子成员认真学习《杭州市上城区教育系统"三重一大"重要事项集体决策标准化操作手册》。严格执行民主决策原则，重大决策前广泛征求意见，决策过程中，落实主要领导末位表态。

(3) 修订现行章程，规范执行程序

全面梳理修订《中层干部选拔任用办法》，细化条款。在干部选拔任用过程中，严格遵循规定程序，同时，建立干部选拔全程纪实档案，选拔任用工作全程留痕，确保干部选拔任用工作公平、公正、公开。

(4) 落实党建规范，明确计划先行

书记牵头组织开展系统的党务知识学习，在此基础上，全面、细致地制订"三会一课"年度计划。明确主题、时间、责任人，保障党建活动高质量开展，切实发挥党建统领作用。为学校教育事业发展注入强大动力。

4. 闭环固效，提升保障持久度

学校党支部班子严格贯彻落实"三重一大"制度，细化责任分工、完善民主决策机制，班子成员既各司其职又密切配合，形成了"心往一处想、劲往一处使"的强大合力。班子成员主动下沉教学一线，认真倾听师生心声，精准聚焦教学管理实际问题，推动问题有效解决。系列务实举措赢得了师生的广泛认可，在新一年的民主评议中，教职工对领导班子的满意度上升至97%。与此同时，学校各方面成绩斐然，通过国家级数字化示范院校验收，被评为浙江省数字化校园、杭州市青年文明号、杭州市文明校园。这也为学校高质量发展奠定了坚实基础，有力保障了学校发展的持续性与稳定性。

为巩固整改成效，学校分门别类整理实践经验，建立"专项督查知识库"。

（1）制度固本，构建动态进化机制

学校搭建"制度缺陷修补清单"，推行"制度寿命周期管理"模式。针对核心制度设定三年强制修订周期，引入教师、家长代表组建"制度观察员"队伍，参与制度的评估工作。实现制度的动态进化。

（2）技术护航，打造智能防控生态

运用现代信息技术赋能学校治理与督查。引入智能管理系统，覆盖教学监测、安全预警、后勤管理等多维度。通过大数据、人工智能等技术，实时采集、分析学校运行数据。打造智能防控生态，保障学校稳定发展。

（3）文化浸润，激活内生免疫系统

定期举办"党建赋能制度优化马拉松"活动。为教职工搭建一个以党建为统领，思维碰撞的创新平台。鼓励教职工围绕党建工作与学校治理制度融合提交优化方案，为制度体系打上"优化补丁"，实现制度的自我更新与进化，实现管理的自我监督与自我完善。

三、督特色：从把脉巡诊到持续滋养

持续推进清廉学校建设是区纪委区监委的一项重点工作，也是上城区教育系统在党建统领力提升、品牌创新驱动下实现教育治理现代化的重要实践。为了使清廉学校建设从中小学向幼儿园延伸，局党委在专项督查中强化"督查+指导"机制，通过实地调研、分类施策，以"一园一策"模式引领幼儿园"量身定制"自己的清廉品牌，助力一批幼儿园探索出了一条打造清廉学校创新品牌的发展路径，为学校清廉建设注入了新的活力。

【案例3-3】

位于丁兰故乡的杭州市丁信幼儿园（以下简称幼儿园）正是在专项督查的扶持下创建了"信芽儿清廉教育课程"品牌，成为上城区首届清廉学校示范点，并获得了省、市两项清廉教育品牌建设优秀案例的荣誉。在幼儿园推进清廉品牌建设过程中，督查组通过"识病症—施良方—固成效"的指导流程，全方位、全过程地帮助幼儿园寻问题、找亮点，保长效，让清廉品牌建设扎实推进，让廉洁教育成为学校最亮眼、最坚实的底色。

1. 识病症，剖析清廉品牌发展状态

在走访调研中，督查组发现，幼儿园借鉴了其他学校清廉品牌建设的经验，把政风、园风、师风、学风、家风都纳入品牌建设中，导致生搬硬套、"眉毛胡子一把抓"，品牌建设之路一度陷入了困境。督查组在现场观摩以及听取幼儿园汇报后，即开启了一对一"诊疗"，帮助幼儿园破解清廉品牌发展中的"同质化"病症。

(1)"脏腑失调"之内涵挖掘失衡

尽管幼儿园把"清廉文化"和"校园文化"紧密结合,立足"信"文化积极推动清廉校园建设,但在内涵挖掘中存在"失衡"问题:一是注重表面结合,如大量张贴文化标语、宣传栏,缺乏实际活动;二是单向信息传递,如通过会议普及、案例宣讲等形式向师生传输清廉文化;三是活动散装复制,师生活动、部门活动各自为政,未形成完整体系。因此,清廉品牌建设还停留在重复表面知识和活动层面,而未能触及文化的深处。

(2)"经络阻滞"之建设路径淤滞

在清廉队伍建设的过程中,幼儿园借助党团员的力量,组成了"信之队初心岗",并通过"教学+实践""工作+志愿"的路径设计了一系列活动。然而,由于活动设计高位、资源欠缺、联动欠佳,使一些具有重大意义的活动犹如蜻蜓点水。清廉教育无法实现效果最大化,一定程度上削弱了预期影响力和广泛教育的深度。

(3)"正气不足"之品牌维护薄弱

从整体上看,幼儿园清廉品牌建设已初具雏形,但生长力量较为薄弱,品牌发展的一致性和各项活动的衔接有时显得松散。加之外部清廉力量缺乏,仅依靠园所自身向外突破,未能充分释放出应有的清廉文化影响,难以维持清廉品牌持久的影响力和生命力。

2. 施良方,赋能清廉品牌建设新程

针对现状,督查组委派"专人"跟进、邀请"专家"助力,研制"专门"秘方,助力幼儿园找到了激活清廉品牌新活力的几个关键环节,赋能清廉品牌的创新和整合。

(1) 找准关键穴位，激活清廉活力细胞

在内涵挖掘上，督查组提出了一副"信蓝图"框架，帮助幼儿园找准"课程"这一关键穴位，推进品牌建设，系统地激活清廉细胞，注入清廉品牌文化内涵。幼儿园挖掘"本园""本土"得天独厚的条件，同时结合传统文化与现代教育的优势，形成了具有本土特色又具现代教育潜力的信芽儿清廉教育课程（见图3-2）。

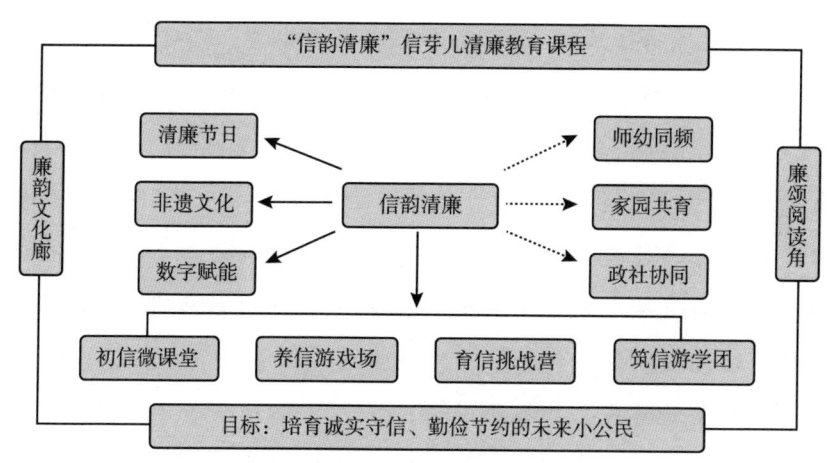

图3-2 "信韵清廉"信芽儿清廉教育课程框架

(2) 打通任督二脉，涌动清廉澎湃热血

在建设路径上，督查组抓住幼儿园本身已经具备优质的清廉队伍，提出"以清廉阵地建设助推清廉品牌建设"的发展思路，在园内打造具有品牌辨识度、文化传承度、教育渗透度的清廉品牌阵地。因此，由清廉文化和幼儿园童玩文化碰撞产生的清廉教育空间场域——"廉韵文化廊"和"廉颂阅读角"便孕育而生。在"廉韵文化廊"中，精心设计的环境和图文并茂的廉洁名人故事使师生在潜移默化中接受清廉文化的浸润。而"廉颂阅读角"则通过丰富的廉洁主题读物和阅读活动,引导师生在阅读中欣赏清廉,并在分享与讨论中深化对清廉价值的理解。党团员清廉队伍带领幼儿在此开展了清廉阅读节等系列活动,这一股股清廉热血成为校园里一道亮丽的风景线。

(3) 练就看家本领,锻造清廉钢铁脊梁

在品牌锻造的核心竞争力上,督查组助推幼儿园练就"看家本领",将清廉教育课程融入新时代的洪流,从而不断稳固"信蓝图"骨架脊梁。幼儿园融合"节日""非遗""数智"三大要素,创造了一系列寓教于乐而富有教育意义的活动,不断寻找"廉动力",传扬"廉品质",推进"廉创新"。如每周一的"清廉活动日",幼儿通过歌唱、朗诵、舞蹈等形式,向全体师生展示清廉文化的魅力;开展茶道礼仪、国风绘荷等非遗实践活动,让幼儿在感受传统技艺的同时,提高文化素养和廉洁品质认识。同时,幼儿园利用现代科技手段,开发清廉相关的课件,将清廉文化融入互动游戏,并利用 chatterpix、定格动画等丰富清廉数字教育资源。

3. 固成效,筑牢清廉品牌健康根基

为了确保清廉品牌的长效性和健康成长,督查组给予幼儿园品牌推广的平台,并从外部注入发展的动力,发挥清廉教育品牌的持久力。

(1) 持续精准"把脉",保障品牌活力续航

文化需要沉淀,品牌需要成果。在督查组的持续"把脉"跟进中,幼儿园在信芽儿清廉教育课程建设中不断蓄力,形成了《信风清廉课程读本》(见图 3-3),其中包括清廉诗歌、儿歌、

清廉故事、清廉手工若干，既适合教材使用，也适合亲子共读。通过该读本的推广，幼儿园清廉教育品牌有了示范样本，督查组持续识别和调整教育效果，并指导幼儿园对清廉课程读本进行优化，使整个课程体系始终充满活力，为清廉教育的可持续实施奠定了坚实的基础。

图 3-3 《信风清廉课程读本》封面、目录

（2）强化协同"施治"，凝聚品牌发展合力

循着发展的脉络，盘活最优质的资源。督查组通过"分享会""互访周""圆桌会"等活动，联合社区、社会的力量，在清廉教育品牌推广中给予幼儿园强有力的支持团队，能够高效推动清廉品牌项目的推进。丰富的交流与合作活动，不仅提高了教育系统内部的清廉实践能力，也促进了教育系统外部资源的高效

利用，形成了推动清廉品牌长远发展的重要合力。

（3）深化文化"滋养"，厚植品牌精神土壤

要让清廉之树长青，必须重视幼儿的文化滋养。督查组提出"清廉理念具象化"的指导建议，强调要充分把握幼儿年龄特点，将清廉文化融入孩子的生活和学习中，使每一个孩子都能在幼儿园生活中自然地吸收和应用清廉理念。因此，幼儿园通过"清廉小剧场"和"清廉皮影戏"等生动有趣的方式将清廉文化具象化，孩子们以小演员身份参与其中，在模拟的情境中演绎清廉故事，无形中将清廉精神植入他们的行为规范中。

上城教育全面从严治党专项督查以"规范筑基、党建铸魂、特色塑形"为核心逻辑，通过督规范筑牢发展底线，通过督专项破解治理痛点，通过督特色激活创新势能，形成了一套可复制、可推广的现代教育治理方法论。从严把规范、严控质量到严创品牌，上城以督查实践回应了新时代教育改革的深层命题。面向未来，教育督查需持续深化"智能治理+机制创新"双轮驱动，在守正与创新中突破规范办学的管理瓶颈，在党建与业务的融合中释放组织优势，在特色与文化的共生中厚植育人底蕴。唯有以督查之力贯通"规范—质量—品牌"的发展链条，方能推动教育治理从"阶段性攻坚"走向"系统性跃迁"，为加快建设教育强国贡献更多上城智慧与实践范式。

第四章

考核：指向提升政策执行力的综合督导

教育是国之大计，党之大计。学校的执行力考核是确保党的教育方针政策和国家教育法律法规在学校层面得到有效贯彻落实的重要抓手，是推动教育事业高质量发展的重要保障。新时代背景下，教育改革发展的任务更加艰巨，对学校执行力的要求也更高。因此，必须建立健全科学有效的执行力考核机制，以考核促执行，以执行促发展。本章将主要围绕政策执行力的内涵概述、政策执行力的要素和特征、政策执行力的落地与作用、执行力考核的整体定位和执行力考核的运行机制，探讨如何构建科学合理的考核指标体系，如何运用多元化的考核方法，以及如何强化考核结果运用，从而形成闭环管理，持续推动学校执行力的提升，最终实现教育高质量发展目标，办好人民满意的教育。

第一节　解读：政策执行力的内涵

指向政策执行力的执行力考核是上城教育综合督导的关键，体现了校长对党的教育方针政策和国家教育法律法规等政策落地实效的高度重视。执行力不仅关乎政策落地的效率与效果，更是衡量校长政治判断力、政治领悟力、政治执行力的重要标尺，是学校治理现代化的核心体现。

一、政策执行力的内涵概述

政策执行力的执行效果是学校在教育教学质量、师资队伍建设、校园文化建设、学生综合素养和个性发展等方面取得明显进步，整体办学水平得到提升，最重要的是教育政策执行得到社会各界广泛认可和支持，家长对学校教育满意度提高，学校的社会声誉和影响力增强。

（一）政策执行力的概念解析

学校执行力是指学校在贯彻执行国家教育政策、学校自身制订的规章制度及各种决策等过程中所展现出的能力和效力，是学校把国家教育理念、教育方针、发展规划、决策目标等内化成为学校特色办学、师生全面发展的关键因素。在学校治理过程中，教育局作为教育行政主管部门，其内部的领导团队、各职能科室及工作人员是执行的主体，要制订策略，建立监督评估机制，对学校的政策执行情况进行检查和考核，及时发现问题、给予评价并督促整改，形成政策执行力考核的闭环，从而确保学校准确、全面、高效地执行教育政策，以达成教育目标、提升教育质量、促进教育公平和推动教育事业发展。

(二) 政策执行力的价值基点

政策执行力的价值基点是学校在执行政策过程中所秉持的社会主义核心价值观和根本出发点，是确保教育政策有效落地、推动教育事业健康发展的关键，不仅关乎学校的日常运作，更影响着教育的长远走向和学生的未来发展，根据执行力考核的一级考核指标，主要有以下价值基点。

1. 实现教育目标

确保学校全面贯彻党的教育方针，学生是教育的核心主体，政策执行力考核，根本目的在于保障学生能够全面、健康、个性化地成长。通过考核学校在落实素质教育政策方面的表现，如是否开齐开足各类课程，能否开展丰富多样的社团活动、社会实践等，将德智体美劳全面发展的教育目标融入日常教学与管理，培养符合社会需求的高素质人才。

2. 规范学校管理

完善学校治理体系，考核学校在管理制度、组织架构、决策机制等方面对政策的执行情况，推动学校建立健全现代治理体系，提高管理效率和水平。考察学校对校园文化建设相关政策的执行成果，是否营造了积极向上、富有特色的校园文化氛围，形成良好的校风、教风和学风，为学生的成长提供良好的文化环境。确保校园安全稳定，强化学校对安全管理、校园文化建设等政策的执行，营造安全、和谐、有序的校园环境，保障师生的身心健康和学校的正常运转。

3. 保障教育公平

通过考核促使学校合理分配教育资源，避免资源过度集中，确保不同背景、不同区域的学生都能享受公平的受教育机会和优质资源。督促学校对特殊学生群体政策的执行情况，关注学困生、残疾学生、家庭经济困难学生等，为他们提供针对性的教育支持和帮助，落实相关扶持政策，满足不同学生的学习需求，促进教育公平在学生个体层面的实现。

4. 提升教育质量

以考核引导学校加强教学管理，考核学校落实教师培训政策的情况，是否积极组织教师参加各类培训、教研活动，帮助教师更新教育理念，提升专业素养和教学能力。评估学校对教师激励政策的执行力度，如是否建立了公平合理的绩效评价机制、职称评定制度等，激发教师的工作积极性和创造力，吸引和留住优秀教师人才。考核学校对教育创新政策的响应和执行能力，鼓励教师开展教育教学创新实践，探索新的教育模式和方法，推动教育改革的深入发展。考核学校在教学评价政策执行方面的成效，是否建立了科学合理的多元化评价体系，不仅关注学生的学业成绩，还注重对学生学习过程、创新能力、实践能力等方面的评价，为教学改进提供准确依据。

5. 优化教育资源

关注学校在教育经费使用政策执行上的表现，是否合理规划和使用教育经费，以"量入为出，统筹兼顾，保证重点，收支平衡"为原则，确保资金用在刀刃上，提高经费使用效益，改善学校的办学条件。考核学校对教育设施设备管理政策的执行情况，是否有效维护和利用教学设备、固定资产管理、图书资料等资源，提高资源的利用率，为教学活动提供有力保障。考核学校对后勤管理政策的执行情况，在食堂管理、校舍安全、垃圾分类等方面重点管理，确保办学的规范性和安全性。

6. 校家社协同育人

评估学校在落实家校合作政策方面的表现，是否建立了有效的家校沟通机制，推动学校落实家校合作、社会资源整合等政策，形成教育合力，共同为学生的成长创造良好的环境，提高社会对教育的认可度和支持度。考核学校政策执行力，使学校能够及时回应社会和家长对教育的关切和期望，解决教育热点难点问题，提升教育的社会形象。

二、政策执行力的要素和特征

政策执行力是衡量学校将政策目标转化为实际成效的核心能力，其核心要素包括：政策理解能力、政策转化能力、组织执行能力、资源调度能力、过程执行能力和成效反馈能力。关键特征包括：目标的导向性、内容的务实性、实施的灵活性、执行的有序性、评估的科学性。

（一）政策执行力的基本要素

政策执行力是学校在治理过程中将政策目标转化为实际行动和成果的能力，包含学校安全工作、信访工作、美好校园、共青团建设、宣传工作、工会工作、妇建工作、师资配置、队伍建设、依法办学、依法治校、法治教育、审计工作、财务规范、后勤管理、规范办学、全面育人、家长服务、园务管理、儿童健康共计20个一级指标，其基本要素包含以下几个方面。

1. 政策理解能力

评估学校管理层能否准确理解上级部门下发的政策文件和目标，这是政策执行力的基础。学校管理层对政策的理解力的强弱直接影响到政策执行的方向和效果，这也是学校治理中非常关键的一环。

2. 政策转化能力

考察学校管理层将政策转化为具体的符合学校实际情况且具有可操作性和针对性的实施方案和行动计划，将政策进行战略分解和目标转化，确保各项政策掷地有声，并行之有效。

3. 组织执行能力

考核学校管理层在实施计划的过程中，是否进行顶层设计，是否有整体的组织架构，明确的职责划分，是否详细地执行计划，明确各阶段的目标、任务、时间节点和责任人，构建一个良好的组织设计和团队协作机制，这是政策有效执行的重要保障。

4. 资源调度能力

学校管理层要根据学校的实际情况，根据执行需求，合理调配师资等人力资源，确保人员配备充足、专业匹配。考察学校的教学设施、设备等物力资源是否满足政策执行要求，是否对现有资源进行了有效的整合和利用。评估学校对教育经费的使用是否合理、合规，是否将资金重点投入政策执行的关键环节。

5. 过程执行能力

检查学校在政策执行过程中是否严格按照规定的程序和要求

进行操作,是否存在违规行为,确保过程规范性。要以学生成绩提升、综合素质发展等多维度指标,考核学校是否达成政策的预期目标,保证目标达成度。关注学生在政策执行过程中是否结合自身情况,开展具有特色的实践活动和创新举措,为政策执行提供新经验、新方法,并形成一定的经验总结,具有创新和特色。

6. 成效反馈能力

学校是否建立了完善的内部监督机制,对政策执行过程进行全程监控、及时发现和解决问题,能否根据科学评估政策执行的效果,以及评估结果及时调整执行策略,同时,学校是否能够及时、准确地向教育局反馈政策执行过程中的问题、困难和建议,便于上级部门及时调整和完善政策。

综上所述,教育局在对学校实施政策执行力考核时,应综合考虑以上基本要素,通过科学合理的评估方法和指标体系,全面、客观地评价学校的政策执行力水平,并根据评估结果提供针对性的指导和支持,在执行过程中全面提升校长的现代治理能力。

(二) 政策执行力的主要特征

政策执行力是一个多维度、综合性的概念,政策执行力的主要特征共同构成了政策执行力的核心要素,对提升政策执行效果具有重要意义。

1. 目标的导向性

教育局会依据教育法规、教育发展规划等,全面明确具体政策目标,确保所有执行活动都紧密围绕政策目标展开,力求实现政策设定的预期目标。

2. 内容的务实性

政策执行力强调解决实际问题、注重各项指标的可行性和实效性，全面系统地涵盖教育教学的各个环节，避免形式主义，确保各项政策能够真正落地生根。同时，所制订和传达政策具有权威性，学校必须严格执行。

3. 实施的灵活性

政策执行力在实施过程中，能够根据教育发展的新情况、新问题、实际情况和政策精神实质进行灵活调整，以适应复杂多变的环境和条件，每一年度的执行力考核会在上一年度的基础上进行微调。

4. 执行的有序性

政策执行力要求执行过程保持一定的阶段性顺序和过程的连续性，所以在设置周期时，以一年为时间单位，对每一个学校进行考核，包含了教育局相关职能部门的赋分（核实执行度）和各学校自主申报加分项（其中包含激发创新度和奖励贡献度）。确保政策执行的有条不紊和稳定推进。

5. 评估的科学性

教育局会建立完善的监督评估机制，通过量化指标、数据分析和多维度评估工具，对学校政策执行情况进行系统性监测与评估。例如，定期开展校园安全检查、教学质量评估、资源配置审查等工作，确保政策执行的全过程可追踪、可量化。同时，建立反馈与整改机制，针对评估中发现的问题及时提出改进措施，并将评估结果作为政策优化和资源分配的重要依据，从而推动政策执行的高效性和可持续性。

总而言之，政策执行力涉及的部门多，分项繁杂，每一项工作都是关于学校教育教学发展之大事，学校执行者需要有全局意识，在执行过程中全面均衡高质量的发展。

三、政策执行力的落地与作用

政策执行力要求学校全面贯彻落实国家、省、市各级教育方针和政策，并严格守住办学底线要求，这体现了对教育政策执行严肃性和规范性的高度重视。执行力考核对校长现代化治理能力提升的重要作用主要体现在六个方面。

（一）推动教育方针精准落地，明确治理方向

教育方针是教育工作的根本遵循，校长作为学校的领导者，通过政策执行力考核，能更加清晰地理解国家、省、市各级教育方针的内涵与要求，将抽象的教育理念转化为学校具体的办学目标和发展规划，从而提升校长的政策解读能力和执行能力，有助于校长精准把握学校发展的方向，使学校的各项工作与国家教育发展的战略目标保持一致。例如，在"双减"政策下，执行力考核促使校长深入研究政策，调整学校的教学计划和课后服务安排，确保学生能够在减轻作业负担和校外培训负担的同时，实现全面发展。校长需要根据政策要求，优化课程设置，加强素质教育，提升课堂教学质量，推动学校向更加科学、健康的方向发展。通过这样的考核，校长能够更好地理解教育方针的精神实质，将其融入学校的日常管理和教育教学活动中，为学校的发展指明正确的道路。

（二）强化底线意识固化根基，规范治理行为

办学底线要求是学校健康发展的基石，政策执行力评价督促校长时刻保持对底线要求的敬畏之心，严格遵守法律法规、教育规范和道德准则，升华了校长的责任感和使命感。在招生、收费、师德师风建设等方面，校长通过执行力考核，建立健全相关制度和监督机制，确保学校各项工作在合法合规的框架内运行。例如，在收费方面，严格执行收费标准，杜绝乱收费现象，保障学生和家长的合法权益。通过执行力考核，校长能够及时发现和纠正学校治理中存在的问题，规范治理行为，营造风清气正的政治环境。这不仅有助于维护学校的良好形象，还能增强社会对学校的信任度，为学校的可持续发展奠定了坚实的基础。

（三）提升资源整合调配能力，优化治理效能

政策执行力考核要求校长具备高效的资源整合能力，能够合理配置学校的人力、物力和财力资源，以满足教育教学和学校发展的需求。在执行各级教育政策的过程中，校长需要根据学校的实际情况，对资源进行优化配置，提高资源的利用效率。例如，在推进教育信息化建设的过程中，校长要整合学校的信息技术设备、师资力量和教学资源，打造高效的信息化教学环境。通过组织教师培训，提升教师的信息技术应用能力；建设数字化教学资源库，为教师和学生提供丰富的学习资源；合理安排信息技术课程，培养学生的信息素养。通过这样的资源整合，校长能够提升学校的整体办学水平，优化治理效能，使学校在有限的资源条件下更好地发展，提升学校整体治理水平。

（四）促进沟通协调形成合力，完善治理体系

政策的有效执行离不开学校内部各部门之间以及学校与外部相关者之间的沟通协调。政策执行力评价促使校长加强与教师、学生、家长以及教育主管部门、社会各界的沟通与合作，建立良好的合作关系。在学校内部，校长要协调各部门之间的工作，形成工作合力，确保政策的顺利实施。例如，在开展课程改革时，校长需要与教务处、教科室、德育处等部门密切配合，共同制订改革方案，组织教师培训，推动课程改革的深入开展。在学校外部，校长要积极与家长沟通，争取家长对学校工作的支持和理解；与教育主管部门保持密切联系，及时了解政策动态，争取政策支持；与社会各界合作，整合社会资源，为学生提供更多的实践机会和发展空间。通过加强沟通协调，校长能够完善学校的治理体系，提高学校的治理能力和水平。

（五）激发创新意识迸发活力，推动治理升级

政策执行力考核不仅要求校长严格执行政策，还鼓励校长在执行政策的过程中结合学校实际情况进行创新。在面对不断变化的教育形势和学生需求时，校长需要具备创新意识，能够创造性地执行政策，探索适合学校发展的新模式、新方法。例如，在推进素质教育的过程中，校长可以结合学校的特色和优势，开展丰富多彩的校本课程和社团活动，培养学生的兴趣爱好和特长。通过创新教育教学方式，提高学生的学习积极性和主动性，促进学生的全面发展。同时，校长还可以借鉴其他学校的先进经验，结合本校实际进行创新实践，推动学校治理的升级。通过政策执行

力考核，校长能够不断激发创新意识，为学校的发展注入新的活力。

（六）强化执行效果评估反馈，形成治理复盘

执行力考核不仅关注政策执行的过程，还重视执行效果的评估。通过建立科学的评估体系和反馈机制，校长可以及时了解政策执行的情况和问题，并采取相应的措施进行改进。这一过程有助于校长形成闭环管理思维，不断提升政策执行的科学性和有效性。同时，执行力考核是现代学校治理的重要组成部分，通过考核，校长可以不断提升自己的治理能力水平，包括战略规划能力、组织管理能力、决策执行能力等。这些能力的提升有助于推动学校治理的现代化进程，实现学校的高质量发展。

政策执行力考核对校长现代治理能力的提升具有多方面的重要作用。通过考核，校长能够更好地贯彻落实教育方针和政策，明确治理方向，规范治理行为，优化治理效能，完善治理体系，推动治理升级，形成治理复盘，为学校的高质量发展提供有力保障。

第二节　实践：执行力考核的操作

一、执行力考核的整体定位

执行力考核（共100分）是对学校办学规范、教育教学管理的基本要求，从综合管理、教育教学、人力资源、经费后勤、依

法治校、群团建设六个维度，构建系统架构，以此推动教育目标的实现，提升学校的整体办学质量和教育服务水平。由区教育局组织宣传科牵头，各相关职能科室组织实施，对学校的教育教学管理工作进行综合评价。

（一）考核目标定位

执行力考核是优化学校内部治理的重要抓手，是实现教育管理规范化、办学质量优质化、教育服务高效化的发展目标，为区域教育高质量发展提供坚实的保障。

1. 保障教育政策落实

确保国家、省、市各级教育方针政策在学校层面得到有效执行与贯彻，使学校教育教学活动与国家教育发展战略和要求保持一致，避免出现政策执行偏差或落实不到位的情况。

2. 提升学校治理水平

通过考核发现学校在管理过程中存在的问题和不足，引导学校优化管理流程，完善管理制度，提高管理效率和质量，推动学校实现规范化、科学化管理。

3. 促进教育质量提升

将考核与教育质量提升紧密结合，关注学校在课程实施、教学改革、师资队伍建设等方面的执行力，以提高学生的综合素质和学业成绩，满足社会对优质教育的需求。

4. 推动学校特色发展

鼓励学校在执行教育政策的基础上，结合自身实际情况，挖掘特色资源，形成办学特色，实现差异化发展，丰富区域教育生态。

（二）考核内容定位

执行力考核以问题导向、目标引领、过程管控、结果评价为逻辑主线，围绕学校办学治校的关键环节，构建覆盖全面、重点突出的考核指标体系。

1. 教育政策落地成效

考核学校在落实党的教育方针和素质教育政策方面的情况，重点评估课程开设、目标融入、活动开展等方面，确保学生德智体美劳全面发展。

2. 治理体系建设成效

考核学校管理制度、组织架构、决策机制等方面的执行情况，评估校园文化建设、校风教风学风等的营造成效，确保校园环境安全和谐。

3. 教育公平落实成效

考核学校教育资源分配的合理性，重点关注对学困生、残疾学生、家庭经济困难学生等特殊群体的执行情况，促进教育公平。

4. 教育质量提升成效

考核学校在教师培训、教学管理、教育创新等方面的执行情况，评估学校教师专业发展和教学评价体系的科学性与多元化，提升教育教学质量。

5. 资源优化配置成效

考核学校教育经费使用、设施设备管理、后勤管理等方面的执行情况，确保资源高效利用和办学条件持续改善。

6. 协同育人建设成效

考核学校在家校合作、社会资源整合等方面的执行情况，评估家校沟通机制的有效性和社会资源利用的成效，提升教育社会形象。

通过以上六个维度的考核内容定位，可以全面评估学校在政策执行方面的表现，确保教育目标的实现、学校管理的规范、教育公平的保障、教育质量的提升、教育资源的优化以及校家社协同育人的有效推进。

（三）考核主体定位

由区教育局组织宣传科统筹协调，组建跨部门联合考核组，同时引入家长委员会等社会力量参与监督，形成立体化考核机制。

1. 教育局内部多部门协同

由组宣科牵头，人事、财务、督导等相关科室共同参与考核，发挥各部门的专业优势，从不同角度对学校执行力进行全面评估。

2. 鼓励教师、学生和家长参与

通过问卷调查、座谈会等方式，收集教师、学生和家长对学校工作的意见和建议，将其作为考核的重要参考依据，增强考核的全面性和客观性。

（四）考核方式定位

构建常态化督导与阶段性评估的双轨并行机制，关注关键指标的达成度，也注重特色创新的示范性，不仅确保政策执行的规范性，也尊重学校的个性化发展。

1. 日常监督与定期考核相结合

教育局相关科室通过日常巡查、工作检查等方式，对学校的工作进行实时监督；同时，定期组织集中考核，对学校在一定时期内的执行力情况进行全面评估。

2. 政策执行情况与学校创新工作相结合

制订科学合理的考核指标体系，考核学校的政策执行的落实情况，如对宣传工作、党建工作、意识形态工作等是否按要求执行；同时，对于学校在办学过程中本年度所获得的荣誉和承办的相关活动，致力于学校发展的创新工作，采取自主申报，教育局审核的方式，以确保考核结果全面、准确。

3. 过程性考核与结果性考核相结合

不仅关注学校工作的最终成果，还要注重对工作过程的考核，了解学校在执行政策、开展工作过程中的措施、方法和努力程度，引导学校注重工作过程的管理和优化。

（五）考核结果应用定位

执行力考核坚持"以考促改、以评促优"的结果运用导向，构建"诊断—反馈—改进—提升"的闭环管理机制，推动考核结果切实转化为办学质量提升的内生动力。

1. 作为学校奖惩的重要依据

根据考核结果，对执行力强、工作成效显著的学校进行表彰和奖励，包括政策倾斜、资金支持、荣誉称号等；对执行力差、工作不力的学校进行问责和督促整改，形成有效的激励约束机制。

2. 为学校发展提供指导

针对考核中发现的问题和不足，向学校提出具体的改进意见和建议，帮助学校制订整改措施，促进学校不断完善自身管理和发展。

3. 作为教育决策的参考

通过对考核结果的分析和研究，总结学校在执行力方面的经验和教训，为教育局制订教育政策、规划教育发展提供数据支持和决策依据，推动区域教育事业的整体发展。

综上所述，倾听各方意见，形成执行力考核指标，具体的考核指标见表4-1。

表4-1 执行力考核指标

科室	一级指标	二级指标	监测点
办公室 (20分)	安全工作 (10分)	常规工作	1. 积极开展每月安全主题教育、每季度主题演练，确保活动质量并及时做好记录与反馈； 2. 每月至少开展一次安全隐患排查，落实整改及时、高效，每月反馈安全检查及整改情况； 3. 积极配合完成其他日常安全工作任务
		重点项目	1. 高度重视学生安全工作，预防和避免非正常死亡事件发生； 2. 采取有效措施消除安全隐患，防止校内外坠楼及其他安全事件的发生； 3. 反诈宣传到位，增强师生反诈意识，谨防电信诈骗案件发生； 4. 营造团结友爱的校园环境，谨防校园欺凌事件发生； 5. 维护校园和谐稳定，谨防110警情发生； 6. 积极排查和整改安全隐患，确保在各级各类的暗访与督查中不失分
		一票否决	1. 全年因学校自身管理问题，出现安全责任事故（以教育主管部门或司法部门事故责任认定为准）； 2. 校内教职员工、在校学生发生除交通违章外的其他违法行为被行政处罚或因犯罪被刑事拘留处理； 3. 在学校安全工作中弄虚作假，被上级部门检查发现并通报； 4. 学校安全管理，存在重大安全漏洞被有关部门检查通报、媒体曝光

续表

科室	一级指标	二级指标	监测点
办公室 （20分）	信访工作 （9分）	基础业务	1. 高度重视信访工作，严格落实一编一回、一电一回等要求； 2. 提高办件质量，确保及时答复，内容准确真实、口径一致； 3. 提升服务意识，认真负责做好群众来访、来电接待工作； 4. 严格落实办理责任，确保信访件按期办结，推动矛盾化解
		访源治理	1. 严格落实首接责任制，做好前端治理工作； 2. 畅通沟通渠道，认真做好沟通反馈，规避不必要的信访发生； 3. 严控信访数量，确保信访总量不超学校师生规模数的1%（师生规模300人及以下的单位信访发生量不超3件），不超过教育系统信访总量的5%
		效能指数	1. 注重群众信访评价，努力提升满意度； 2. 避免出现同一事项重复信访、因办理不到位被通报等现象； 3. 切实加强越级访、群访事项治理工作
		否优情况	对标"十有"标准，扎实推进校园环境和校园文化建设，为师生营造集审美意蕴、育人功能、文化传承于一体的美好校园
	美好校园 （1分）	校园环境和文化建设	对标"十有"标准，扎实推进校园环境和校园文化建设，为师生营造集审美意蕴、育人功能、文化传承于一体的美好校园
组织宣传科 （20分）	共青团建设 （4分）	年度述职	按年度述职文本质量进行等级赋分
		基础团务	落实"党建带团建"，开展团员发展、"智慧团建"系统维护、"青年大学习"活动等基础团务工作情况
	宣传工作 （8分）	信息、宣传	按照《杭州市上城区教育系统信息与宣传工作考核办法（修订稿）》执行
	工会工作 （4分）	机构机制	工作机构健全、工作机制科学、规章制度完善、经费收支规范
		活动载体	文体活动与技能提升并重
	妇建工作 （4分）	团建工作	学年工作计划翔实、有效；结合"三八"节开展好女教职工团建、素养提升等工作

续表

科室	一级指标	二级指标	监测点
人事科（15分）	师资配置（5分）	教师交流	1. 教师交流人数、交流骨干教师数不低于年度交流文件下达指标； 2. 本单位使用中高级职称评审统筹岗获评教师及无两校工作经验的首届区学科带头人完成交流
	队伍建设（10分）	教师培训	1. 教师通过培训管理平台自主选择项目的学分数（不含校本培训和指令性培训学分）占总培训学分数的比例达到55%及以上； 2. 教师自主选课后实际参训率95%及以上； 3. 按要求组织教师参加各级各类指令性培训、上级部门组织的培训及校本培训等，完成率达100%并符合培训要求
		师德师风	1. 学校有师德师风建设机制，成立工作专班并有年度计划推进全校师德师风建设； 2. 学校完善师德培训制度，健全师德考核制度，落实通报警示制度； 3. 教师有教书育人的使命感和责任心，无违反师德的行为
		教师减负	1. 各校设立"暖心驿站"，配备基础性设施，为教师打造温馨的休憩放松场所； 2. 为教师提供"三个一"健康服务：每学期进行一次心理健康状况筛查、开设一场心理健康专题讲座、开展一次名医进校义诊； 3. 设立电话专线、网上平台等减负成效反馈渠道，对违反教师减负相关规定的反馈意见予以核实并处理
政策法规科（10分）	依法办学（2分）	教师持证	结合各类检查、信息核查督查学校教师持证率是否达100%
	依法治校（2分）	学校治理	协同法治副校长开展好法治教育、共建法治基地、学生权益保护、校园安全管理等工作，完善日常工作记录与校园安全数字化管理平台信息
	法治教育（3分）	普法行动	全面推进习近平法治思想进教材、进课堂，落实好基层单位法治宣传教育工作
	审计工作（3分）	审计整改	在规定时间内核查各单位对审计报告所反映的问题并整改到位

续表

科室	一级指标	二级指标	监测点
计财科 (15分)	财务规范 (5分)	经费使用	1. 落实2024年区教育系统财务检查标准； 2. 根据学校发展实际需要和财力情况，以"量入为出，统筹兼顾，保证重点，收支平衡"为原则，合理编制年度财务预算细化工作； 3. 规范公办学校收费管理
	后勤管理 (10分)	食堂管理	食堂证照及信息公示、食堂各项管理制度公开透明，食堂工作流程规范、人员管理严格有序，环境卫生干净无死角，原料和加工过程符合"区食安办"要求，台账记录及时
		固资管理	加强区教育系统基层单位资产管理工作，落实资产管理流程，完成资产清查盘点，确保账相符、账物相符，资产清查盘点结果符合资产管理相关规定；教育装备规范有效使用
		垃圾分类	认真落实国家、省、市、区关于实施生活垃圾分类的工作部署，坚持依法治理、严格落实责任，进一步提升全区教育系统垃圾分类标准化、精细化、规范化管理水平，推动垃圾分类工作提能增效
		校舍安全	1. 学校制订校舍安全维护制度； 2. 规范实施维修项目立项、招标、实施、审计支付等工作； 3. 定期对学校校舍进行检查维护； 4. 楼顶无违规堆物、上人现象
义务教育科 (20分) 针对 中小学	规范办学 (10分)	课程改革	1. 深化课程教学改革行动，做好学校课程顶层设计和课程培训工作； 2. 开足开齐上好国家课程，特别是体育、美育和劳动教育课程，重视科学教育； 3. 心理健康教育融入学校教学管理全过程
		课后服务 与晚自习	1. 学校按规定开展课后服务与晚自习，不强制学生参加，不利用晚自习时间组织学生集体补课； 2. 有序合规引进具有资质、符合条件的社会组织和专业人员参与学校课后服务，并在教育局备案

续表

科室	一级指标	二级指标	监测点
义务教育科（20分）针对中小学	规范办学（10分）	"双减"落实	1. 小学一、二年级不布置书面家庭作业，小学三年级至六年级书面作业平均完成时间不超过60分钟，初中书面作业平均完成时间不超过90分钟，教师能做到全批全改。寒暑假、周末、法定节假日按照区指导意见合理布置作业； 2. 小学一、二年级不进行纸笔考试，义务教育阶段其他年级每学期组织一次期末考试，初中年级可适当安排一次期中考试，初中毕业年级在下学期完成正常课程教学任务后，可组织1~2次模拟考试
		特殊教育	1. 融合教育理念，形成完善的随班就读工作制度，对随班就读学生有详细的支持方案； 2. 对有需求的学校，按规定建设资源教室，学校配有专职或兼职资源教师
		阳光招生	1. 按规定做好起始年级入学和其他年级转学工作，充分保障符合条件的适龄儿童入读权利，服从区教育局统筹协调安排； 2. 关注弱势群体，不无故拒绝符合的条件外来务工随迁子女入学； 3. 严肃招生纪律，严格学籍管理，营造良好招生氛围
		基层减负	1. 规范进校园活动，坚持正向引领，凡进必审； 2. 未纳入进校园活动清单且与教育教学内容无关的各类社会性事务（活动）一律不得进入校园
		全域教共体（集团化）办学	按照浙江省教共体年度考核要求，按时高质量完成帮扶教学、师徒结对、跟岗锻炼、共享线上拓展课程、学生集体交流等全年任务，及时采集信息完成省教育共同体应用平台信息填报等工作
	全面育人（10分）	学校德育	1. 落实立德树人根本任务，坚定理想信念，涵养家国情怀，在区域"大德育"体系下，统筹规划推进德育工作，引导学生坚定听党话、跟党走； 2. 德育体系完备、组织健全，工作开展因校制宜，科学有效，德育常规工作、专题性工作等有效落实，重点突出，不流于形式； 3. 片区月度循环式开展"德育联片共同体"主题工作，工作推进规范有效，成效显著

续表

科室	一级指标	二级指标	监测点
义务教育科（20分）针对中小学	全面育人（10分）	体艺双强	1. 切实落实"在校体育锻炼一小时"，积极开展并参与体育"双百赛事"，促进学生身心发展； 2. 做好年度学生体质健康监测工作，总成绩达标（中小学校学生体质健康标准达标优良率达到70%以上，合格率达到98%以上），并准时、准确上报"国家学生体质健康标准数据管理与分析系统"信息； 3. 积极组队参加片区赛和区中小学生综合运动会（当年满建制且单独法人的公办中小学，第二个自然年必须组队参加区中小学生田径运动会）； 4. 积极参与省、市、区艺术节活动，做好市、区年度学生艺术素养监测工作
		科学报国	1. 学校100%建设科学实验室，每学期有科学实验清单，每周学生亲历一次科学实验，每学期进行动手实验操作等综合测评； 2. 聘任科学副校长，联合开展科学课程教学改革，搭建科学教师研修培训平台和学生活动平台； 3. 积极参与省、市、区科技节活动，引导学生量力参加"白名单"竞赛
		劳动教育	严格落实劳动教育"五个有"要求：周周有课时，人人有清单，校校有基地，处处有评价，年年有劳动周
		心理健康	1. 精准开展学生心理危机排摸和干预，六类学生群体100%录入省平台，开学前期，重点针对六类人群，逐一面访与谈心谈话； 2. 通过各种形式与载体，强化生命教育，及时开展团辅课、个别辅导和心理干预，确保安全措施落地有效； 3. 对疑似有心理问题与精神疾病学生，指导家长前往专业机构寻求帮助。积极组织教师参与B证培训
		家校沟通	1. 日常沟通有效：常态化开展日常家校沟通交流，多做正面沟通，明确沟通目标和内容，选择适宜的沟通方式，能换位思考，理解家长疑惑与需求，用心与家长对话沟通，传达爱和善意，提出建设性意见； 2. 家访工作规范：围绕"家访前、家访时、家访后"，通过"三必访、四必知、五必做"，因校制宜、有效谋划实施《上城区中小学家访工作指引六十条》，每学期对每名学生至少开展一次家访，重点学生必要时按需入户家访； 3. 家庭教育指导精准：家庭教育有体系、有机制、有活动、有成效，用智慧给予家长家庭教育的指导，形成心理安全、亲子温馨、积极向上的家校正向互动态势

续表

科室	一级指标	二级指标	监测点
义务教育科 （20分） 针对中小学	全面育人 （10分）	公共卫生	1. 公共卫生事件防控制度健全，防控落实到位，在发生突发公共卫生事件时能及时上报，并按疾控要求落实各项措施，及时消除可能产生的不良影响； 2. 积极开展爱国卫生运动，做好校园除四害和控烟工作，在各类卫生督查检查中不被负面通报、扣分； 3. 学校将预防近视和脊柱侧弯纳入学校工作计划，近视率较上一年度下降1个百分点以上
综合教育科 （20分） 针对幼儿园	家长服务 （6分）	学后托管	学后托管服务应开尽开，家长满意
		暑托服务	按要求提供暑托班服务，家长满意
		芝麻开门	积极发布信息，参与"芝麻开门"周末预约活动
	园务管理 （8分）	规范招生	1. 按照招生政策规范招生，招生宣传到位； 2. 不提前招生，不违规招收不符合本区入园条件幼儿，无无故拒绝本服务区符合条件人员报名
		年报统计	按规定时间完成年报统计，并通过市级核查
		科学保教	有完善的课程管理组织和制度，坚持以游戏为基本活动，关注幼儿学习与发展的整体性、连续性
		升等创优	根据等级创建排名赋分
	儿童健康 （6分）	视力筛查	按要求完成视力筛查，并录入儿童青少年近视防控平台
		疾病防控	出现各类流行性传染病，幼儿园能按规定程序处置
		日常保健	参考妇幼保健院年度考核结果进行考核

二、执行力考核的运行机制

（一）执行力考核实施流程

上城区教育局对学校执行力的考核，遵循科学、严谨的流程，以确保考核结果的公正性、准确性和有效性，为教育决策提供了有力的支持。它的考核周期跟政府考核周期一致，以自然年为考核周期，即每年 1 月 1 日至 12 月 31 日。每年 1 月，上城区教育局组织实施对学校上一年度的执行力进行考核，具体由组织宣传科牵头，各科室组织实施。各科室将重点推进工作列为年度考核项目，以季度为单位、根据基层单位在各考核项目中的工作实绩进行赋分，汇总得分后形成总分。执行力考核主要从党建工作（第三章专门阐述）、综合管理工作、教育教学管理、人力资源管理、经费后勤管理、依法治校管理、满意度测评等维度，对学校的教育教学工作进行全面的评价，整个流程可分为准备、实施、结果处理三大阶段，各阶段包含不同的关键环节。具体流程如图 4-1 所示。

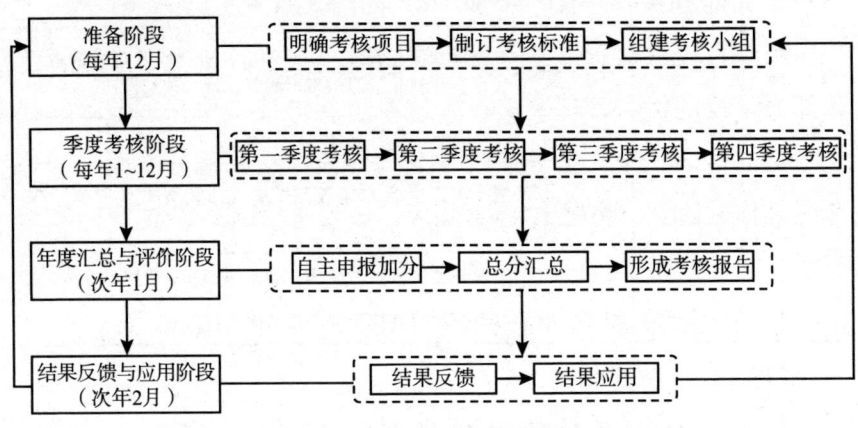

图 4-1 执行力考核基本流程

1. 准备阶段（每年 12 月）

（1）明确考核项目

由组织宣传科牵头，召集各科室负责人召开年度考核项目确定会议。各科室结合本年度国家、省、市各级教育方针政策以及自身工作规划，梳理出本科室本年度执行力考核项目。各科室需详细说明每个考核项目的设立依据、目标以及对学校教育教学工作的重要性，确保考核项目的科学性、合理性和针对性。

（2）制订考核标准

针对每个考核项目，各科室制订详细的考核标准和赋分细则。考核标准应明确、具体、可操作，能够客观准确地反映基层单位在该项目中的工作实绩。赋分细则应清晰界定不同工作表现对应的分值范围，确保考核的公平性和公正性。各科室完成考核标准和赋分细则的制订后，提交给组织宣传科进行汇总和审核，审核通过后统一印发给各学校。

（3）组建考核小组

组织宣传科负责组建考核小组，成员包括各科室的业务骨干和部分学校的优秀管理人员。考核小组在考核工作开展前，需接受专门的培训，深入学习考核方案、考核标准和赋分细则，明确考核工作的流程、方法和纪律要求，确保考核工作的专业性和规范性。

2. 季度考核阶段（每年 1~12 月）

（1）第一季度考核（4月上旬）

各科室依据考核标准和赋分细则，对基层单位在第一季度内各考核项目的工作实绩进行赋分。各科室考核人员需要全面了解学校的工作进展情况，考核人员应认真记录考核过程中的各项数据和信息，确保赋分有理有据。赋分完成后，各科室将第一季度的考核结果反馈给各学校核对。

（2）第二季度考核（7月上旬）

重复第一季度的考核流程，各科室对基层单位在第二季度的工作实绩进行赋分。在考核过程中，各科室要重点关注学校在第一季度考核中存在的问题和不足，查看学校是否采取了有效的整改措施以及整改效果如何。考核结束后，各科室将考核结果反馈给各学校核对。

（3）第三季度考核（10月上旬）

各科室继续按照考核标准和赋分细则，对基层单位在第三季度的工作进行赋分。考核完成后，各科室将考核结果反馈给各学校核对。

（4）第四季度考核（次年1月上旬）

完成第四季度的考核工作，各科室对基层单位在全年各考核项目的工作实绩进行全面、综合的赋分，注重对学校全年工作的整体评价，包括工作的创新性、实效性以及对教育方针政策的贯彻落实情况等。考核完成后，各科室将考核结果反馈给各学校核对。

3. 年度汇总与评价阶段（次年1月）

（1）自主申报加分

各学校根据年度所获得荣誉和承办各类活动，向相关科室申报加分类项目，各部门根据考核规则进行审批，根据不同层级的荣誉和承办活动进行相应赋分。

（2）总分汇总

组织宣传科负责汇总各科室提交的四个季度的考核结果，以及自主申报加分情况，计算出各学校在年度执行力考核中的总分。

(3) 形成考核报告

组织宣传科根据考核评价会议的讨论结果，撰写年度执行力考核报告。报告应包括考核工作的基本情况、各学校的考核结果、学校在教育教学工作中取得的成绩和存在的问题、改进措施和建议等内容。考核报告经教育局领导审核通过后，正式印发给各学校。

4. 结果反馈与应用阶段（次年2月）

(1) 结果反馈

通常来说，学校执行力考核体系根据基层单位不同类型，分为直属单位、中学、小学、幼儿园等四个类别，按执行力考核总分从高到低进行排名，确定A、B、C、D四等，每个类别的前30%认定为A等。其中，党建工作考核位于所在单位类型后30%的学校，满意度评价中，满意率、比较满意率和基本满意率不足70%的学校，即使总分排名位列前30%的，均不能确定为A等。在考核年度内，一旦学校发生未履行全面从严治党主体责任，情节严重；干部个人存在思想政治、道德品质方面的突出问题或违纪、违法行为；领导班子产生无原则纠纷，严重影响班子团结；在信访维稳、综治安全等方面存在责任事故；在招生、考试、课程管理、教师招聘、教育收费、学生减负、工程建设、采购招标、财务管理等方面存在违规行为，情节严重；教职工出现严重违反师德师风行为，影响恶劣并造成不良影响的，执行力考核直接确定为C等。此外，学校出现其他严重问题，影响教育系统在各项工作考核中被"一票否决"的，认定为D等。组织宣传科将考核结果和考核报告反馈给各学校，确保学校能够全面了解自身在年度执行力考核中的表现。学校对考核结果有异议的，可在规定时间内向组织宣传科提出申诉，组织宣传科将组织相关人员进行复查和处理。

（2）结果应用

考核结果作为学校年度评优评先、绩效奖励、资源分配等方面的重要依据。对执行力强、工作成绩突出的学校进行表彰和奖励，对执行力较弱、工作存在较大问题的学校进行督促，要求学校制订详细的整改方案，明确整改目标、措施和时限，组织宣传科将对学校的整改情况进行跟踪检查。

（二）以督查重自省促发展

执行力考核作为评估学校治理与教育教学成效的重要手段，其运行机制对学校发展具有关键的导向作用。在此过程中，教育局为各学校设置的督导扮演着不可或缺的角色，通过在年度执行力考核过程中督促学校重视问题自查、帮助学校剖析自身问题，挖掘发展潜力，实现可持续发展。

1. 督查在执行力考核中的定位和意义

执行力考核运行机制围绕学校的教育教学目标，从六大维度设定考核指标。这些指标不仅是对学校工作的量化评估标准，更是引导学校发展的方向标。而督查则是整个考核运行机制的"把关人"和"推动者"。通过实地考察、数据收集、协调沟通、反馈激励等多种方式，全面、深入地了解学校在各个方面的实际情况，对学校的各项工作给予精准的指导，为学校提供清晰的发展方向，实现学校高质量发展。

2. 督查在执行力考核中的关键要点

教育局在反馈考核结果时，不能仅告知学校目标的完成情况，更要引导学校深入分析未达成目标的原因，学校需要梳理在目标设定、执行过程中可能存在的问题，通过深度精准剖析引导，学校从多个角度进行自我反省，找出问题的根源，积极改进。

3. 督查推动学校发展的主要策略

在完成对学校的执行力考核后，要及时、全面、精准地向学校反馈考核结果。可以通过面对面交流、线上会议等方式，确保学校能够充分理解反馈内容。同时要建立跟踪机制，定期了解学校对反馈问题的整改情况，及时给予指导和帮助，确保学校能够认真对待并积极落实改进措施。教育局也可以定期组织之间的经验交流活动，让在执行力考核中表现优秀的学校分享他们的成功经验，拓宽学校发展的视野和思路。

4. 督查推动学校发展的重要成效

在教育督查的作用下，帮助学校发现问题、解决问题，推动学校不断提升管理水平、促进教师专业成长、提高学生综合素质，同时，不断优化管理流程，完善管理制度，实现学校的高质量发展，提高校长现代治理能力。

第三节 政策执行力考核的典型案例

一、核实执行度：目标清晰，强化治理效能

在教育领域不断深化改革、全力追求高质量发展的当下，核

实执行度已然成为学校提升治理水平、达成教育目标的关键所在。"凡事预则立，不预则废"，在教育治理执行过程中，明确的目标有助于制订详尽的执行计划与科学的评估标准，各教育主体依据目标有序协同，实时对照目标进行自我监督与调整，一旦出现偏差能够及时纠正，这与习近平总书记强调的"深化教育综合改革，激发教育发展活力"高度契合。

【案例 4-1】

杭州市丁兰实验中学（以下简称学校）坚持党建引领，依法治校，完善组织管理架构，积极开展廉洁教育，发挥党员先锋模范作用；修订各类制度，保障教职工民主参与学校治理；坚持开放互融，与多所国内外学校开展合作交流。在育人模式上，以全员德育为基础，通过开展多样活动，落实"五育"并举；以意趣课堂为载体，创新教学方式；以智慧教育为导向，推进 Pad 在教学中的应用；以多维个性为标准，探索基于大数据的评价体系。在师资队伍建设中，通过抓师德师风、科研兴校、梯级发展等举措，全面提升教师素养。学校始终坚持以生为本，积极改善教学环境、发展智慧教育、推进精准教学、创设多元平台，促进学生身心与个性发展，将提升学生素养作为核心任务，不断扩大学校影响力，稳步推进执行力考核工作。

1. 执行体系建构：三维治理架构夯实执行基础

核实执行度，不仅是对学校各项工作落实情况的精准把控，更是推动教育事业蓬勃发展的核心动力，学校的成功实践为我们提供了有益的借鉴，如图 4-2 所示。

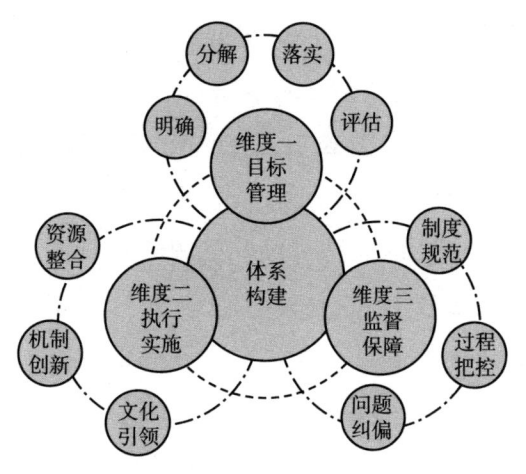

图4-2 杭州市丁兰实验中学三维治理体系架构

（1）目标管理维度：构建"明确—分解—落实—评估"的管理体系

学校发展以清晰的目标为引领，形成"明确目标—分解任务—落实执行—评估反馈"的工作路径，确保各项工作有序推进。首先，要明确学校的总体发展目标，结合教育政策和学校实际情况。其次，将总体目标分解为具有前瞻性和可行性的具体部门目标和个人目标，明确每个部门和岗位的职责和任务。在执行过程中，建立健全目标落实机制，通过定期召开工作会议、开展工作督查等方式，及时掌握目标的完成情况，确保各项任务按时、高质量完成。最后，建立科学的目标评估体系，对目标的完成情况进行全面、客观地评估，根据评估结果及时调整工作策略，为下一轮目标的制订提供参考。

（2）执行实施维度：构建"资源整合—机制创新—文化引领"的实施体系

提升治理效能是优化执行效果、推动学校可持续发展的核心举措,学校通过"资源整合—机制创新—文化引领"的路径来实现。在资源整合方面,学校积极拓展校内外资源,实现资源的优化配置与共享。例如,整合不同学科的实验资源,打造综合平台,支持跨学科教学与研究。机制创新是提升治理效能的关键动力。学校创新管理机制,引入现代管理理念,在教学管理方面,探索智慧教育、项目化学习等教学组织形式,满足学生个性化学习需求;在教师评价方面,构建多元化评价体系,除成绩外,将师德师风、学生评价等纳入评价指标,激发教师的工作积极性与创造性。文化引领为提升治理效能提供精神支撑,注重培育积极向上、富有特色的校园文化,如加强环境文化建设,打造具有内涵的文化长廊等;开展丰富多彩的校园文化活动,如科技艺术节、校园体育节等,营造浓厚的文化氛围,通过系列文化建设,凝聚师生共识,增强向心力与凝聚力,激发师生们积极主动地参与各项活动中,形成良好的工作与学习风气,优化执行效果,推动学校治理效能全面提升。

(3) 监督保障维度:打造"制度规范—过程把控—问题纠偏"的监督体系

为确保学校各项工作目标顺利达成,打造"制度规范—过程把控—问题纠偏"体系,全方位、多层次地对执行过程进行监督管理。在制度规范层面,建立一套完备且细致的规章制度。过程把控是执行监督的关键环节,学校成立专门的监督小组,通过定期听课、随机抽查教案与作业、检查工作进度等方式,对教学工作进行监督;借助工作汇报、现场检查、查阅资料等手段,对行政与后勤工作进行审查。同时,利用信息化手段,建立工作管理平台,各部门实时上传工作进展情况,实现对执行过程的动态监管，发现问题，立即启动问题纠偏机制。

2. 长效动能激活：三循环驱动治理效能提升

明确的目标犹如行动的指南，为学校发展指明方向；而强大的执行力则是将目标转化为现实的坚实桥梁，两者相辅相成，共同推动学校治理效能的提升。在执行过程中，如何长效落实动能，学校从传导、转化、协同三个方面，构建循环动能驱动体系，如图4-3所示。

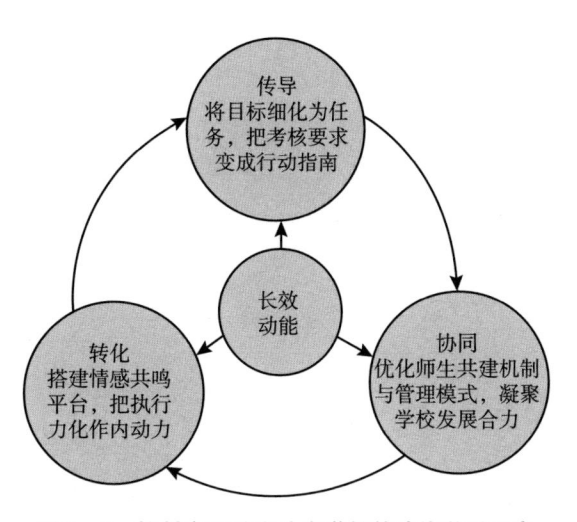

图4-3 杭州市丁兰实验中学长效动能激活示意

（1）传导：将目标细化为任务，把考核要求变成行动指南

高质量的教育需要明确的目标引领，通过强化目标的导向性作用，能够有效推动学校各项工作的开展。"目标不是空洞的口号，而是实实在在的行动方向。"在明确办学目标的基础上，学校对各项考核要求进行深入研究，将其细化为具体的工作任务。例如，在每年的执行力考核过程中，学校组织相关人员，参照实

施办法，对照细则中的安全工作、信访工作、美好校园、共青团建设、宣传工作、工会工作、妇建工作、师资配置、队伍建设、依法办学、依法治校、法治教育、审计工作、财务规范、后勤管理、规范办学、全面育人、家长服务、园务管理、儿童健康等20项指标逐项分解，制订了详细的执行力考核目标，将每一项任务落实到具体的部门和个人。在具体实施过程中，由校领导、中层干部和教师代表组成的专项工作小组，负责对各项考核指标的执行情况进行监督和动态调整，实时掌握执行力考核目标的完成情况，及时发现并解决存在的问题，确保执行力考核能达到既定目标。

(2) 转化：搭建情感共鸣平台，把执行力化作内动力

光有执行力，没有内驱力，往往会使目标达成情况不容乐观。学校积极营造"正能量"场，打开教师心灵之门。例如，老师们讲述校园故事，分享身边鲜为人知或众所周知的故事，让大家在故事里感受校园生活的烟火气、校园的美和温情，从而营造积极向上的氛围，增强教师间的情感共鸣。搭建平台满足不同层级教师的需求。学校聘请教师担任学术委员会委员，为教师提供专业发展的机会；举办"观点+"论坛，促进教师思想交流与碰撞；开展青兰师徒结对活动，让经验丰富的教师手把手引领新教师成长，助力教师明确自我定位与发展方向。

(3) 协同：优化师生共建机制与管理模式，凝聚学校发展合力

学校打破传统的管理模式，将管理重心下移，让师生从被动接受管理转变为主动参与学校文化建设，通过协同合作，形成发

展合力。例如，在师生共同参与下，创作了具有学校特色的兰花墙，在这个过程中，学校的各项制度不再是生硬的条文，而是融入师生的实际行动中，服务于师生的成长与发展，充分培养了教师的"主人翁"精神。创新制度实行方式，如设置值周 CEO、校长助理团等，让普通老师也有机会参与活动的策划组织和实施，充分发挥师生主体性。这不仅让老师对学生培养有共同愿景，也使学校获得社会认同，学校在教学质量、综合考核、教科研等多方面荣获众多荣誉。

3. 范式价值赋能：现代化治理的示范性突破

学校以"绿色浸润幸福·阳光点亮生活"为办学理念，致力于让每位学生享受幸福的教育，让每位教师享受教育的幸福，始终坚持以生为本，以提升学生素养为核心，依据学校的长远规划，稳步推进各项工作。在三维治理体系推动下，通过长效动能激活，保障执行力，持续推进目标达成，学校在教育质量、师资队伍建设、校园文化打造等多个方面取得了显著成果，成功荣获浙江省现代化学校、浙江省德育基地、浙江省健康促进学校金奖、浙江省绿色学校、杭州市文明单位、杭州市教育国际化示范校、杭州市智慧教育示范校、杭州市示范教科室、杭州市公办初中提质强校行动首批试点学校等百余项荣誉称号，连续四年荣获执行力考核 A 等。

二、激发创新度：瞄准突破，创新攻关项目

"高质量发展，创新很重要，只有创新才能自强、才能争先，

在自主创新的道路上要坚定不移、再接再厉、更上层楼。"① 习近平总书记的深刻论述，为我们指明了高质量发展的核心动力。在当前教育改革的大潮中，学校基于问题和目标，将"创新"和"突破"视为学校发展过程中的重要举措和方法，推动跨越式发展。这不仅是对国家发展战略的积极响应，也是对教育本质的深刻理解。在执行力考核过程中，"创新"犹如一剂强心针，为学校注入了新的生机，它充分发挥了督导评估的引导作用，帮助学校明确办学方向，诊断存在问题，进而改进方法，提升教育质量。

【案例4-2】

杭州市丁兰第二小学（以下简称学校）紧扣区域执行力考核要求，以三年规划为纲，以特色发展为翼，在创新攻关中开辟发展新赛道，通过系统化推进现代化学校创建工作，实现办学质量与品牌影响力的双重跃升。

浙江省现代化学校评估工作自2020年全面推开，是省教育厅授予学校的最高荣誉称号，旨在推动全省教育现代化建设，促进学校高水平优质均衡发展，是教育现代化战略的重要实践。在上城区新一轮三年规划的起步之年，学校在规划中将"'儿童友好'——努力打造富有特色的现代化学校"作为2022—2024学年三年发展目标，经过过程积累、靶向攻坚、特色破茧、资源协同，在办学过程中凝心聚力，在创建工作中攻坚克难，在成果验收中圆满交卷，各项指标居全省前列，荣获"浙江省现代化学校"称号。

争创省现代化学校的契机，是对执行力落实情况的首次检

---

① 2021年4月26日习近平总书记在广西考察时的讲话，《治国理政新实践｜自立自强新攀登——习近平总书记关切的科技创新新实践》，https://m.gmw.cn/2021-08/06/content_35060756.htm。

验，更是对学校办学成果的深度考验，学校之所以能交出高分答卷，不仅是因为展现了较高的创新力和坚定的执行力，还立足于几点创新（见图4-4）。

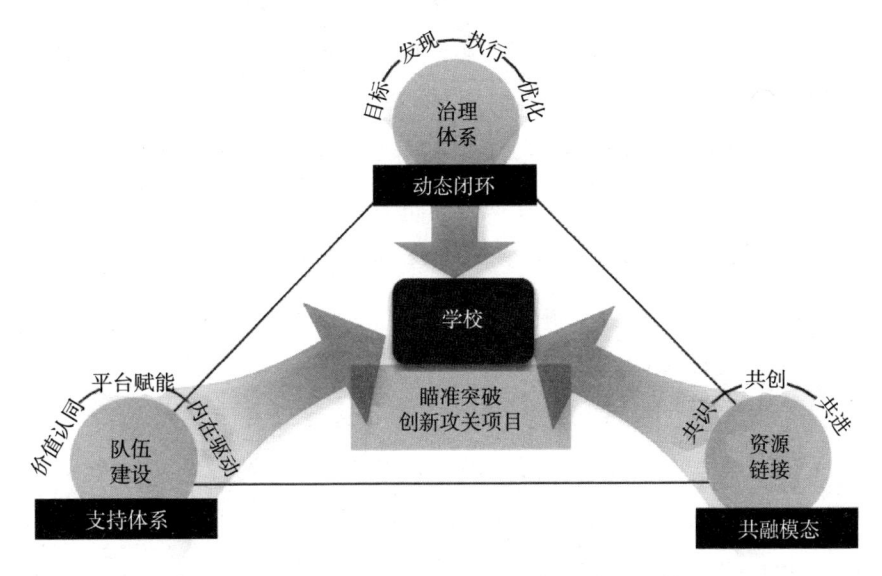

图4-4 杭州市丁兰第二小学创新攻关

1. 闭环式治理体系建构：基于"目标—发现—执行—优化"的动态效能跃升

"项目创建不是突击战，而是检验日常工作的试金石。"在高质量党建引领下，学校管理应形成动态闭环，构建"目标导向—问题发现—执行整改—优化迭代"的路径，将各项工作逐一完善，逐步推进。

（1）目标锚定与战略拆解

学校应以目标为导向，通过科学分解战略任务，将宏观办学目标转化为可量化、可追踪的部门责任清单，分线实施、分工明确、责任到人；执行层面，依托常态化调研机制、师生意见箱及数据反馈等，精准识别管理盲区与执行堵点。创建前期，首先通过前期深度解读《浙江省现代化学校评估标准》，梳理核心指标，清晰发展坐标；分层分解，将总目标拆解为可量化的三级指标；标杆对照，调研3~5所已获评学校的创建报告，提炼共性特征与特色亮点；组建由校领导、中层干部、学科骨干组成的专项工作组，分析梳理优势与不足、重点攻坚领域，如塑骨干教师行动、"一年一馆"学习空间优化行动等。以创新为驱动，以目标为引领，在战略拆解中循序推进，以确保各项任务指标的有效落地。

(2) 动态监测与优化迭代

跟进式的项目追踪尤为重要，项目推进过程中可设置动态跟进、专业检测、精准反馈、对焦改进等流程进行专项反馈。学校设立了专人自查、互查自改机制，并结合动态监测体系，开发出"创建进度可视化"量规，以直观展示关键指标的达成度。同时，邀请专家进行指导预估和模拟评估，确保问题破解有明确路径，责任落实得到及时反馈，从而加强项目的持续改进。这一系列措施构成了一个有效的闭环管理机制，有效避免了传统管理中"重部署轻反馈"的碎片化弊端，切实将协同优势转化为学校治理效能的全方位提升。

2. 三维驱动型队伍建设："价值认同—平台赋能—内在驱动"的支持体系

优秀教师队伍是推动学校发展的核心引擎，需着眼教师队伍的打造，形成系统性发展支持体系。通过"价值认同、平台赋能、内在驱动"激活团队归属感，将个人成长诉求与学校战略目标深度融合，实现"要我做"向"我要创"的动能转换。

（1）价值认同驱动内生力

团队合作是学校办学以来的发展基因，源于学校重视教师队伍的组织和建设。以教科研工作为例，学校依托科研力量，以锚定共同目标凝聚向心力，以团队共进激活发展内驱力，以"小目标""不停步"的劲头组团攻坚，逐年逐项延展、突破研究的领域和层次。实践中形成教科研"4S"模式，教师投入教科研参与率近100%，科研成绩也在一年又一年取得新突破，科研成果都回归于实际的教育教学工作中去，形成真正的产能。以研究赋能教育教学，以科研兴校，学校也在逐渐擦亮学校科研特色品牌，近三年学校已有近50项省市区级课题立项及成果，老师们的研究成果纷纷在《教学与管理》《杭州教育》等刊登，学校也成功创建杭州市示范教科室、杭州市教育科研先进集体。当教师亲历"自己的研究能优化课堂、团队的努力可擦亮品牌"，这种价值认同又进一步反哺教科研生态，形成以内生动力驱动研究深度、以群体凝聚力拓展实践广度的良性循环，使科研真正成为教师专业生命成长的引擎。

（2）平台赋能特色延展力

在严格评估基础性指标的同时，学校深挖校本化特色与差异化优势，通过搭建平台、融合资源赋能教师更多的生长力。搭建"名师工作室+集群导师库+高校智库"三级资源池，与集群联智共同体、2个省级名师工作室的充分互动给予了老师们充分磨炼和展示的机会。开发菜单式研修课程，结合上城区"五阶段教师"，开发校本化的阶梯式培养方案，破解教师发展平台期，使教师队伍的"成长加速度"转化为学校跨越发展、攻坚项目突破的"核心竞争力"。建校至今，学校培养了43名市区级骨干教师，占全体教师的49%，远超"现代化学校"评估指标。教师的成长就是学校的发展的最强动力，学校在夯实执行力考核的常规工作基础上，立足创新，力求突破，聚焦特色项目发展，不断擦亮特色品牌，近三年成功获得了浙江省健康促进学校、浙江省科技体育特色学校、浙江省足球特色学校、杭州市绿色学校、杭州市青年文明号、杭州市先进职工之家、杭州市智慧教育示范校等荣誉。

3. 共融型资源生态链接：构建"共识—共创—共进"的教育治理新模态

秉持开放办学理念，学校以"共识—共创—共进"为路径构建协同育人新生态，通过深度整合集群学校、社区、企业等社会资源，形成了资源共享、优势互补的可持续发展格局。学校与外部力量需在合作目标、内容及实施方案上达成共识，确立联合发展的基础框架。基于这一共识，双方通过打通物理空间、共享人力资源、共建实践平台等具体举措，建立起双向赋能的协作机制。这种深度融合最终形成了共进格局，学校将教育场域得以延伸。

面临场地、师资等诸多难点，学校借力政府、社区、家长、社会以及兄弟学校之力，进一步争取资源和力量。以场地提升为例，在达标基础上，借力社区的开放专用场地延展学校育人空间，也为后续谋划了校家社协同育人的"同心圆"。这种资源整合的模式，激活了社会资源的育人潜能，教师得以拓宽专业视野，学生获得多元实践的空间，合作单位则实现了社会效益，更通过价值共创为学校创新项目的突破，注入了新的发展动力。

三、奖励贡献度：价值追求，突出能力提升

奖励贡献在个人、团队和组织的发展中扮演着至关重要的角色。它不仅是一种激励手段，更是推动进步、维持公平和促进长期成功的关键机制。执行力考核主要从党建工作、教育教学管理、人力资源管理等多个维度，对学校的教育教学工作进行全面的评价，通过正向反馈构建一个"努力—认可—再努力"的增强回路。这种以"价值追求"为锚点、以"能力提升"为内核的奖励模式，既是对教师个人潜能的深度激活，更是幼儿园与教师在时代浪潮中共生共荣的底层密码。

【案例4-3】

机制健全是提高执行力的重要保障。杭州市东城幼儿园注重文化立园、科研兴园、品质强园，以"悦纳、温暖、活力"的"阳光"文化核心价值观为引领，全方位夯实幼儿一日生活保教常规、高质量推进课程建设、高品质提升治理效能，以"倾听每一朵花开的声音"的育人理念，培育"悦己·达人"的特质儿童，打造"悦心教育"特色品牌。幼儿园制度健全、治理规范、科学高效，出台《杭州市东城幼儿园集群治理现代化运行架构》重构集群治理运行体系，明晰党支部引领下园长负责制的三个系统运行架构：集体议事决策系统、内部执行系统和监督反馈系统；充分发挥多元主体参与园区治理的积极性，共同推进园区的整体发展和育人目标的实现。通过工作谋划会、民主座谈会等形式全方位吸纳教职工合理化建议，加强《杭州市东城幼儿园章程》《杭州市东城幼儿园集群治理现代化管理手册》制订和修

订，推进议事决策规范、工作履职规范、流程细则规范、师德师风规范、保教管理规范，以"阳光"文化统领的制度架构，提升治理效能；依托工会，分阶段完善《杭州市东城幼儿园教职工目标绩效考核方案》，以人性化的激励机制激活团队工作活力。通过目标管理系统推进层级管理、精细管理，夯实岗位责任，确保流程规范。

1. 靶向定位，痛点研判锚定发展瓶颈

教师队伍建设是幼儿园发展的核心驱动力。2021年，杭州市东城幼儿园健美园区开园，教师队伍存在的问题日益显现。一方面，新教师队伍不断扩大，亟须帮助新教师们解决理论与实践脱节等问题，打稳专业根基，快速融入悦心教师团队；另一方面，几个老园区的教师团队活力不足，缺乏自我革新的内生动力。在开学视导中，督导组建议关注新老教师团队的成长需求差异，健全分层分类、动态发展的教师成长、激励机制。幼儿园参考上城区教育"五阶段 五梯队"人才体系，以及《杭州市上城区名优教师考核办法》等，幼儿园健全涵盖招聘、培训、考核、激励等多个方面的制度体系，体现为《杭州市东城幼儿园名优教师认定与管理办法》《杭州市东城幼儿园教职工保教成果业绩奖励实施办法》《杭州市东城幼儿园"悦"系列优秀教职员工评选方案》《杭州市东城幼儿园"项目首席制"实施方案》等成果。

2. 机制破局，制度重构助推均衡发展

在制度保障下，杭州市东城幼儿园探究建立"悦成长""三多"通道（多样态的学习共同体、多路径的展示平台、多项目的激励机制）来助推不同层级教师队伍发展，以"做亮'顶部'、做强'中部'、做高'底部'"的教师发展思路，让每位教师在

"被看见、被支持、被成就"中提升专业素养，实现自身价值，构建起幼儿园内涵式发展的螺旋阶梯。

（1）多样态的学习共同体

组建"四位一体"园本研修、"项目首席制"研修、区域链研修联盟、干部领导力研修、名师工作室研修等多样态学习共同体，全方位助力教师成长。

（2）多路径的展示平台

打通园本历练、区市展评、省级展示、共富结对的多层级路径，扩展历练平台，助力教师在实践中积淀专业自信。

（3）多项目的激励机制

修订名优教师认定与管理办法、"悦成长"评优系列、"好搭档"合作系列、"悦收获"成果系列等评选办法，多项目融合，多通道激励，永葆发展动能。

以"项目首席制"研修为例，幼儿园根据《杭州市上城区教育局关于做好"校长统筹奖"考核工作的实施意见（试行）》相关要求，制订《杭州市东城幼儿园"项目首席制"实施方案暨"校长统筹奖"实施办法》，围绕区教育局重点工作，结合幼儿园三年发展规划、幼儿园学年工作计划，设立每学年幼儿园发展的重点项目，并交由遴选出来的项目首席具体落实，权责到人。"项目首席制"是赋权教师专业成长的培养机制。其创新点在于有效吸纳教师深度介入园所的管理决策过程，为教师搭建彰显个人专业才能与实践能力的综合性平台，助力教师在参与管理、团队合作的过程中提升效能感，发展胜任力和归属感（见图4-5）。

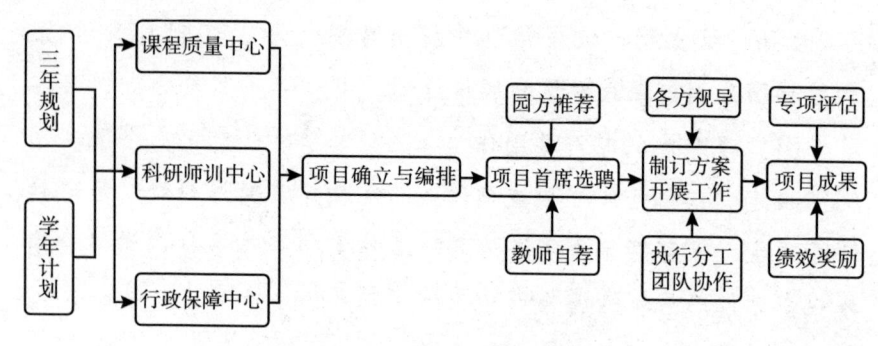

图 4-5 "项目首席制"流程

东城幼儿园"项目首席制"借鉴经济合作与发展组织（organization for economic cooperation and development，OECD）全球教育中心推动项目式学习的 SAGE 框架（学生选择 student choice；真实的体验 authentic experiences；项目主题的全球性 global significance；展示给真实的观众 exhibit to a real audience），采用了 PTCD 框架来具体落实。

● P——project plan（项目规划）

以需求为导向，以学年为单位规划支持教师发展的多样化项目。立足幼儿园三年发展规划重点，结合区教研方向以及幼儿园上一学年的项目研修情况，从延续性和未来发展可能性出发，幼儿园课程质量中心、科研师训中心、行政保障中心每年会商议、规划学年重点项目，一般包含研究类项目、特色活动类项目、家园社共建类项目。

● T——teacher choice（教师选择）

项目确定后，幼儿园课程中心开启项目首席选聘工作。首席教师选聘，一般会通过园方推荐、教师自荐两个渠道进行选聘，教师根据自身兴趣以及对自身能力的评估，自主申报。为激发教师的参与积极性，选聘首席过程中会优先考虑自荐申请者。确定项目首席后，首席教师制订项目计划，通过"项目发布会"招募志同道合的成员，教师也有选择权，自主选择组别加入其中。组建成团后，由项目首席领衔成员，选择如何开展或推进项目。在接受视导组对整个项目实施过程视导的前提下，项目首席对所负责的项目实施有相对独立的自主权与决策权（见表4-2）。

表4-2 杭州市东城幼儿园2024学年"项目首席制"一览

序号	项目名称	首席	项目成员统计
1	教育戏剧项目	奚琳、林仙	黄子涵、方燕、蔡蕾、李薇、宋惠平、罗丹
2	心情互动场项目	沈锴妍、王雨萌	顾菲菲、李佳琳、徐远、沈俏依、韦钰瑄、吴燕燕
3	生活游戏场项目	邵秀存、吴嘉丽	盛珠虹、吴越、余晶、李媛媛、王月雯
4	集体教学活动项目	焦杨	李媛、曾婉贞、李双、欧阳恬甜、项欣、张淑津
5	游逛东城项目	王芬	余静静、王丹燕、叶婷、方红燕、胡筠筠、方崧崧、诸葛肖文、金佳丽
6	品德启蒙项目	童露佳	郑瑶玮、阮美丽、廖美智、沈杨、沈言、洪燕、胡方倩、陈静（小）
7	"户外2小时"项目	周乔琳、詹静茹	陈金凤、谢小华、王嘉怡、陈淑泱、杨扬
8	幼小科学衔接项目	施琴	邹凯睿、张雪静、金晓赟、谭培玲、陈红霞、胡晓琴
9	园家社项目	陈静、孙乙淇	吴金红、张扬、王艳红、刘靖雯、唐娟
10	"清廉学校"示范点创建项目	汪洁倩	吴洁、王青、魏思、颜敏洁、夏火菊、王平

- C——community cooperation（共同体合作）

"项目首席制"就真实存在的问题开展基于合作的项目学习和探究，群策群力完成任务挑战。采用首席领衔、成员合作的形式推进项目组织与实施。受教育经历、从教年限、所处位置区别以及分工的不同，不同教师之间会持有不同观点和想法，需要共同体成员之间加强沟通，构建更加积极的人际关系、协作关系和情绪管理能力，幼儿园管理层面有两个支持。

- D——display achievement（成果展示）

幼儿园为"项目首席制"的成果展示交流搭建平台。

过程性展示：常态化组织基于项目实践的园内课程视导、圆桌论坛、教学展示等展评活动；同时，贯通外部成长平台，通过省特级教师工作室、区域链、24学时培训、园本研修开放等平台，输出阶段性成果、历练教师。

阶段性成果展示：每学期末有"项目展示周"活动。为更好地体现团队研修成果，成果展示由原来的项目首席汇报逐渐过渡到了项目成果分享会，每个项目组利用半天的时间展示项目成果，鼓励呈现的内容、形式多样化，支持项目成员人人有亮相。

成果展示打通来自内部同事、外部同行认可的发展通道，在交流展示汇报的过程中进一步激发教师效能感，成为其持续努力与提升的重要源泉。项目成果，即项目开展的成效、完成的质量等将会接受各方专家的及时评估，以项目完成的成效核定工作量与业绩，并给予相应奖励。

3. 团队锻造，成效转化引领专业进阶

"三多"通道营造的学术氛围，成就了一支师德优、素养好、专业强的精良队伍。幼儿园现有浙江省特级教师1名，正高级教师1名，浙江省最具影响力幼儿园教师1名，浙江省师德楷模暨省优秀教师1名，副高级教师1名，杭州市五星级学科带头人1名，杭州市教坛新秀、优秀教师等市级荣誉获得者5名，上城区"五阶段"以上荣誉获奖教师占比50%。同时，幼儿园获评浙江省现代化幼儿园、浙江省一级幼儿园、浙江省二级幼儿园、杭州市绿化先进单位、杭州市智慧教育示范校、杭州市中小学幼儿园示范教科室等荣誉称号；为教育部幼儿园园长培训中心学员实践教学基地、教育部园长培训中心——联合国儿童基金会社会情感学习项目首批试点园、北师大心理学院"共情陪伴"国际合作项目实验园、华师大"青少年社会与情感能力培养千校联盟"成员单位、浙江省社会心理学会儿童发展与教育专委会会员单位。

执行力是幼儿园竞争力的核心要素之一，而教师队伍建设则是提升执行力的关键。通过提升专业能力、加强团队协作、鼓励特色发展、建立考核机制等方式，幼儿园可以建设一支高素质、专业化、富有执行力的教师队伍，为幼儿的健康成长和幼儿园的持续发展提供坚实的保障。

第五章

评估：指向提升规划发展力的综合督导

在教育改革与发展的浪潮中，校长的规划发展力成为衡量其领导效能与学校发展前景的关键指标。这一能力不仅关乎校长个人的决策智慧与战略眼光，更直接关联着学校的整体发展与教育质量的提升。上城区，作为教育创新的先行者，早已构建了一套科学、系统的发展性评估机制。本章将主要阐述这套机制如何全面指导学校教育质量、管理水平及发展潜力的提升，并在实践应用中进一步凸显其对校长规划发展力的显著促进作用。通过细致的评估指标和运行机制，校长们得以深入剖析学校发展过程中的现状与问题，明确自身的优势与不足，进而调整战略规划，优化资源配置，为学校的长远发展奠定坚实基础。

第一节　解读：规划发展力的内涵

一、规划发展力的内涵概述

校长的规划发展力关乎学校的未来走向和长远发展，是校长领导力和管理智慧的重要体现。

（一）规划发展力的概念解析

规划发展力是组织或个体将战略愿景转化为可持续行动路径的核心能力，是战略思维与系统化方法论的集成体现。它要求精准解构目标、动态研判变量、优化配置资源，并通过闭环反馈机制实现路径的动态校准。这种能力不仅体现在计划制订层面，更强调在执行过程中根据环境变化灵活调整策略，将不确定性转化为发展契机。其核心价值在于构建"目标—策略—执行—优化"的螺旋上升机制，使个体或组织在复杂环境中保持进化优势，实现从短期目标达成到长期价值创造的跃迁。

校长规划发展力，是校长在驾驭学校发展航向时所展现的一种高阶综合能力。它集中体现在校长运用前瞻性战略视野、精准预判能力及高效资源配置策略，精心构筑并推行与学校特质及教育生态紧密衔接的发展蓝图，推动学校向更高层次、更宽领域迈进，实现持续的教育品质跃升与长远发展。此能力不仅深刻反映校长卓越的领导艺术与管理哲学，更是学校提升教育质量、稳固并拓展竞争优势的关键所在。校长规划引领力是学校战略规划与持续进步不可或缺的核心要素，对于学校在日新月异的教育环境中稳健前行、开创未来具有深远的意义。（本章节后面内容中的"规划发展力"均指教育语境下的"校长规划发展力"）

（二）规划发展力对于学校发展的价值意蕴

校长的规划发展力在学校发展中具有深远的意义，它不仅是学校发展导航的明灯，还是推动学校持续进步、实现长远目标的关键力量。

1. 规划发展力是学校发展的战略罗盘与路径领标

在知识经济时代，学校作为教育创新与人才培养的前沿阵地，其战略发展离不开科学规划的引领。而校长规划发展力，作为学校战略管理的核心要素，直接关系到学校的兴衰成败。

校长的规划发展力主要体现在对教育趋势的精准把握与前瞻预判上，能够基于学校实际，科学定位发展目标，明确发展路径。这要求校长具备深厚的理论素养与丰富的实践经验，还要拥有敏锐的洞察力和卓越的决策能力，通过制订既具战略高度又具可操作性的发展规划，引领学校在激烈的竞争中脱颖而出。同时，校长的规划发展力还体现在对规划实施的有效监控与动态调整上，确保学校发展始终沿着既定轨道稳步前行。因此，校长规划发展力对于推动学校可持续发展、实现教育现代化具有重要意义。

2. 规划发展力是学校资源配置的优化引擎和教育教学改革的助推器

学校发展进程之中，资源支撑是基石，教育教学改革是动力，而校长的规划发展力则是串联两者的关键纽带，发挥着优化引擎与助推器的双重作用。于资源配置而言，校长凭借卓越的规划发展力，能精准洞察学校各领域资源需求，科学调配师资力量、教学设施及科研经费等资源，实现资源从粗放式配置向精细化、高效化转变，使每一份资源都能精准匹配发展需求，发挥出最大效益。

在教育教学改革领域，校长的规划发展力为改革提供了清晰的路线图。基于对教育趋势的精准把握，校长制订出兼具前瞻性与可操作性的改革方案，明确改革目标、路径与步骤，确保改革有序推进。在此过程中，学校教育教学质量得以提升，创新型人才不断涌现，为社会发展注入源源不断的活力。

3. 规划发展力是撬动学校社会影响力跃升的有力杠杆

学校的社会影响力是衡量其综合实力与办学水平的重要标尺，而校长规划发展力则是推动学校社会影响力提升的核心驱动力。校长规划发展力并非简单的规划制订，而是基于对教育发展趋势的深刻洞察、对学校自身优势与不足的精准把握，以及对外界环境变化的敏锐感知，所形成的一种战略谋划与决策能力。

在校长规划发展力的驱动下，学校能够明确自身发展定位，制订出符合教育规律、契合学校实际、顺应时代潮流的战略规划。这不仅有助于学校内部资源的优化配置与高效利用，推动教育教学质量的稳步提升，更能在无形中塑造学校的独特品牌形象，增强社会各界对学校的认知与认同。通过持续不断地战略实施与调整，学校社会影响力得以稳步攀升，为学校的长远发展奠定坚实基础。

二、规划发展力的要素解析与特征

在教育变革浪潮中,规划发展力作为学校突破发展瓶颈、实现跨越式发展的关键能力,其系统构建与精准发力显得尤为重要。以下从其构成要素和主要特征层面,对规划发展力进行深入解析。

(一)规划发展力的构成要素

规划发展力,作为推动学校持续进步与长远发展的关键能力之一,涵盖了战略规划思维、预见性判断、路径设计力、执行监控能力、资源配置能力与持续创新能力等多个层面。

1. 战略规划思维

在学校治理的语境下,战略思维构成了校长规划发展力的基石。它要求校长不仅具备宏观的视野,能够洞悉教育行业的最新动态与长远趋势,还需具备将宏观洞察转化为具体战略规划的能力,以制订出符合学校长远发展利益的教育蓝图。战略思维不仅体现在对外部环境变化的敏锐捕捉上,更在于对内部教育资源(如师资力量、教学设施、课程设置等)的精准评估与高效配置。校长需超越短期成效的局限,从战略高度出发,为学校的长远发展奠定坚实的理论基础与实践框架。

2. 预见性判断

预见性判断是校长规划发展力中不可或缺的一环。它要求校长具备高度的敏感性和判断力,能够准确预见未来教育领域可能面临的风险、挑战以及潜在的发展机遇。这种能力不仅源自丰富的教育管理经验和深厚的专业知识,更需校长保持开放的学习态度，不断吸收新知，提升个人预见能力。通过预见性洞察，校长能够提前布局，制订应对策略，确保学校在复杂多变的教育环境中保持稳健发展。

3. 路径设计能力

路径设计能力是校长将规划发展力从理论转化为实践的关键桥梁。它要求校长根据学校的战略目标和资源条件，设计出具体可行的发展路径和实施步骤。路径设计需充分考虑教育政策导向、市场需求变化以及竞争对手的动态，确保学校在发展过程中既能保持灵活性，又能适应外部环境的变化。通过路径设计，校长可以明确学校的发展方向和阶段性目标，为学校的稳健发展提供清晰的路径指引。

4. 执行监控能力

执行监控能力是校长确保规划发展力得以落地的关键。它要求校长具备强大的执行力和监控能力，能够确保战略规划的有效实施，并及时调整执行过程中的偏差。在执行监控过程中，校长需建立一套完善的监控机制，对学校的运行状况、教育质量、项目进度等进行实时跟踪和评估。通过执行监控，校长可以及时发现和解决潜在问题，确保战略规划能够按照预定目标顺利推进。

5. 资源配置能力

资源配置能力是校长规划发展力得以实施的关键所在。它要求校长能够高效整合学校内外部资源，包括人力资源、物质资源、资金资源等，以实现资源的最大化利用和效益的最优化。在资源分配过程中，校长需综合考虑学校的战略定位、教育目标以及师生需求，制订合理的资源配置方案。同时，校长还需注重资源的可持续性和创新性，通过不断调整和优化资源配置，推动学校的持续发展。

6. 持续创新力

持续创新能力是校长规划发展力的重要支撑。它要求校长具备高度的创新意识和创新能力，能够不断探索新的教育理念、教学方法和教育技术，以推动学校的持续进步和长远发展。持续创新不仅体现在对新技术的引入和应用上，更包括对学校内部管理制度、教育文化等方面的创新。通过持续创新，校长可以激发学校的内在活力，提升学校的竞争力和影响力，为学校的长远发展注入源源不断的动力。

（二）规划发展力的主要特征

规划发展力，作为校长引领学校持续进步与长远发展的核心动能，具有以下几个主要特征，深刻影响着学校的战略走向与实践操作：

1. 全局性与系统性

校长的规划发展力先体现在其全局性与系统性上。这不仅要求校长能够全面审视学校的内外部环境，精准把握教育资源与条件，还需运用系统论的方法论，将各要素纳入整体考量，制订出既符合教育规律又贴合学校实际的长远发展战略。在资源配置、路径设计、执行监控及持续创新等各个环节，这种全局性与系统性思维均发挥着至关重要的作用。

2. 前瞻性与预见性

在教育行业的快速变革中，校长的规划发展力还需具备前瞻性与预见性。这意味着校长须具备敏锐的洞察力，能够准确预见教育趋势的变化，提前识别潜在的风险与挑战，以及把握新兴的发展机遇。通过预见性判断，校长可以提前布局，制订应对策略，确保学校在复杂多变的教育环境中保持稳健前行的态势。

3. 灵活性与适应性

面对教育领域的不确定性，校长的规划发展力还需展现出高度的灵活性与适应性。这要求校长能够根据实际情况，及时调整战略规划及其实施路径，确保学校在面对外部挑战时能够迅速响应，有效应对。这种灵活应变与适应调整的能力，不仅关乎学校的生存与发展，更是学校在激烈的市场竞争中保持领先地位的关键。

4. 持续性与创新性

校长的规划发展力还强调持续的创新意识与创新能力。在教育行业日新月异的背景下，校长需不断探索新的教育理念、教学方法和教学手段，以推动学校的持续进步与长远发展。这种持续性与创新性不仅体现在教学内容与方法的革新上，更关乎学校管理制度与文化的创新，为学校的持续发展注入源源不断的活力。

5. 协同性与整合性

校长的规划发展力还需体现在资源整合与协同效能上。这要求校长能够高效整合学校内外部资源，实现资源的优化配置与高效利用。通过跨部门的协同合作，以及与社会各界的广泛联系，校长可以激发学校的内在潜力，提升学校的整体效能，为学校的长远发展奠定坚实的基础。

三、校长规划发展力与学校发展性评估的内在关联

自2009年起，上城区在教育领域迈出了创新步伐，率先启动了初中三年发展规划的试点项目。历经十四载的深耕细作，截

至 2022 年，这一发展模式已全面辐射至区内各类性质、各学段的学校，实现了分类发展性评估的广泛覆盖。在此期间，上城区逐步构建起一套以素质教育为核心导向的学校办学质量评价体系：上城区公办学校（含相关教育机构）采纳了一套以四年为周期的发展规划评估机制。首个学年聚焦于规划的精心制订，确保战略蓝图既高瞻远瞩又贴近实际；随后的第二、第三学年，则侧重于对规划中确立的重点发展项目的实施成效进行深入评估，确保每一步都坚实有力；至第四学年，则进行全面的终结性评估，总结过往，展望未来。

校长作为学校发展的领航者，其规划发展力直接影响学校的教育质量和长远发展。与此同时，区域对学校进行的发展性评估，不仅是对学校现状的审视，更是对校长规划发展力的一种检验和催化。

（一）发展性评估是提升规划发展力的催化剂

发展性评估是一种以促进学校发展为目的，以学校发展过程为对象的评估方式。它关注学校的发展目标和潜力，注重诊断发展中的问题，寻求学校发展的关键因素，从而发现和判断教育价值、得到教育增值的过程。对于校长而言，发展性评估不仅是对学校工作的一种审视，更是提升规划发展力的风向标和催化剂。

1. 精确定位与战略导向

发展性评估通过对学校发展、育人模式、学生发展、教师成长、校长领导力等多个核心领域的系统审视，为校长勾勒出了一幅详尽的学校发展全景图。这一过程不仅揭示了学校在特定维度上的优势与特色，更重要的是，它指出了学校在整体发展框架中的位置与潜在的增长空间。这种精确定位为校长在制订学校长远发展规划时提供了宝贵的战略导向，使其能够基于学校的实际情况与未来趋势，制订出既符合学校特色又顺应时代潮流的发展蓝图。

在评估过程中，督导室组织专家团队入校听取汇报、随堂听课、巡查校园、查阅资料、焦点访谈等方式全面了解学校发展规划达成情况，对发展性指标实施考核，这个考核的结果不仅是校长新一轮规划发展的起点，更是其后续决策与行动的重要依据。

2. 激发创新思维与规划动力

发展性评估不仅是对学校现状的一次全面体检，更是激发校长创新思维与规划动力的催化剂。面对评估结果中揭示的亮点与问题，校长需要深入思考如何巩固学校的优势领域，同时探索解决短板问题的创新路径。这一过程不仅促进了校长在教育教学、学校管理等方面的专业知识与技能的提升，更重要的是，它激发了校长在规划学校未来发展时的创新思维与前瞻视野。

在评估反馈的激励下，校长能够更加敏锐地捕捉教育行业的最新动态与趋势，将其融入学校发展规划之中。同时，评估结果中的挑战与机遇并存，促使校长在规划过程中不断寻求突破与创新，以应对日益复杂多变的教育环境。这种创新思维与规划动力的结合，为学校的发展注入了新的活力与动力。

3. 强化科学决策与高效执行

发展性评估强调数据驱动与证据支持，为校长提供了科学决策的重要依据。基于评估结果的规划制订过程，实际上是统筹了学校发展的基本要素——课程、教学、教师、学生，并通过高效的管理把德育、教学、教科研等工作整合为一个有机的系统，统筹推进学校的特色发展。这一过程不仅增强了规划的科学性与可行性，也提高了校长在执行规划过程中的效率与执行力。

在科学决策的指导下，校长能够合理分配学校资源，确保每一项规划与措施都能够得到有效实施。同时，评估结果中的量化指标与质性描述相结合，为校长提供了清晰的监测与评估标准。这些标准不仅有助于校长及时跟踪规划实施的进度与效果，还为其提供了调整与优化规划的依据。这种科学决策与高效执行的结合，确保了学校发展规划的顺利实施与目标的最终实现。

（二）规划发展力与发展性评估在实践中相互验证、共同提升

在学校发展的实践场景中，规划发展力与发展性评估相互依存、相互影响。规划发展力为发展性评估提供实践基础，发展性评估为规划发展力提供反馈依据，两者通过不断验证与调整，实现共同提升。

1. 规划实施与评估反馈的良性互动

发展规划的制订与执行是校长规划发展力的核心体现，基于发展性评估制订的学校三年发展规划，为学校发展指明方向，也为评估工作搭建框架。

在规划推进过程中，校长需用其敏锐洞察力与高度责任感，全面关注学校发展实际和评估反馈动态。深入教学一线了解师生需求与教学状况，密切留意外部环境变化对学校的影响，及时、精准、高效地发现问题、分析问题并解决问题，以此推动学校发展持续改进与优化，强化评估结果与规划实施的良性互动。定期的监测与评估活动是校长获取规划实施效果与问题反馈的关键途径。通过这些活动，校长能全面了解规划落实情况，发现执行偏差与不足。这些反馈信息为校长调整与优化规划提供依据，使其能动态调整规划，确保与学校发展需求契合，同时为改进学校管理与教学提供经验，有力地保障学校发展规划的科学性与有效性，推动学校高质量发展。

2. 规划成效与评估价值的双重验证

校长规划发展力在发展规划实施成效的验证中得以彰显。学校在教育质量、师资力量、学生综合素质等方面的显著提升，既是校长规划能力的直接体现，也验证了发展性评估的价值。评估结果与规划成效紧密关联，增强了校长对评估机制的信任，为其持续优化评估策略与规划方案提供了动力。

在验证规划成效时，校长需关注评估结果的长期效应与潜在影响。通过对比不同时间段的评估数据与规划成效，校长能深入剖析评估机制对学校发展的持续推动作用。这种长期视角的评估与分析，有助于校长全面了解评估机制的价值与意义，为其制订更科学、有效的评估策略与规划方案提供有力的支撑，推动校长规划发展力与发展性评估共同进步。

3. 规划调整与优化能力的持续提升

在规划实施进程中，校长的适时调整与优化能力至关重要，其不仅是校长规划发展力的核心构成，更是验证发展性评估效果的关键环节。

面对规划实施中的新问题与新挑战，校长灵活运用评估所提供的信息与建议，紧密结合学校实际情况开展针对性调整与优化。这一过程要求校长具备敏锐的洞察力与果断的决策力，以科学、合理的方式推动规划动态调整。同时，校长还要重视团队协作与信息共享机制，通过汇聚各方智慧与力量，可有效提升规划调整与优化的效率与质量，增强学校内部各部门间的沟通协作能力,为学校持续发展提供了坚实保障,推动校长规划发展力与发展性评估的共同进步。

第二节 实践:规划发展力的实践操作

一、发展性评估的架构与定位

杭州市上城区作为浙江省教育改革的先锋地区,一直致力于提升教育质量,推动教育现代化。其中,发展性评估作为教育管理和质量提升的重要手段,发挥着至关重要的作用。

(一)评估体系构建

自2009年起,上城区教育局便开始探索发展规划评估督导管理工作,并逐步形成了以引领学校三年发展规划制订及实施为主轴,自查自评和督导评价相结合、学校自主发展与督导引领发展相结合的"一轴两结合"管理模式。这一模式科学建构了多维度助力、多视角评测的"四位一体"评估指标体系,为学校发展性评估提供了坚实的理论基础和框架支撑。

在评估体系的构建过程中,上城区教育局注重将学校发展规划的制订与实施、学校自主发展与督导引领发展紧密结合。通过明确评估目标、制订评估标准、完善评估流程等措施,确保评估工作的科学性、规范性和有效性。发展性评估体系构建具体如图5-1所示。

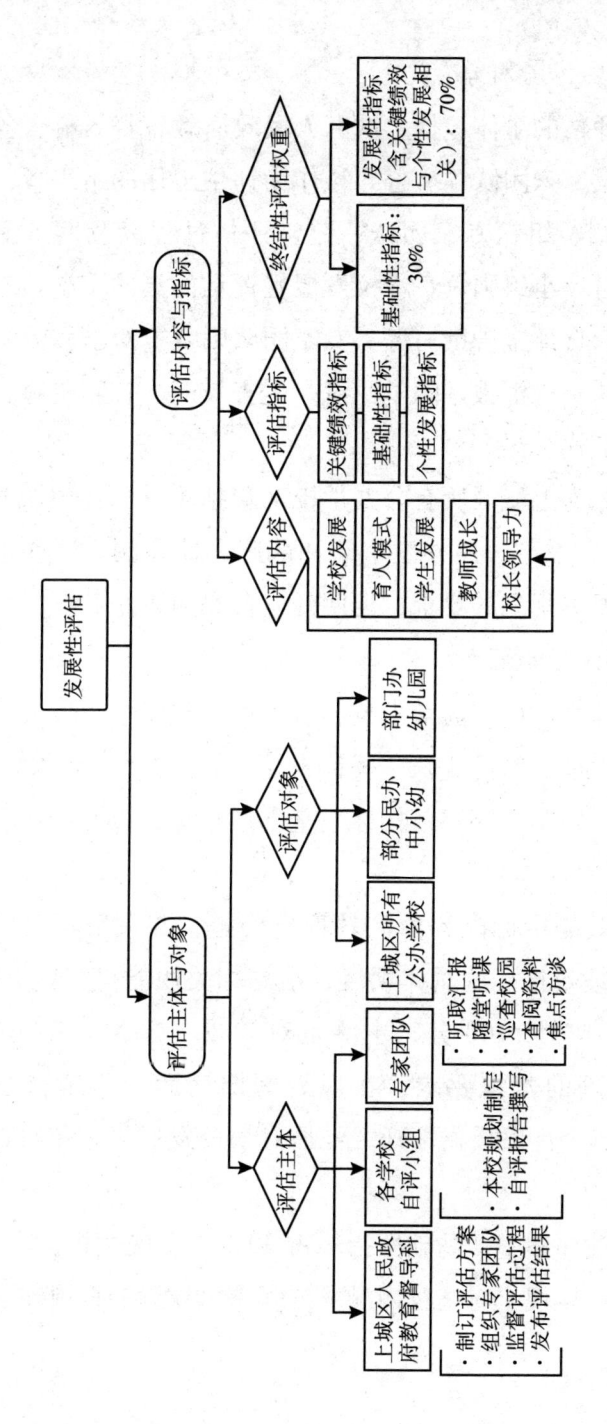

图5-1 发展性评估的体系构建

1. 评估主体与对象

发展性评估的主体包括上城区人民政府教育督导科、各学校自评小组以及专家团队等。督导科作为评估工作的组织者，负责制订评估方案、组织专家团队、监督评估过程以及发布评估结果。各学校自评小组则负责本校发展性评估的具体实施工作，包括规划制订、自评报告撰写等。专家团队则负责对学校的实地评估工作，包括听取汇报、随堂听课、巡查校园、查阅资料、焦点访谈等多种形式。

评估对象为上城区所有公办学校（包括小学、初中、九年一贯制学校等），及部分民办中小幼和部门办幼儿园。这些学校均需按照三年发展规划的要求，定期开展自评和他评工作。

2. 评估内容与指标

发展性评估的内容涵盖学校的各方面，包括学校发展、育人模式、学生发展、教师成长、校长领导力等。评估指标则根据评估内容制订，包括关键绩效指标，基础性指标，以及个性发展指标等3类。

关键绩效的指标内容由区教育局确定，并在每年9月确定本学年关键绩效指标的具体项目，由局相关职能科室负责评估。基础性指标，总计100分，主要是对学校（单位）办学规范、教育教学管理的基本要求，在规划周期最后一年考核学校近4年的情况。个性发展指标则主要是对学校发展规划制订过程的评估。

在终结性评估中，基础性指标占30%，发展性指标占70%，这一权重设置体现了对学校内涵发展和特色建设的重视。

（二）发展性评估的定位

发展性评估旨在通过深化素质教育、强化过程与发展并重、推动治理现代化以及确保评估的科学权威与持续改进，全面促进学校的持续健康发展。

1. 核心导向：素质教育深化

杭州市上城区发展性评估以深化素质教育为核心导向，引导学校关注学生全面发展，不仅注重学业成绩，更强调品德、能力、身心健康等多方面素质的培养。评估体系的设计与实施均围绕此核心目标，确保学校发展方向与素质教育要求高度契合。

2. 评估模式：过程与发展并重

评估模式强调过程性评价与发展性评价的紧密结合。通过定期自评、他评及终结性评估，全面追踪学校发展轨迹，及时识别并解决潜在问题。同时，注重学校的发展性，鼓励学校根据自身特色制订个性化发展规划，实现自主、持续进步。

3. 治理目标：现代化转型

发展性评估是推动学校治理现代化的关键举措。它促进学校从"管理"向"治理"转型，强化内部管理与外部监督，提升学校管理水平和办学质量。评估结果作为绩效考核、校长任期及教师表彰的重要依据，进一步规范并强化学校治理体系。

4. 评估特征：科学权威与持续改进

评估工作遵循科学原则，确保评估结果的客观性和准确性。由专业督学队伍和专家团队负责实施，保障评估的专业性和权威性。同时，评估强调学校的持续改进和自我完善机制，鼓励学校通过自我反思和评估，不断提升自身发展能力和水平。

二、发展性评估的运行机制

（一）评估的基本原则

构建全面、动态、科学的评价体系，结合过程与结果、任期与发展、共性与个性、多元与多样，推动教育高质量发展。

1. 过程评价与结果评价相结合

充分发挥督导评估引导、诊断、改进和激励的指挥棒作用，引导中小学校长、幼儿园园长提高政治站位，树立科学的教育观、业绩观、人才观、安全观，落实"五育"并举，促进学生德智体美劳全面发展。加强诊断性、发展性、增值性评价，激励不同条件背景、不同层次学校自主发展的积极性。

2. 任期评估与发展评价相结合

贯彻落实组织、教育等部门对中小学幼儿园校（园）长职责的规定，全面考察校（园）长履职尽责及学校规范办学情况。与学校、幼儿园制订及实施三年发展规划的全过程相结合，与专项督查、经济责任审计等工作协调和衔接，统筹使用相关数据信息，避免多头评价、重复督导增加基层负担。

3. 共性评估与个性评估相结合

既强化对校（园）长履职的统一要求，又充分考虑学校的差异，坚守依法治校、规范办学的底线，又针对不同办学性质、不同学段学校合理制订评估标准，调动校（园）长工作的积极性和主动性，激发中小学校和幼儿园的办学活力。

4. 多元评价与多样评价

采取自评与他评、线上与线下、明察与暗访、定性与定量相结合等多种方式,客观全面了解学校发展及校(园)长履职情况。注重运用信息技术手段,优化工作流程,规范实施环节,增强督导评估针对性、实效性,强化督导评估严肃性、权威性,确保督出效果。

(二)评估的周期与流程

学校三年发展规划督导评估以四学年为一个周期,由教育督导科全程把控、多方协同、强势托底。每个周期包括规划制定、规划实施、规划终结性评估三个阶段(见图5-2)。

规划制定阶段(四学年为一个周期)
- 制定依据:上级教育主管部门要求、本校实际情况
- 规划内容:涵盖学校发展、育人模式、学生发展、教师成长、校长领导力等方面
- 规划要点:明确发展目标、实施路径和达成标志

规划实施阶段
- 实施方式:按照发展规划逐步推进各项工作,并建立相应的监控制度。
- 实施过程:注重过程性评价和发展性评价。

终结性评估阶段
- 学校……开展全面自评形成发展报告
- 督导专家……通过多维证据链开展专业评估
- 共同诊断发展成效与瓶颈问题……督导科反馈建设性意见……学校针对性改进方案

教育督导科全程把控、多方协同、强势托底

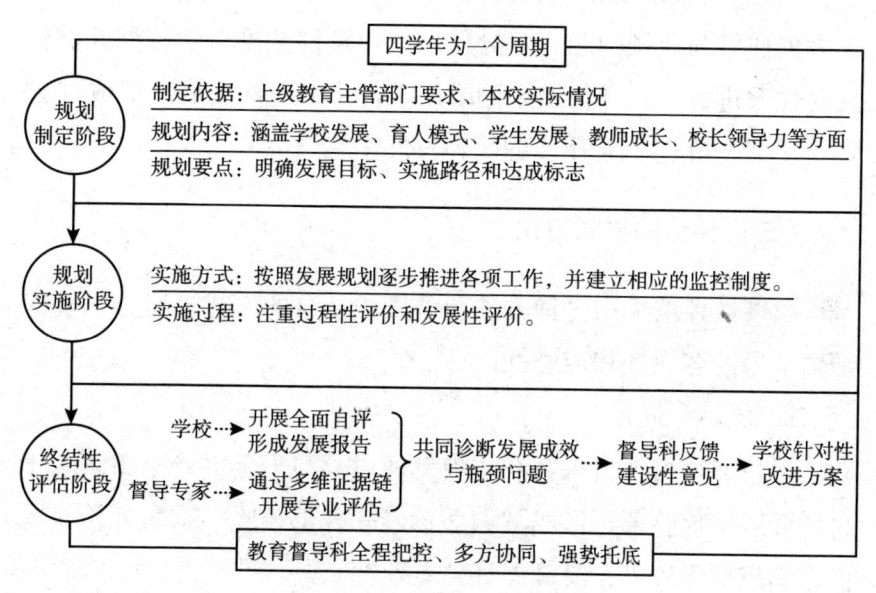

图5-2 发展性评估周期流程

1. 规划制订阶段

学校根据上级教育主管部门的要求和本校实际情况，制定三年发展规划。规划内容需涵盖学校发展、育人模式、学生发展、教师成长、校长领导力等方面，并明确发展目标、实施路径和达成标志。

2. 规划实施阶段

学校按照发展规划逐步推进各项工作，并建立相应的监控制度，确保规划目标的顺利达成。在实施过程中，学校需注重过程性评价和发展性评价，及时发现和解决问题。

3. 终结性评估阶段

学校开展全面自评形成发展报告，督导专家通过多维证据链（材料核查、校园观察、群体访谈）开展专业评估；双方共同诊断发展成效与瓶颈问题，督导科反馈建设性意见，学校据此制订针对性改进方案。评估结果同步用于优化下周期规划，形成"评估—反馈—改进—提升"的闭环发展生态。

（三）评估的方式方法

发展性评估采用多种方法和手段相结合的方式进行，以确保评估结果的客观性和准确性。

1. 自评与他评

学校通过自评报告系统梳理发展成效与不足，专家团队基于自评开展实地验证，形成"自我诊断—外部校验"双轨评价，既促进学校反思改进，又确保评估专业性。

2. 线上与线下

督导科利用线上督导评估系统，实现评估材料的电子化提交和评审，提高工作效率。同时，线下通过校园观察、听取汇报、师生访谈等多种形式，全面了解学校的发展情况。

3. 明察与暗访

明察采用定期综合督导形式，重点核查学校规范办学情况（如课程实施、安全演练）；暗访通过随机抽查突击检查敏感领域（如课业负担、食堂卫生），两者结合确保评估结果真实反映学校常态运行。

4. 定性与定量

定量指标客观衡量发展基础水平，定性分析主观评估内涵建设质量，通过数据支撑与质性描述融合，形成既有事实依据又具人文关怀的评估结论。

三、发展性评估驱动下的学校三年发展规划制定与校长规划发展力的跃升

在教育改革持续推进、教育生态不断演变的当下，学校发展需要科学引领与精准规划。发展性评估凭借其独特优势，成为驱动学校三年发展规划制定与校长规划发展力跃升的关键引擎。

（一）发展性评估引领学校三年发展规划新航向

发展性评估在学校三年发展规划的制定中起到了战略导航的关键作用。

1. 明确发展方向

发展性评估通过科学、系统的评估体系，帮助学校明确自身的发展现状和未来发展方向。学校可以依据评估结果，制定符合

自身实际的三年发展规划，确保规划的前瞻性、科学性和可操作性。

2. 优化资源配置

在发展性评估的引领下，学校更加精准地识别自身的优势和短板，从而合理调配资源，优化教育资源配置。这有助于学校将有限的资源用在刀刃上，提升教育教学的质量和效益。

3. 强化过程管理

发展性评估不仅关注结果，更重视过程。通过定期的评估与反馈，学校可以及时发现规划实施过程中的问题和不足，并采取相应的措施进行改进。这种过程管理的方式有助于确保规划的顺利实施和目标的达成。

4. 促进持续改进

发展性评估强调持续改进的理念。学校可以根据评估结果，不断调整和完善三年发展规划，确保规划始终与时代发展、教育改革和学校实际需求保持同步。这种持续改进的机制有助于学校保持活力和竞争力。

(二) 发展性评估赋能校长规划发展力的全面提升

在发展性评估的推动下，学校校长的规划发展力得到了全面提升。

1. 提升规划制订能力

校长系统学习并掌握科学的研究方法，以提升规划制定的核心能力。发展性评估为校长提供了明确的评估标准和要求，促使校长在制定规划时更加注重科学性、前瞻性和可操作性。同时，通过专家论证和同行交流等方式，校长可以借鉴他人的经验和做法，不断完善自己的规划制订能力。

2. 增强领导力与过程管控力

发展性评估强调规划的实施与落地。校长需以领导力引领团队，明方向、聚共识、激活力。同时，过程管控力尤为关键，它要求校长全程把控实施节奏，精准调配资源、灵活调整路径，及时破障解难，确保任务按时保质推进。借助评估反馈，校长可动态把控实施情况，以领导力与管控力双轮驱动，促进学校高质量发展。

3. 培养创新思维与应变能力

面对不断变化的教育环境和政策要求，校长需要具备创新思维和应变能力。发展性评估鼓励学校根据自身特色制定个性化发展规划，这有助于培养校长的创新思维。并且通过评估结果的反馈和分析，校长可以及时发现并解决规划实施过程中的问题，锻炼自己的应变能力。

4. 强化团队协作与沟通能力

发展性评估涉及多个部门和利益相关者的参与和配合。校长需要加强与团队成员、专家团队、学生家长等各方面的沟通与协作，确保评估工作的顺利进行和规划的有效实施。在这个过程中，校长的团队协作与沟通能力得到了提升。

第三节　经验：规划发展力考核的典型案例

一、区域评估引领：学校整体性发展的实践样态

区域综合督导评估体系既有面向学校与幼儿园的底线性质

的、统一、明确且有强制性的规范化要求,涉及学校办学规范、教育教学管理基本要求等;又有基于学校个体差异与个性自主的发展性指标,关联学校发展、育人模式、学生发展、教师成长和校长领导力等维度,在一定程度上为学校明确共同发展愿景、推动系统整体变革以及促进教师与学生成长提供了清晰可行的路径。

【案例5-1】

杭州市清河实验学校(以下简称学校)创办于1964年,曾三易其址,是一所历史悠久、文化底蕴深厚的学校。学校秉承"人和事真"的校训,以"承宋韵 立钱潮 求真知 创未来"为办学理念,对照《上城区中小学幼儿园校(园)长任期综合督导暨学校三年发展性督导评估》中的关键绩效指标、基础性指标和个性发展指标等要素,以目标为引领,问题为导向,坚持"守正创新"的思路,紧紧抓住三个机遇,聚焦四类问题,展开五大行动,在"变"中求"稳",在"破"中求"新",从而全力提升清河实验学校"调整发展期"的内涵发展。

1. 对标规划:凝心聚力解决关键问题,提升校长战略力

校长是学校的舵手,对标三年发展规划,找准问题,激活学校面临的"三个机遇和挑战",引领全校教师凝心聚力解决关键问题。借助座谈会、头脑风暴及SWOT分析等形式,广泛征集师生、家长与社会意见,据此制订出契合校情的《守正创新"三四五"学校三年发展规划》。针对九年一贯制办学体制的调整,在"破"中求新。基于小学部的逐年分流的政策在"变"中求稳,通过智慧众筹制订了解决问题的"五大行动",积极调整学校现代化治理体系。各部门、处室依据学校三年发展规划,

制订详尽的年度实施行动方案。方案作为规划的重要附件,明确每年的分项举措与量化达成指标。在规划实施过程中,各部门以分项指标为依据,开展年度自我检测工作,根据检测结果灵活调整策略,确保规划实施的精准性与实效性。凭借各部门的协同努力,学校顺利完成三年发展规划指标,成功解决了四大关键问题。

2. 五大行动:五育融合学生全面发展,提升校长执行力

在区域综合督导"标准化引导、多维度保障、动态化导助"下,校长整合资源、优化配置,以"五大行动"创新驱动变革。学校紧紧围绕"立德树人"根本任务,坚持"红心正方向",探索并创新具有学校特色的党团队一体化建设新路径:创新思政公民课,与青苗团学院、红领巾学院及大陈英雄中队争创等,建设富有清河特色的红色根脉体系。变革育人方式,具象"和真水宝"的毕业生画像,构建"小我—大我"的成长体系,全程贯穿,助力学生全面发展,培养具有清河特质的学生。落实育人行动,推进体育锻炼,增强美育熏陶和深化劳动教育。结合年段特点,分层分级推进体育任务清单和探索体育家庭作业,开展校园体育节,通过课内课外相结合的模式,形成体育"练·展·赛"有效机制。学校被评为"浙江省校园足球基地学校""羽毛球传统项目学校"等。学校进一步丰富学生社团活动和校园文化艺术节等,开展丰富多彩的"校园文化艺术节""红五月朗诵(歌咏)比赛""校园生日币征集"等活动,提升学生审美体验和艺术修养,获评"全国中小学优秀传统文化传承学校"。学校坚持日常劳动与专题劳动相结合,建设校内外劳动实践基地,开辟校园中草药实践基地,提升学生劳动素养。

3. 多态融合：迭代升级学校课程体系，提升校长引领力

校长作为教师队伍的"关键少数"，在区综合督导的内驱与外驱赋能、评价与激励结合下，提升课程引领力，为学校教育教学活动指明方向。学校严格落实国家课程要求，开足开齐课程，并精心优化顶层设计，打造出独具清河特色的"和真课程"体系。其中，校本课程丰富多元，涵盖大成宋韵、思政公民、生涯探索三大课程群。在思政公民课程建设上，立足时代育人需求，历经三年构建出系统的课程内容，累计开设超100节课程，助力学段衔接与贯通实践。大成宋韵课程则积极变革学习空间，以"博物致识、格物致知、研物致志"为理念，借助社团体验、行走研学开展项目化与跨学科学习。生涯探索课程围绕学生自我成长，通过"修炼心灵认识自我"等主题，满足个性需求。

教学变革方面，学校以数智处方为载体，聚焦课堂与作业环节，推行精巧备课、精实课堂、精准辅导的"三精"教学模式，形成系统流程范式。同时，迭代升级"半小时作业"至2.0版本，相关课题荣获杭州市2023年教育科研优秀成果二等奖，教学改进案例入选2022年浙江省改进教学案例，在区内颇具影响力。此外，学校还依托资源，定制多样态、多路径的跨学科X课程，包含体育、非遗文化、学科类STEAM课程等，学生对拓展性课程满意度高达98.3%，全方位促进学生成长与学校发展。

4. 同步赋能：教师多元多维生长，提升校长文化力

区综合督导激发各方深度参与，为学校个性化发展提供精准政策支撑。在其推动下，校长思维升级，从碎片、经验思维转变为系统、过程思维，文化治理能力大幅提升。针对教师平均年龄偏高情况，学校完善"五阶段五梯队多维度"培养机制，强化思

政教师队伍建设。通过清河名师培育行动，激发教师动力；打造学术委员会，搭建多元发展平台；组织"小蚂蚁"青年教师联盟活动，以"清勇杯"为载体提升青年教师素养；实施后备干部培养机制，开展跟岗指导与定期评估，促进教师多维成长。学校因在教育信息化方面的深入实践，获评"区教育信息化示范校"，2022年度浙江省教育信息化研究课题成功立项。

围绕提质强校规划，学校凸显团队协作，激活校长统筹奖。自2021年起，每年实施超20项强校项目，涉及学科教研组课程改革、年级组团队建设、德育工作、综合组特色创建等重点工作，充分调动教职工的主人翁意识。金晓蕾校长在区域分享校长统筹奖实施经验，其校园文化治理报告在省市区级培训的多次交流中获教育部和行政学院领导高度认可，助力学校持续迈向高质量发展。

5. 总结展望：锚定评估全新坐标，激活学校发展潜能

区域综合督导工作全程的深度参与、全方位的悉心指导以及全方面的客观评价，有效地促进学校以定位精准、目标明确、路径清晰的发展规划为导向，加强学校章程与配套制度建设，建立多种主体权责清晰、协商参与、相互制衡、相辅相成的治理结构。

在综合督导评估的引领下，学校锚定评估坐标，逐步形成"以党建领航为指引，实现共领共带；以五育融合为路径，实现共育共长；以课程建设为内核，实现共研共建；以赋能教师为抓手，实现共进共享"的整体行动路径（见图5-3），不仅推动学校整体发展，激活办学活力，还从专业理解与认识、专业知识与方法、专业能力与行为等多个维度提升了校长的整体规划力，为学校治理现代化筑牢根基。

```
                    01  党建领航为指引，实现共领共带

                    02  五育融合为路径，实现共育共长
  锚定评估全新坐标
  激活学校发展潜能
                    03  课程建设为内核，实现共研共建

                    04  赋能教师为抓手，实现共进共享
```

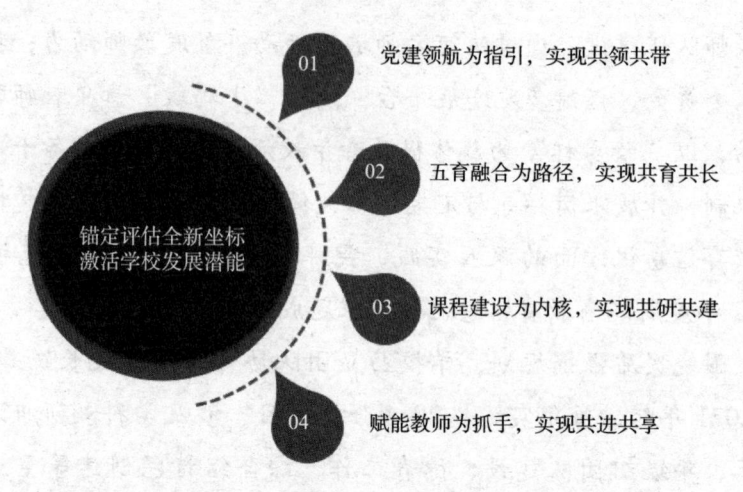

图 5-3　杭州市清河实验学校区域评估引领下的整体行动路径

二、自主发展赋能：学校个性化发展的实践智慧

在区域教育迈向高质量发展的进程中，发展性评估已然成为驱动学校变革的核心机制，对校长规划发展力提出了双重维度的严苛要求。校长不仅需以宏观视野精准把握教育改革的总体方向，紧跟政策导向与区域战略，还需以微观洞察精心构建学校特色发展的实施路径，在同质化竞争中突出重围。评估体系通过基础性指标锚定教育质量底线，以关键性指标强化战略聚焦，而个性化发展指标则成为学校突破同质化竞争、实现内涵式发展的核心突破口。这一指标体系要求校长不仅要具备将区域教育规划转化为学校发展蓝图的战略解码能力，更需拥有在差异化竞争中培育学校核心竞争力的特色凝练智慧。

【案例 5-2】

杭州市凤凰小学，坐落于杭州市上城区，其前身是具有百年历史的杭州师范大学第一附属小学。2017年8月，学校正式独立成校，成为教育集团中的独立法人单位。如今，学校拥有秋涛（低段）和钱江（中高段）两个校区，共38个班级，1 651名学生。在教育改革不断深入和区域教育竞争日益激烈的背景下，杭州市凤凰小学面临着前所未有的挑战与机遇。为应对挑战、抓住机遇，在校长的引领与指导下，学校制订了一份具有前瞻性和可操作性的三年发展规划，通过强化学校特色发展策略，有效提升整体竞争力，开创教育新篇章。

1. 个性化指标锚定：SWOT赋能战略动态校准

精准校情诊断，锚定办学使命。杭州市凤凰小学独立建校初期，面临着"教师老龄化、课程碎片化"的双重困境。教师平均年龄43岁，其中40岁以上50人，占56.2%，教龄20年以上达43人，占比50%，职业倦怠与创新能力的不足，严重制约着学校的发展活力；学科间缺乏整合，校本课程开发滞后，使学校在教育教学上难以形成特色。校长带领团队通过SWOT分析，敏锐捕捉到区域"智慧校园建设"政策机遇与学校"百年文化底蕴"优势的契合点，确立了"培养具有国际视野、国学根基的新时代健康多彩金凤凰"的办学使命。这一使命的确定，并非凭空臆想，而是基于对校情的深刻洞察和对区域政策的精准把握，为学校的发展指明了清晰的方向。

政策校情相融，展现领导能力。校长展现出卓越的政策转化力，将上城区"教育共富"战略转化为凤凰行动。通过工作室资源共享、教学同步联动、师资协同培养等机制，推动优质教育资源向薄弱地区精准辐射，实现了区域教育资源的优化配置。同时，针对"双减"政策，通过"作业博物馆"项目将其具象化为可操作的作业分层设计标准，体现了对政策与校情的深度融合能力。这种能力使学校在落实政策的过程中，既符合政策要求，又能结合校情实际，确保政策的落地生根。

系统化解决问题，彰显战略智慧。针对教师年龄结构问题，校长未简单以"引进新人"应对，而是通过"凤凰家传宝""书院讲会"等项目，将"教师高原期职业倦怠"转化为"经验传承与创新激励"双重目标。这一举措解决了教师老龄化带来的问题，充分发挥了老教师的经验优势，激发了他们的创新活力，展现了校长对复杂问题的系统化解决思维。这种战略定位的动态校准，既依托政策导向，又立足校情实际，为学校发展奠定了坚实的基础。

2. 过程性评估驱动：数据迭代构建精细化治理

量化指标动态调整，实现平台全覆盖。在推进"梧桐云"平台时，学校初期因部分教师操作困难导致推进缓慢。校长团队引入"项目化评估"机制，通过"教师使用频率""家长反馈满意度"等量化指标，动态调整培训策略。根据评估结果，针对教师操作不熟练的问题，开展针对性的培训课程，提供详细的使用指南和技术支持；针对家长反馈的意见，及时优化平台功能和界面设计。最终实现平台覆盖率100%，体现了校长对评估结果的快速响应与资源整合能力。

跨学科协作评估，推动课程开发。通过"四单式作业设计"项目评估，发现教师跨学科协作不足，遂调整资源配置，组建跨学科教研组，开展"跨学科主题周"。在"跨学科主题周"中，各个学科教师联合开发相关课程，如将语文、历史、美术等学科融合，开展"传统文化之旅"主题课程。学生们通过阅读历史文献、欣赏艺术作品、进行实地考察等方式，深入了解传统文化，培养综合素养和创新能力。这一举措体现了校长对评估结果的深度挖掘和有效利用，推动了学校课程的创新发展。

以评估为纽带，构建教育生态。校长以"校长享餐会"为契机，了解家长对"午餐营养搭配"的反馈，延伸出"凤凰大健康"建设指标，将后勤管理纳入教育生态，打破传统教育中后勤管理与教学管理相互独立的局面，实现学校各项工作的有机融合。同时，通过"凤凰大健康"建设，关注学生的身心健康，为学生的全面发展提供了有力保障，展现了校长以评估为纽带，将碎片化需求转化为系统性改革的领导力。

3. 动态优化路径：反思性实践推动治理理念升级

精准诊断学业问题，优化作业设计。在老师们因阶段性"学业质量波动"而焦虑时，在校长的引领下通过开展"学业质量分析会"，明确"作业分层标准模糊"是主因，于是展开"优化作业设计"主题培训，引入"弹性作业时长"指标，使学业成绩控制在区第一梯队。同时，通过优化作业设计，减轻了学生的学业负担，提高了学生的学习效率和学习兴趣。

文化融合，推动国际理解教育创新。在规划"国际理解周"时，校长主动担当起东西方文化融合的推动者，以"足球友谊赛＋蹴鞠探秘"模式创新"国际理解周"活动。足球友谊赛上，不同性格、不同成长背景的学生们一同在绿茵场奔跑，体验足球激情，感受多元思维碰撞。蹴鞠制作时，大家分工协作，交流想法。在制作过程中，通过资料与讲解，了解蹴鞠文化。此活动以足球和蹴鞠为纽带，打破学生对东西方文化理解上的隔阂，培养跨文化交流能力与国际视野。

总结研修模式，构建凤凰样本。从"混融式研修"实施中教师"教研成果转化率低"的问题出发，校长总结出"问题导向+任务驱动"的研修模式，深化学习教师专业成长"三阶路径"理论，构建凤凰小学不同阶段老师的师训样本，为教师的专业成长提供清晰的路径和方法，促进教师的专业发展。这也彰显了校长从理论到实践的卓越转化能力，通过紧密结合学校实际情况，将先进的教育理论进行校本化改造，构建出贴合本校特色的实践路径，为学校的长远发展筑牢实践根基。

4. 多方联动保障：协同构建可持续发展教育生态

校社博协同合作，达成多方共赢。学校与市青少年活动中心达成合作，充分发挥双方资源优势，共同开展"活力凤凰"特色课程。活动中心的专业教师团队为课程提供了丰富的教学内容和先进的教学方法，学校则提供了良好的教学环境和优质的学生资源。通过双方的共同努力，"活力凤凰"特色课程取得了显著成效，学生们在课程中不仅学到了知识和技能，还培养体育精神和实践能力。与德寿宫的签约共建，是学校文化教育的重要举措。学校与德寿宫建立了长期稳定的合作关系，共同开展历史文化教育活动。德寿宫作为重要的历史文化遗址，为学校提供了丰富的文化教育资源，学校组织学生参观德寿宫，开展历史文化主题教育活动，让学生们亲身感受历史的魅力，增强文化自信。与周边社区共同打造的"15分钟共育圈"，是学校教育与社会实践相结合的有效尝试。学校与社区共同开拓了一系列研学基地，为学生提供了多样化的实践机会，学生可以参与社区志愿服务活动，了解社会、服务社会。在此过程中，校长展现出强大的生态构建力，她积极协调各方资源，推动校社博合作的深入开展，形成了一个相互促进、共同发展的教育生态系统。

激励与评估结合，形成良性循环。将"校长统筹奖"与"全员畅写"项目结合，既激励教师参与学术写作，又通过"论文质量评估"反向推动教师反思教学实践，形成"评估—激励—改进"的良性循环。教师们在参与学术写作的过程中，不断反思自己的教学实践，总结经验教训，提高教学质量。同时，学校通过论文质量评估，为教师提供反馈和建议，促进教师的专业成长。

输出评估经验，撬动品牌升级。学校将"学术写作成果""教育共富案例"等内部评估经验转化为区域示范资源，体现校长以评估为杠杆，撬动学校品牌升级的战略视野。这些成果不仅展示了学校的发展成就和特色，还为其他学校提供了借鉴和参考，提升了学校在区域教育中的影响力和知名度。

5. 校长能力跃迁：评估—反馈—改进闭环中的隐性生长

从"执行者"到"架构师"：规划发展力的跃迁。为畅通师生沟通渠道，学校搭建了"梧桐树洞""梧桐信箱""校长享餐会"等多项沟通反馈机制。这些匿名的看似零散的信息，其实是校长眼中构建学校发展蓝图的重要拼图，校长不仅是在解决问题，更是对这些反馈进行系统评估，深入分析问题背后的根源，挖掘学校发展的潜在需求。

从"经验型"到"研究型"：决策科学性的跃迁。每一次的反馈都是一次研究的机会，校长不再仅仅依靠过去的经验来判断问题，而是运用科学的研究方法对反馈信息进行分析。这种基于研究的数据驱动决策方式，使校长的决策更加科学、合理，能够有效降低决策风险，提高决策的成功率。校长从经验型决策者转变为研究型决策者，为学校的发展提供了更加精准的指引。

从"封闭管理"到"生态共建"：管理格局的跃迁。通过"梧桐树洞""梧桐信箱"等反馈机制，校长不仅关注到师生的需求，还能倾听家长、社区等外部利益相关者的声音。在生态共建的理念下，校长打破学校与外界的壁垒，营造一个开放、包容、协同发展的教育生态。学校不再是孤立的存在，而是成为社会教育网络中的一个重要节点，与各方相互促进、共同成长。这种管理格局的跃迁，为学校的发展注入了新的活力，使学校能够在更广阔的舞台上展现自己的价值。

杭州市凤凰小学的实践表明，发展性评估不仅是工具，更是校长规划发展力的"催化剂"。校长通过将评估融入战略制订、实施、优化全流程，实现了自身能力的全面跃迁，为区域教育高质量发展提供了可复制的"凤凰样本"。这种以评估为驱动的发展模式，不仅推动了学校的持续进步，更为教育管理者的专业成长提供了有益启示。

三、关键指标锚定：学校竞争力提升的实践探索

在教育治理现代化进程中，关键指标锚定是提升校长规划力的核心抓手。通过聚焦办学核心领域构建量化与质性结合的评价框架，关键指标不仅为学校发展提供科学化指引，更将抽象教育目标转化为可观测、可改进的行动路径。其本质在于以数据驱动取代经验判断，通过"问题诊断—策略优化—成效评估"的闭环机制，推动校长从被动应对转向主动引领，在资源配置、课程改革、家校协同等维度实现系统性突破。这种基于关键指标的治理

模式，既能强化校长的战略思维与执行能力，又能通过动态反馈机制形成持续改进的生态，最终实现学校从规范化管理向高质量发展的跨越。

【案例5-3】

杭州市钱江外国语实验学校附属幼儿园（以下简称"钱外幼"）作为上城区"跨学段校"集团化办园的新兴幼儿园，面临保教实践与文化理念融合不足、家园共育协同促推、师资队伍结构性矛盾等挑战。幼儿园以《上城区学校三年发展性督导评估》指标为纲，锚定"教师专业发展""保教质量提升""家长满意度"三大关键指标，构建多维治理框架，为校长规划力的提升提供了生动实践案例。

1. 分层培养优化师资：从经验管理到数据驱动

针对督导指标中"课题参与率""科研成果转化"等量化要求，园长构建"潜心教师团队"分层培养体系："潜力"教师通过"1+1+1"计划夯实基础能力；"潜思"教师领办区级课题，与高校合作开展"托幼一体化课程实践研究"，推动科研成果转化为保教工具；"潜颖"教师主导跨园教研，形成"骨干引领—全员参与"的教研生态。同时，督导"队伍优化"指标倒逼幼儿园创新编外教师融入机制，开放管理岗位竞聘资格，完善荣誉评选体系，多名编外教师获评区级荣誉。这一举措不仅提升了师资稳定性，更通过数据化指标引导校长从粗放式经验管理转向精细化人才规划，凸显了指标锚定对校长资源配置能力的赋能。

2. 课程重构彰显特色：从标准执行到品牌塑造

围绕督导"保教质量提升"核心指标，园长重新审视并重塑保教生态，以"自由游戏活动和户外活动占比提升""课程实施方案修订"为行动纲领，重构《水润课程实施方案》，形成"基础课程+特色课程+衔接课程"三级框架。通过融入"运河文化""水元素"等地域特色，一活动中增加"亲亲自然"板块，游戏化和户外率占比显著提升；同时，督导"课程规范性"要求推动建立"DOT动态观察法"与双线质量监控机制，确保课程实施与"水润童心"文化理念深度契合。此外，幼儿园依托"上城区首批托幼一体化幼儿园示范点""上城区托幼一体化河畔研训基地"赋能，以本部为中心的研训基地辐射上城区其他街道，形成具有地域辨识度的托幼衔接品牌，差异化竞争力全面增强。这一实践表明，关键指标不仅为课程改革提供标准化依据，更通过量化监测推动校长在品牌建设中兼顾文化传承与创新，强化其战略定位能力。

3. 三级沟通激活共育：从被动反馈到主动共建

综合督导"家长满意度"指标明确要求保证办好人民满意的教育，在此基础上，"动态监测家长诉求""构建透明化沟通机制"应运而生。园长盘活家长资源库，明确家长需求，创新"周—月—期"三级家园沟通体系：每周常通过班级群即时反馈学生动态；每月通过家委会汇总家长建议并专项回应；每学期举办"潮爸潮妈评比活动"，吸纳家长参与课程开发。同时，督导"家校社协同育人"框架下，幼儿园建立"潮爸潮妈资源库"，邀请家长进校园开展职业启蒙活动，推动家长角色从"服务对象"升级为"教育伙伴"。这一转变不仅使家长满意度大幅提升，更通过指标量化引导校长构建双向赋能的共育生态，凸显其在协同治理中的规划统筹能力。

4. 制度创新筑牢根基：从短期应对到长效治理

长效治理关键在于制度创新，通过制度性保障提升组织韧性与发展可持续性。园长对标督导指标框架，结合"编外教师稳定性"与"课程实施一致性"等要求，园长构建"赋权—认可—协同"编外教师融入机制，通过开放教研决策权、完善荣誉体系增强其归属感；同时，建立"科研—实践"转化制度，将课题成果固化为《课程案例资源包》，实现教研与保教无缝衔接。督导"动态监测"功能还推动"每周一案例、每月一研讨"机制落地，确保问题及时发现、策略持续优化。这些制度设计表明，关键指标通过刚性约束与柔性激励相结合，促使校长超越短期问题应对，转向长效机制构建，全面提升组织的抗风险能力与发展可持续性。

5. 资源整合强化联动：从单体发力到协同共育

综合督导的关键指标要求幼儿园突破单一主体局限，注重资源整合效能，通过校地合作、园社融通等渠道激活内外部资源，构建开放协同的动态治理生态。在"校地合作"路径指引下，园长积极开放园所，打造浙江师范大学儿童发展与教育学院（特殊教育学院）实践基地，与浙江师范大学共建研究内容，引入高校专家指导科研转化。此外，"资源整合"促使幼儿园联合社区开发实践活动，打造"展览进社区"特色共育形式，联动社区开发丰富的资源协同方式，将地域文化资源转化为教育场景。"多维度保障机制"还不断推动"潮爸潮妈资源库"建设，最终形成"高校赋能理论、家长补充实践、社区拓展场景"的协同格局，显著提升园所资源整合力与治理效能。

钱外幼的实践印证，关键指标锚定能够系统性提升校长的规划力：其一，强化战略聚焦能力督导指标通过量化权重明确办学优先级，帮助校长跳出盲目追求"特色课程"等误区，集中资源攻坚核心领域。例如，钱外幼以"保教质量提升"指标为纲，精准投入课程重构与资源整合，快速形成差异化竞争力。其二，推动决策科学化。指标的数据化特征倒逼校长从"经验驱动"转向"证据驱动"。无论是师资分层培养还是家园共育机制，均以督导数据为诊断依据，确保策略精准匹配真实需求。其三，构建协同治理生态。关键指标通过多主体参与机制的设计，推动校长打破单一主体局限，整合内外部资源形成治理合力。钱外幼"校地合作""园社融通"等举措，正是这一价值的生动体现。

未来，随着教育治理体系的深化，校长关键指标锚定可进一步强化动态适应性：既要通过定期修订指标回应教育政策变迁，也要借助人工智能等技术提升数据采集与分析效能，最终形成"指标引领—能力迭代—质量跃迁"的良性循环。如此，校长规划力才能在教育改革浪潮中持续进化，为学校高质量发展提供不竭动力。

第六章

调查：指向提升调适整合力的综合督导

积极践行调适整合力的综合督导，对于深化学校管理创新、推动学校教育质量全面提升，以及实现教育治理现代化具有关键作用。上城教育工作者始终在调适整合力实践探索中走在前列，在目标设定、内容设计、实施步骤、数据分析、反馈机制及技术支持等多个维度开展了一系列创新尝试，致力于推动学校管理体系的优化，引领教育治理模式的革新。本章将阐述上城教育历经多年，持续优化完善，系统规划调适整合力调查的全链条流程，多维度深入剖析学校治理的实际情况，从被动应对走向主动引领，从聚焦点滴走向全面优化，从个体发展走向经验共享，推动学校治理能力的全面提升。

第一节 解读：调适整合力的内涵

在教育变革中，调适整合力是提升学校治理能力的关键。校长通过精准调适与高效整合，深化对整合力内涵的理解，推动学校治理现代化。整合力不仅关乎资源优化配置，其价值更在于激发学校内在活力，促进教师专业成长与学生全面发展。综上，整合力成为驱动学校迈向高质量发展的重要抓手。

一、调适整合力的内涵及价值

调适整合力，作为校长现代治理能力中的核心要素，不仅融合了教育学、心理学、管理学等多学科智慧，更是学校高效运作、持续发展的关键驱动力。它要求校长具备从复杂问题中抽丝剥茧的洞察力，以及整合资源、团队协作、系统分析并解决问题的综合能力。

（一）调适整合力的概念解析

调适整合力作为一种综合能力，在校长现代治理能力中扮演着重要角色。其核心在于通过科学的方法和工具开展调查，快速确定学校问题根源，进而提出有效策略方案，协调整合部门、关系、资源等以解决问题、促进学校发展。要明晰调适整合力的概念，可围绕其构成要素、影响因素等方面展开。

调适整合力的构成要素可以从问题识别能力、分析与解决能力、团队协作能力和资源整合能力四个方面进行分析（见图6-1）。

第六章　调查：指向提升调适整合力的综合督导

问题识别能力——
快速定位问题根源

分析解决能力
系统化分析问题、提出解决方案

调试整合力

团队协作能力
沟通协作、冲突解决

资源整合能力
有效整合利用内外部资源

图6-1　调适整合力构成要素

第一，问题识别能力是指学校领导者快速准确地定位问题根源的能力，需要个体具备丰富的经验和敏锐的洞察力，能够从复杂的现象中抽丝剥茧，找到问题的关键所在。第二，分析与解决能力是调适整合力的核心要素之一，要求学校领导者及团队能够系统化地分析问题，并提出有效的解决方案。第三，团队协作能力是调适整合力的重要组成部分，在复杂系统的调适整合过程中，学校团队协作是必不可少的。高效的团队协作能够显著提升问题解决的效率和质量。团队协作能力包括沟通能力、冲突解决能力等。第四，资源整合能力是调适整合力的另一个关键要素，涉及对人力资源、信息资源等的有效整合和利用，学校各项活动往往需要通过整合内外部资源，确保其顺利推进。总之，调适整合力是一种综合性能力。它不仅涉及领导者的管理能力、协调沟通能力，还包括了决策、创新思维等多方面。

调适整合力的影响因素主要包括个体因素、团队因素和环境因素。个体因素即个体的知识水平、经验积累和心理素质等。个体的知识水平和经验积累直接影响问题识别能力及后续的决策行动。团队因素包括学校团队的结构、文化和协作方式等。高效的团队协作能够显著提升调适整合力。学校各部门成员之间的信任度和默契度能够促进信息的快速传递和问题的及时解决。学校文化的开放性和包容性也能够激发校内成员的创新思维,从而提升调适整合力。而环境因素则包括工作环境、组织文化和外界资源支持等,良好的工作环境和充足的资源支持能够为调适整合力提供有力保障。

调适整合力的多维模型可从管理维度、创新维度和沟通维度等方面进行构建(见图6-2)。

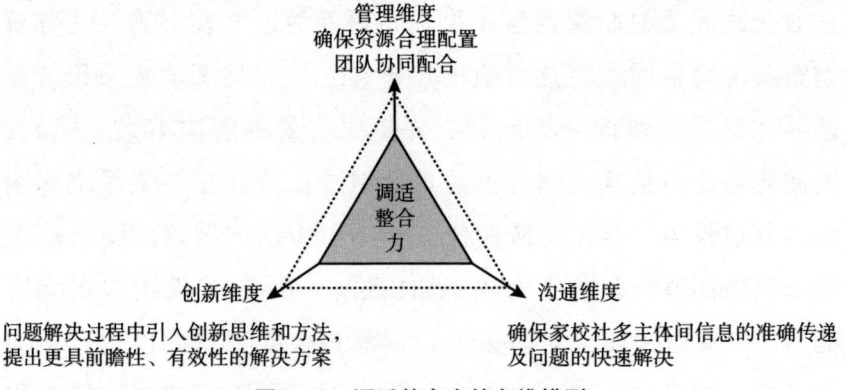

图6-2 调适整合力的多维模型

管理维度涉及资源整合、团队协作和项目管理等方面。高效的管理能够确保资源的合理配置和团队的协同工作,从而提升调适整合力。创新维度强调在问题解决过程中引入创新思维和方法。通过创新,能够提出更具有前瞻性和有效性的解决方案。沟通维度是指能够有效地与学校教师、学生家长及外界社会进行沟通和协作。良好的沟通能够确保家校社多主体之间信息的准确传递和问题的快速解决。

概言之，调适整合力作为一种综合能力，在学校发展过程中有重要的实践意义。可以说，学校治理能力正是在发现问题、分析问题、解决问题这样的过程中不断完善优化，调适整合力有助于推进一所学校的高质量发展。

（二）调适整合力的价值定位

学校是一个复杂的有机整体。在新时代教育改革背景下，调适整合力作为校长现代治理能力的重要抓手，正在成为推动学校教育高质量发展的主要动能。调适整合力并非简单的资源叠加，而是通过系统性思维和创造性实践，实现教育要素的优化配置与协同发展。这种能力体现在学校领导者对内外资源的识别、整合与创新应用上，是教育系统应对变革、实现突破的重点所在。调适整合力的价值意义具体有以下三个方面。

从学校角度而言，调适整合力体现为对校内外各要素的优化配置和协同整合，推动学校的整体发展。在校内层面，学校可以通过调适整合学校教学、德育、后勤等各部门资源，形成高效管理体系，提升学校管理效能，为学校发展提供有力支撑。在校外层面，诸多优秀学校都与校外企业、场馆建立合作关系，将社会资源转化为育人资源，通过当地文化资源整合和创新实践，打造独具特色的教育品牌，促进学校特色发展，提升学校教育品质。此外，调适整合力还可以用于整合数字资源，推动学校的现代化发展。总而言之，学校作为教育实践的主阵地，其发展水平直接影响着教育质量，通过整合校内外各资源，学校能够构建起更加开放、多元的教育生态系统。

从教师角度而言，调适整合力驱动教师的专业成长。详言之，调适整合力为教师专业成长提供了新的思路和方法。校内教研活动中，教师通过整合不同学科、不同年级的教学资源，开展跨学科教研，促进了教学理念和方法的创新。而区域跨校教研、在线学习共同体等活动汇集了区域内优质资源，为教师更新知识结构、开拓发展空间提供机会，获得更广阔的专业发展空间，有效提升其专业素养。

从学生角度而言，调适整合力促进学生全面发展。学校将学科知识、实践活动、社会资源等进行有机整合，构建起全方位的育人体系，进而为学生提供更加丰富多样、个性化的学习体验，为学生核心素养的培养提供了新的可能。

一言以蔽之，通过提升调适整合力，学校能够实现资源的优化配置和创新发展，教师能够获得更广阔的专业成长空间，学生能够得到更加全面而有个性的发展。未来，随着教育的深入发展，调适整合力将在教育领域发挥更加重要的作用。这也要求教育工作者需要不断提升自身的调适整合能力，以更加开放的视野和创新的思维，推动教育系统的整体优化和持续发展。

二、调查的内涵与目的

调查如同一座桥梁，连接着理论与实践，指引着教育者在理解现状的基础上，探索教育调适整合力的内在机制与提升教育治理效能的新路径。通过调查，我们能够更好地激发学校内在潜能，见证并推广教育变革的成功案例，共同推动教育事业的蓬勃发展。

（一）调查的概念解析

调查作为一种系统性的研究方法，广泛应用于社会科学、市场研究、公共政策等领域。它旨在通过收集、分析和解释数据，帮助研究者了解现象、验证假设或解决问题。具体而言，调查指的是人们通过合理的工具系统性地收集数据，为分析问题提供依据的研究方法。它通常以问卷、访谈提纲或观察表等为工具，对特定群体进行数据采集。调查的核心特征主要有以下几点：一是系统性，即调查是严格按照预定的计划和步骤进行的；二是目标导向性，即调查有明确的目标导向，旨在解决特定的研究问题；三是数据驱动性，即调查通常依赖定量或定性数据进行分析。

根据调查的目的和实施方式，调查分类有以下两种：一是横截面调查和纵向调查。横截面调查是在某一时间段内对样本进行数据收集，常用于描述某一特定时间段的现象。而纵向调查则是在不同时间点对同一群体进行多次反复的数据收集，主要观察其变化趋势。二是定量调查和定性调查。定量调查即收集量化数据并对其并进行分析，发放问卷就是常见的定量调查。定量调查优点在于可以帮助研究者在较短时间内获得大量数据信息，较为节省人力、物力、财力；缺点则是难以获取到较为深入的信息，容易忽略问题的背景和复杂性。而定性调查则是通过访谈、录像等方式展开，它可以帮助研究者深入了解研究对象的真实想法进而分析现象问题，缺点则是结果难以量化且难以开展大范围的调查，较为耗费时间精力。

（二）调查的目的意义

调查不仅是科学研究的基础工具，也是政策制定、问题诊断分析的重要手段，核心目的即通过系统性的数据收集和分析，了解现象、解决问题或验证假设。调查在教育领域中应用广泛，涵盖了从学生学习情况到教师教学效果、从课程设计到教育政策评估等各个方面，在教育领域中有重要的价值意义。就实践层面而言，调查为教育决策的制订调整提供了科学依据，为学校整体办学能力的提升提供动力，还为教师的专业成长提供方向。

聚焦于综合督导领域，调查对于学校的发展和管理更是至关重要。进行调查的首要目的在于全面、深入地了解学校的整体运营状况，为学校的持续改进和发展提供科学依据。第一，通过调查进行综合督导，我们可以全面了解学校的教学质量、师资力量、学生发展、校园文化以及管理效能等多个方面，有助于我们准确把握学校的现状，为后续的决策提供依据。第二，调查过程中，我们能够深入剖析学校在教育教学、管理运营等方面存在的问题和不足。这些问题可能涉及课程设置、教学方法、师生关系、家校合作等多个层面。通过发现这些问题，可以为学校提供针对性的改进建议。第三，在了解现状和问题的基础上，可以结合学校的实际情况和发展需求，制订更加科学、合理的发展规划。这些规划将指导学校在未来的发展中保持正确的方向，实现持续进步。综合督导的调查旨在通过全面评估学校现状、发现问题以及规划未来，为学校的持续改进和发展提供有力的支持。

而就价值而言，调查的意义在于提升学校的教育教学质量，加强学校的规范化管理，以及促进学生的全面发展。第一，通过调查，我们可以发现学校在教学过程中存在的问题，如教学方法单一、教学内容陈旧等。针对这些问题，我们可以采取针对性的措施加以改进，从而提升教师的教学水平和学生的学习效果。这将有助于学校整体教育教学质量的提升。第二，调查过程中，我们能够发现学校在管理方面存在的问题，如制度不健全、流程不规范等。通过加强规范化管理，我们可以确保学校的各项工作能够高效、有序地进行，从而提高学校的整体运营效率和管理水平。第三，综合督导中的调查不仅关注学校的教学和管理情况，还关注学生的全面发展，了解学生在学习、生活、心理等方面的需求和发展状况，为他们提供更加个性化、全面的教育服务。这将有助于促进学生的全面发展，培养他们的综合素质和创新能力。简言之，通过调查进行综合督导对提升学校的教育教学质量、加强规范化管理以及促进学生的全面发展具有重要意义，将有助于学校在未来的发展中保持领先地位，为学生的成长提供更加优质的教育环境。

三、调查与调适整合力的内在逻辑

在教育治理的过程中，调查与调适整合力的协同是驱动学校发展的关键之一。调查为调适整合力提供精准信息，引领资源策略对接；而调适整合力则深化调查结果，通过策略调整优化治理。两者相辅相成，共绘教育治理的新篇章。

（一）调查：调适整合力的基础与导向

调查作为调适整合力的基础，为其提供了必要的信息数据支持。学校在解决复杂问题时，需要先通过调查收集和分析信息。这些信息具体包括了问题发生的背景情况、现状、影响因素等。通过系统化的调查，学校才能够全面了解问题的各个方面，进而为调适整合提供准确全面的数据支持。调查对于调适整合力的基础作用主要体现在以下几个方面。首先，调查数据信息收集的深度、广度、准确性及真实性对调适整合力影响显著。调查中所收集到的数据信息越能够覆盖问题的各个方面，就越能够帮助领导者及其团队全面了解现状问题，进而制订策略。准确的数据则能够确保问题定位的精确性，避免调适整合过程中不必要的误判和资源浪费。其次，调查方法的选择直接影响了调适整合力的发挥。不同调查方法具备不同特性。定量调查能够提供精确且数量较大的数据支持，而定性调查则有助于深入理解问题的背景和复杂性。在现实调查中，将定量与定性相结合开展调查的团队，其调适整合效率往往高于单一使用某种调查方法的团队。也就是说，结合使用定量和定性调查方法，能够充分发挥两者的优势，更高效地收集和分析数据，提高问题定位的准确性和后续调适整合的效能。

调查不仅为调适整合提供了数据支持，还为其指明了方向。具体而言，调查能够帮助上城教育在大大小小的问题中快速定位主要问题并识别主要问题的关键点，从而为调适整合提供明确的目标和优先级排序，这种优先级排序能够帮助团队合理分配资源，确保关键问题得到优先解决，提高调适整合效率。也就是说调查结果为调适策略提供指引，指导调适整合合理分配资源及流程优化。

另外，调查还为调适整合提供了反馈机制。在学校调适整合的过程中，通过不断的调查和数据分析，领导团队可以及时发现和纠正错误，持续改进、不断优化解决策略。

总而言之，调查是调适整合力的基石与风向标，为其提供了必要的信息支持、明确的方向。通过全面而系统的调查，学校可以充分了解问题的各个方面，为调适整合提供有力的数据支持，进而在复杂多变的环境中迅速识别问题、分析原因，并采取有效措施解决问题。若缺乏充分的调查，调适整合将无从谈起。缺失了必要的信息支持，后续的决策、调适整合的过程将变得盲目而低效。

（二）调适整合力：促调查结果的升华进阶

不仅调查作用于调适整合力，调适整合力也反作用于调查，促进调查结果的升华进阶。调查虽然提供了大量的信息和数据，但这些信息往往是静态的，而教育环境是动态变化的，光靠调查结果无法真正解决问题。如果仅有调查而无后续的调适整合，调查的价值作用也将难以体现。因此，需要通过实际应用来验证调查数据的准确性和有效性，让调查数据信息真正发挥实质作用。在这个过程中调适整合力发挥了关键作用。如果将调查看作起点，那么后续调适整合就是对前面起点的延续。调适整合力将静态的调查结果转化为动态的策略方案等。通过调适整合，学校可以发现调查中存在的误差或遗漏，并通过整合资源、协调关系、调整策略等措施来优化策略解决问题。概言之，调适整合力通过优化资源配置、调整管理策略，促进调查结果的升华进阶。

就上城教育的区域调查与督导角度而言，需要通过调查了解现状和问题，通过调适整合力进行调整和优化，从而提升本区的管理水平和教育质量。在资源配置上，管理者通过调查了解各学校的师资力量、教学设备和学生需求，根据这些信息进行资源调配。在调适过程中，可能会发现某些师资不足或教学设备老化等问题，通过调适整合力调整教师分配、更新教学设备，从而确保资源的合理配置和高效利用。这一过程不仅验证了调查结果的准确性，还通过调适整合力优化了资源配置，提升了管理效率。在具体的管理策略上，管理者通过调查了解教师的工作状态、学生的学习情况和家长的反馈意见，并根据这些信息制订管理策略。在调适过程中，管理者可能会发现某些策略效果不佳或存在执行困难，通过调适整合力调整策略、优化执行方案，从而确保管理策略的有效性和可持续性。

总之，调适整合力将调查结果转化为具体的行动步骤，明确了行动目标。调适整合力是对整个调查结果的深入解读和决策转化，将调查结果真正从理论层面提升到实践层面，实现调查结果的实际应用和价值，推动调查的升级进阶。

第二节　实践：调适整合力调查的操作

在调适整合力调查的实践探索中，精准高效的操作策略是解锁现代治理能力提升的关键密码。上城教育不断探索精进，通过一系列科学严谨的步骤,确保调查工作的有效实施与结果的最大化利用。从问卷设计与测试的调整,到调查的全面实施与数据收集,每一步都需严谨规划,以确保调适整合力调查的真实与可靠落地。

一、明确目标要求

实践过程中,明确目标要求与确定调查对象范围是至关重要的第一步。这要求我们深入剖析教育政策与学校规划的导向,并精准锁定学生、家长、教师及社区代表等关键群体,以确保后续调适整合力提升工作的有效性与针对性。

(一)分析目标来源

1. 政策导向

教育政策是教育教学活动的指南针,对学校的改革与发展、教育领导者和教师的教育行为具有引导作用。因此,在运用调适整合力进行实践的过程中,要以政策导向作为目标制订的大方向。近年来,国家及地方教育政策持续强调素质教育和减负增效的重要性。国家层面的教育改革政策要求学校不仅关注学生的学业成绩,更要注重学生的全面发展,包括道德品质、身心健康、艺术修养和社会实践能力。《关于深化教育教学改革全面提高义务教育质量的意见》明确指出,要优化教学方式,坚持德育为先,提升智育水平,强化体育锻炼,增强美育熏陶,加强劳动教育。地方教育政策则在此基础上,结合当地实际情况,提出了更加具体的操作指南,如减少课外作业量、加强心理健康教育等。

通过解读国家及地方教育政策，可以明确对学校教育工作的具体要求。

2. 学校规划

学校规划是教育政策导向在学校层面的蓝图投射，新时代教育领导者不仅要稳抓政策"大方向"，还要做好学校"大设计"，结合学校发展规划，确定当前阶段需重点关注的领域。当前阶段我们需重点关注的领域包括教学质量提升、师资队伍建设、家校合作深化以及校园环境优化。教学质量是学校的生命线，通过改革教学方法、优化课程设置，可以有效提升学生的综合素质。师资队伍建设则是保障教学质量的关键，需要不断加强教师培训，提升教师的专业素养和师德师风。家校合作则是连接学校与家庭的重要桥梁，通过建立良好的沟通机制，促进家长参与学校教育，共同为学生的成长创造良好的环境。此外，校园环境作为学生日常生活的重要组成部分，其舒适度、安全性和文化氛围直接影响着学生的学习效果。调查的目标与具体内容应在当前阶段需重点关注的领域上有所侧重。

政策导向为我们指明了教育改革的大方向，强调了素质教育和减负增效的重要性，以及对学生全面发展的关注。而学校规划则是在政策导向的基础上，结合学校的实际情况，确定了当前阶段需重点关注的领域。这些目标和内容将贯穿整个问卷调查的设计与实施过程，确保我们的调查能够精准地反映出学校在各个方面的表现，并为后续的调适整合力提升提供有力的数据支持。通过深入分析这些数据，我们将能够找到提升学校综合满意度的关键路径，为学校的持续发展注入新的活力。

（二）明确对象范围

为了全面了解并深入分析不同群体，教育领导者应当明确对象范围，确保调查结果的全面性和代表性。现明确的对象范围包括学生群体、家长群体、教师群体与社区代表。

1. 学生群体

学生作为学校教育的直接受众，在调查中占据核心地位。为确保样本的代表性，可以将学生群体按年级、班级进行分层抽样。具体而言，每个年级随机抽取若干班级，再从每个班级中随机抽取一定数量的学生作为调查对象。这样既能保证调查结果的全面性，又能减少调查过程中的工作量和时间成本，确保了学生样本能够全面反映不同年级、班级学生的学习体验和需求，为改进教学方法、提升教学质量提供重要的参考。

2. 家长群体

家长是孩子成长道路上的重要陪伴者和支持者，他们的意见和建议对于学校教育的改进同样至关重要。家长会是一个重要的交流平台，通过向家长介绍调查的目的和意义，可以获得他们的理解和支持。同时，利用家校联系群发送问卷链接，方便家长随时随地填写问卷，提高调查的效率和覆盖面。通过家长会、家校联系群等方式邀请家长参与调查，不仅增强了家校之间的沟通与互动，还为学校提供了宝贵的家长视角，有助于学校更好地满足家长和学生的需求。

3. 教师群体

教师是学校教育工作的实施者和引领者，他们的专业素养和教学能力直接影响着学校的教育质量。因此，我们需要全面了解教师对教学质量、师资力量、家校合作等方面的看法和建议。调查应该涵盖各学科、各年级教师以及行政管理人员，旨在全面了解他们对教学、管理等方面的看法和建议，为学校改进工作提供有力的智力支持。

4. 社区代表

社区是学校的重要外部环境，与学校之间存在着密切的互动关系。邀请社区领导、居民代表等参与调查，有助于学校更好地了解自身在社会中的形象和地位，以及在如何利用社区教育资源、为社区做出贡献等方面的不足和潜力。社区代表的参与，为学校与社区之间的合作共赢提供了重要契机。

二、清晰调查内容

在实践探索中，清晰调查内容是确保调查精准与高效的基石。教育工作者要深刻理解教育政策导向与学校发展蓝图，并精确界定教学质量、师资力量、家校合作、校园环境及社区关系等核心调查内容及其具体子项，同时科学分配权重，以精准反映各方面在整体满意度中的比重。这为后续调适整合力、制订改进措施提供有力支撑，确保工作的有效性与针对性。

（一）调查内容与权重界定

在实际操作中，需要根据这些调查内容和具体子项设计问卷题目，并确保题目能够客观准确地反映相关方面的实际情况。每个调查内容的权重代表了其在整体满意度中的重要程度。权重范围给出了一个大致的区间，具体数值应根据学校的实际情况和调查目的进行确定。例如，如果学校特别注重教学质量，那么教学质量相关的权重可以适当提高。每个调查内容下都列出了几个具体子项，这些子项是实际问卷设计中需要具体询问的问题或评估的方面（见表6-1）。

表6-1　　　　　　　　调查内容与权重界定

调查内容	具体子项	权重界定（范围）	维度总权重
品牌形象	办学理念	3%	10%
	总体印象	3%	
	超期望值	2%	
	社会口碑	2%	
办学条件	总体办学条件	4%	10%
	基础设施	3%	
	伙食情况	2%	
	运动场所	1%	
教育治理与管理	学生无欺凌	2%	20%
	安全工作	2%	
	课后服务	2%	
	作业量合适	5%	
	校长治校水平	2%	
	双减工作	5%	
	应试教育	2%	
师德师风	无有偿家教	3%	10%
	不收礼物	3%	
	工作态度	2%	
	公平公正	2%	

续表

调查内容	具体子项	权重界定（范围）	维度总权重
课程教学	教学水平	8%	20%
	教学进度	5%	
	心理辅导	4%	
	喜欢上学	3%	
家校沟通	沟通渠道	2%	10%
	热情主动	2%	
	沟通满意度	2%	
	家校活动	2%	
	沟通频次	2%	
学生发展	学生成长	6%	20%
	个性化发展	6%	
	学习习惯	4%	
	作息时间	2%	
	兴趣特长	2%	

收集问卷数据后，需要对数据进行统计分析，以得出各个调查内容和具体子项的满意度得分。然后，根据权重对这些得分进行加权求和，得出整体满意度得分。基于满意度调查结果，教育领导者可以识别出学校在不同方面的优势和不足，进而运用调适整合力制订相应的改进措施，以提升学校的综合满意度与办学质量。

（二）调查手段与方法确定

1. 问卷调查法

问卷调查法是以实证主义为方法论的量化研究方法，它是通过把标准化的问卷分发或邮寄给有关的人员，然后对问卷回收整理，并进行统计分析，从而得出研究结果。[①] 设计结构化问卷有利于我们进行量化分析，对学校情况进行可视化了解。在问卷设计的过程中，问卷内容需要简洁明了，问题设置需要具有针对性和可操作性。同时，还需要对问卷进行预测试和修订，确保问卷的信度和效度。在发放问卷时，需要明确告知调查目的和填写要求，鼓励被调查者真实反映情况和意见。

2. 访谈调查法

访谈调查法是调查员通过与调查对象进行交谈，收集口头资料的一种调查方法。访谈通常是在面对面的场合下进行的，由调查人员（也称为"访谈员"）接触调查对象，就所要调查的问题做出回答，并由访谈员将回答内容及交谈时观察到的动作行为及印象详细地记录下来。[②] 量化数据有时浮于表面，还需针对关键人物或特殊案例进行深度访谈。访谈对象可以包括学校领导、骨干教师、家长代表等。访谈内容需要围绕学校的综合方面展开，深入了解被调查者的看法和建议。在访谈过程中，需要注重倾听和记录，确保访谈内容的完整性和准确性。访谈结束后，还需要对访谈内容进行整理和分析，提炼出有价值的意见和建议。

3. 实地观察法

观察法是有计划地对研究对象进行系统的观察以取得研究资料的方法。在对于量化数据进行分析后，可以运用观察法，实地考察校园环境、课堂氛围等措施，直观地了解学校的实际情况和

---

① 郑晶晶. 问卷调查法研究综述 [J]. 黑龙江教育（理论与实践），2014（10）：31 – 32.

② 程佳慧，彭家法. 第二语言习得研究中访谈调查法使用综述 [J]. 世界华文教学，2023（2）：107 – 122.

存在的问题。在观察过程中,既要关注单个问题的具体表现,又要从整体上把握学校的发展状况和趋势。同时,还需要注意观察和记录的方式和方法,确保观察结果的客观性和准确性。

4. 文献分析法

文献分析法是一种通过系统性地收集、整理、分析和解释已有文献,以获取对某一研究主题或问题的深入理解的研究方法。通过文献分析,可以了解国家和地方教育政策的发展动态和趋势,以及学校在教育改革和发展方面的实践经验和成果。因此,可以收集相关政策文件、学校报告等作为辅助分析材料。在收集文献时,需要注重文献的权威性和时效性,确保文献分析的科学性和可靠性。同时,还需要对文献进行整理和分析,提炼出与学校调查主题相关的有用信息和观点。

三、规范实施路径

规范实施路径是确保调查工作有序、高效开展的关键环节。这一步骤涵盖了从问卷的设计与试测调整,到调查的全面实施与数据收集的全过程,通过科学合理的规划与执行,可以提升数据的真实性与可靠性,为后续分析与改进奠定坚实的基础。

(一)问卷设计与试测调整

问卷从设计到正式发放应当进行科学化开发过程,包含初始设计、试测、反馈等流程。若反馈显示存在显著问题,则进入优化阶段,调整问题表述、增减选项或重构逻辑;若反馈确认问卷有效,则定稿。见以下流程(见图6-3)。

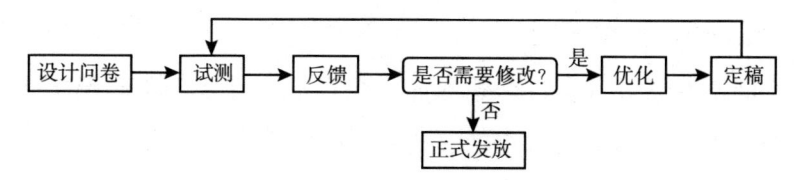

图 6-3　问卷设计与试测调整流程

1. 问卷设计

问卷设计是调查工作的第一步，其科学性与合理性直接决定数据的质量和研究的可靠性。因此，在设计过程中，应围绕调查目标，确保问题清晰、简洁、无歧义，并避免引导性问题，以获取客观、真实的反馈数据。具体应关注以下四个方面。

第一，问题设置需合理。根据不同调查对象（如学生、家长、教师、社群等）的关注点，问卷设计应有所侧重。例如，学生问卷应关注学业负担、身心健康、师生关系等；家长问卷应侧重学校管理、教学质量、学生成长体验等；教师问卷应涉及工作环境、职称评定、教学支持等。

第二，语言表达需清晰。采用通俗易懂的语言，避免使用晦涩难懂的专业术语或复杂表达，以确保填写者准确理解问题，提升回答的准确性。

第三，逻辑结构需严谨。按照填写者的认知逻辑合理排列问题顺序。一般应从基本信息开始，逐步深入核心调查内容，最后以开放式问题收尾，以便收集更多补充意见。

第四，选项设计需科学。选择题应覆盖不同群体的情况，并保持逻辑性和层次感。例如，在满意度调查中，可采用"非常满意—基本满意—一般—不太满意—非常不满意"的五级量表，以提高数据的区分度和分析价值。

2. 试测调整

即便问卷设计经过深思熟虑，仍可能存在表述不够清晰、选项设置不合理等问题。因此，在正式发放前，需进行小范围试测，以发现并优化可能的不足。试测调整的主要步骤包括以下四步。

第一步，选取小样本测试。从各个群体中分别选取代表性人员进行试测，以确保问卷适用于不同对象，并能有效收集到目标数据。

第二步，收集反馈意见。试测完成后，向填写者征求意见，重点关注问题理解是否清晰、选项设置是否合理、语言表达是否流畅等方面，以便发现可能的改进点。

第三步，优化问卷内容。根据反馈结果，调整或删减冗余问题，优化表述方式，确保问卷既符合调查目标，又能提高填写者的答题体验和数据的有效性。

第四步，最终定稿。试测调整后，再次对问卷进行审查，确保所有问题均符合研究目标，避免冗余或逻辑漏洞，然后定稿并准备正式发放。

（二）调查实施与数据收集

在确保问卷设计科学性和有效性的基础上，下一步便是正式开展调查工作。为了确保数据的真实性、完整性和代表性，调查的实施需要科学规划，涵盖组织动员、时间安排、数据收集和数据保护等环节。通过合理的组织与严格的执行，可以最大限度地提高问卷回收率和数据质量，为后续的分析与改进提供可靠依据（见图6-4）。

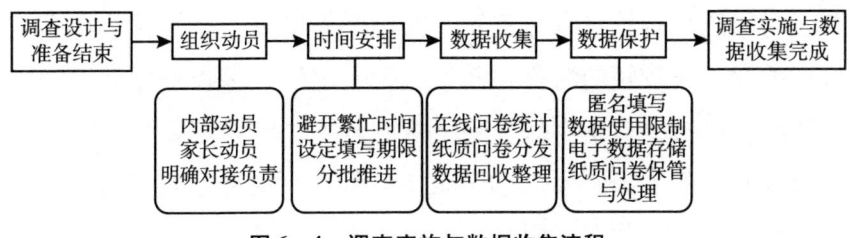

```
调查设计与      组织动员      时间安排      数据收集      数据保护      调查实施与数
准备结束                                                            据收集完成
              内部动员      避开繁忙时间   在线问卷统计   匿名填写
              家长动员      设定填写期限   纸质问卷分发   数据使用限制
              明确对接负责   分批推进      数据回收整理   电子数据存储
                                                      纸质问卷保管
                                                      与处理
```

图 6-4　调查实施与数据收集流程

1. 组织动员

问卷调查的顺利实施不仅依赖于科学合理的问卷设计，也需要调查对象的积极配合。因此，在正式开展调查前，应通过多种方式向相关人员明确调查的目的、要求及填写方式，确保问卷能够被广泛接受并认真填写。

对于学校内部人员，可以由学校管理团队组织动员会议，向教师说明调查的意义，强调其对学校发展的重要性。同时，年级组长、班主任或相关负责人要向各班级学生传达问卷填写要求，确保学生能够按要求完成。

对于家长和社群人员，可以通过家长微信群、书面通知、家长会等方式，向其介绍调查的背景和重要性，说明填写方式和截止时间，鼓励他们积极参与。对于不便填写电子问卷的家长，可提供纸质问卷，并安排专人进行指导和收集。

学校管理团队应明确不同调查对象的对接负责人，确保各项工作有序推进。班主任负责学生问卷，年级组长负责教师问卷，校领导负责社群人员问卷，从而保障调查工作的高效实施和数据回收的完整性。

2. 时间安排

为确保问卷填写能顺利进行，又不影响正常教学秩序，需对调查时间进行科学规划。首先，要避开繁忙时间。问卷调查应安排在教学任务较轻的时段，例如教师会议后、家长开放日、周末或晚间，以减少对正常教学的干扰。其次，应设定填写期限。建议调查时间不少于一周，这样能确保所有对象有足够时间填写问卷，从而提高回收率。同时，可以由班主任或年级组长提醒未填写的人员，避免遗漏。最后，可分批推进。对于不同学段或年级的调查，可以分批次进行，这样有助于降低管理难度，确保数据收集有序进行。

3. 数据收集

为确保数据的完整性和准确性，应采用多种方式进行数据收集，满足不同群体的需求。对于具备条件的对象，可以采用在线问卷平台进行填写，这样能够提高数据收集效率，减少纸张使用。对于不熟悉电子操作的填写者（如部分家长、社群人员等），可以提供纸质问卷，由班主任或学校办公室负责分发和回收，确保所有调查对象都能顺利参与。

在数据回收和整理方面，电子问卷可以由系统自动汇总，纸质问卷则需要专人负责回收和录入，同时检查填写的完整性，避免因遗漏或数据不全影响分析结果。

4. 数据保护

调查数据涉及个人隐私，因此必须严格遵守相关数据保护法规，确保信息安全和参与者权益。所有问卷应采用匿名填写方式，减少填写者心理顾虑，确保答案的真实性与客观性。调查数据仅限用于学校管理和教育研究，不得外泄或用于其他商业用途，以保障参与者权益。电子数据应存储在安全的学校管理系统中，设置访问权限，防止未经授权的访问或泄露。纸质问卷则由学校办公室妥善保管，数据统计完成后应进行归档或安全销毁。

四、落实反馈整改

数据收集完成后，学校应对数据进行系统梳理和分析，以便为后续的反馈与整改提供充分依据。数据分析不仅能揭示问题，还能指导学校管理层在具体行动中做出合理决策，进而推动学校改进和发展。

（一）数据梳理与报告撰写

1. 数据筛选

数据筛选是数据处理的第一步，目的是去除无效和重复的数据，并处理缺失值。无效数据通常指填写错误或不符合要求的问卷，例如非目标群体填写的问卷或内容明显不合理的问卷。重复数据是指同一填写者重复提交的问卷，通常可以通过标识信息（如姓名或学号）来识别并去除。缺失值的处理方法包括删除缺失项，或者使用均值填充、最频繁值填充等方式进行补充，以确保数据的完整性和准确性。

2. 数据分析

数据分析即通过统计软件（如 Excel、SPSS 等）对数据进行深入分析，提炼出关键发现。首先，进行描述性统计，了解数据的基本分布情况，如计算均值、标准差等，以帮助理解数据的整体趋势。其次，通过相关分析或回归分析等方法，揭示不同变量之间的关系。例如，家长对学校管理的满意度可能与学生成绩高度相关，这表明家长对学校的认同感可能影响学生的学习态度。

通过深入的数据分析，学校能够获得更为精准的改进方向。

3. 报告撰写

调查报告应包括调查背景、方法、结果、分析和建议等部分。首先，报告简要需说明调查的目的和对象，描述调查方法和数据收集过程。其次，报告详细呈现调查结果，结合数据分析得出结论。例如，调查结果显示85%的家长对学校教学质量表示满意，尤其在师资力量和教学设施方面评价较高。最后，根据分析结果提出改进建议，例如，加强学生心理健康教育，以进一步提升家长满意度。

通过数据分析和报告撰写，学校能够清晰了解当前教育管理中的优势与不足，进而有针对性地进行改进。

（二）督导反馈与行为改进

1. 反馈会议

根据调查结果，组织相关部门和人员召开反馈会议，通报调查结果及分析得出的建议。在会议中，简洁明了地呈现数据分析的核心发现，重点讲解调查中发现的问题和改进方向。学校各部门负责人应积极参与，提出具体的执行意见和改进措施，确保大家对问题和解决方案达成共识，推动后续改进工作的顺利展开。

2. 制订改进计划

根据调查结果，制订具体的改进计划。改进计划应明确责任部门、时间节点和预期效果，确保每项改进措施都有明确的执行责任人和时间安排。各部门要结合自身职责，细化具体操作步骤，确保改进计划落实到位，并确保短期和长期目标的实现。制订的计划应具有可操作性和现实性，以便逐步推进，确保每个环节都得到有效落实。

3. 跟踪评估

建立跟踪评估机制，定期检查改进计划的执行情况。评估内容包括计划执行的进展、效果以及存在的问题。根据实际执行情况，及时调整和优化改进措施，确保计划能够有效落实。如果某些措施效果不佳，应及时做出调整或补充，确保改进工作的持续性和效果。

4. 持续沟通

保持与学生、家长、教师、社区人员及校长的持续沟通，确保各方了解改进计划的进展情况。定期反馈改进进展，听取各方意见和建议，增强各方对学校改进工作的信任和支持。通过持续沟通，确保改进措施得到广泛认可，并激励各方共同参与学校的发展与改进。

通过系统的数据梳理和深入分析，学校能够明确改进方向，并制订具体的改进措施。通过建立有效的反馈机制、持续沟通和跟踪评估，确保改进措施得以落实并不断优化，最终实现学校管理和教育质量的持续提升（见图6-5）。

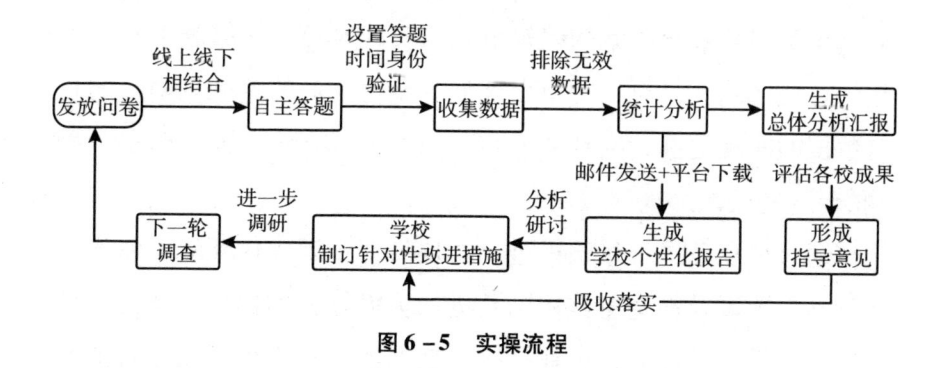

图6-5 实操流程

第三节　经验：调适整合力调查的典型案例

在教育改革的浪潮中，教育资源的合理配置与高效利用是推动教育高质量发展的关键。上城教育以改革引领者之姿，以 AI 时代弄潮儿之势，通过协调各方力量、整合多元资源，以实现教育系统的优化与升级。

上城教育立足区域实际，以调适整合力为关键抓手，通过"从聚焦点滴走向全面优化"的路径创新、"从被动应对走向主动引领"的动能转换、"从个体发展走向经验共享"的生态构建，在调适整合力的实践中激发学校的内生发展动力。见证典型学校在教育发展进程中的努力与探索，共同探寻提升教育治理效能的密码。

一、从聚焦点滴走向全面优化

在教育领域，从聚焦点滴到全面优化的数据分析方法论演进，正重塑着教育决策的认知范式与实践路径。区域教育整体优化的实践之路上，离不开单点破局、系统推进的路径创新，通过对数据的宏观把握，实现从"单一"到"多元"，从"孤立"到"联合"的校园品牌建设之路。

通过单点破局、系统推进，实现教育资源优化配置、教育模式创新发展以及教育主体协同共进的关键能力的提高。整合各方资源和力量，推动教育事业持续发展的能力。立足优质教育的整体视野，打破资源分布的不均衡状态，使优质教育资源能够覆盖到更广泛的区域和学生群体。

【案例6-1】

杭州市钱江外国语实验学校（以下简称学校）通过打造全景化泛在空间，建立多元化的生态群落，在调适整合力方面走在区域学校前列。学校创新提出"学习群落：泛在学习空间视域下九年一贯制学校育人模式新探索"的育人概念，以期能够践行新课程理念，并落地扎实生动的育人愿景，培养学生的创造性思维、生活实践能力和适应社会的能力。通过探索空间资源，实现垂直型群落架构；通过探索课程资源，实现水平型群落架构；通过探索家校资源，实现多翼型群落架构，借助多种维度的资源架构，实现教育空间资源和人才资源的最优解。

1. 立足数据：实施追踪数据反馈适时调整方向

近年来，随着教育改革的不断深入和社会环境的变化，学校在教育教学中面临着诸多挑战。区教育系统工作满意度测评的学校报告呈现了品牌形象、办学条件、教育治理与管理、师德师风、课程教学、家校沟通和学生发展等多方面的家长满意度及相关因素的数据，以学生发展的满意度为例，数据从2021年的87.93下降到2022年的87.35，表明家长满意率略有下降，之后逐年上升，从2023年的89.04上升到2024年的90.07。以"品牌形象"为例，共有4项一级指标。数据结果显示，本校参与测评家长对我校的"办学理念""社会口碑""总体印象"指标高度满意，对"超期望值"指标比较满意。

综合以上调查数据，可知，对比本校和本区在"品牌形象"

维度上的满意度，本校均高于区平均数据，在品牌形象打造上具有较大的影响力和区域效应。回顾学校品牌打造的实践历程，实现了从"单一"到"多元"，从"孤立"到"联合"的校园品牌建设之路。过去的局限性也是各校的共有问题，主要体现在以下几个方面。

(1) 传统学习空间功能受限

传统学习空间受限主要体现在空间布局单一、功能划分僵化、缺乏灵活性和互动性等方面。传统教室多采用"秧田式"布局，座位固定；学习空间功能单一，缺乏灵活性，难以适应不同学科和学习活动的需求；非正式学习空间未被充分利用，未能为学生提供自主学习和交流的场所。

(2) 学生个性发展未受重视

随着时代的多元发展，学生的个性化需求日益突出，但学校在课程设置、教育教学方法等方面仍显单一，未能充分满足学生的个性化发展需求。传统的学习空间限制了学生的创新思维和自主学习能力的发展。

(3) 家校合作程度不够深入

虽然学校位于城市中心地段，家长群体普遍具有高学历和较高的教育意识，但家校之间的合作深度和广度仍有待加强。家长资源未能得到充分挖掘和利用，影响了家校协同育人的整体效果。

2. 广泛行动：针对品牌建设构建学习群落

(1) 基于家校资源实现多元学习群落架构

学校需要通过有效的资源整合，打破学校与社会之间的边界，将社会资源转化为教育资产。学校面向全体学生打造"学校即社会"的具有实践性、参与性、体验性特征的校园活动场景，创设社会化、具身体验式的育人空间——"生活应用型空间"，如图6-6所示。和方回春堂、苏泊尔公司等合作，打造小回春堂、SUPOR小厨房等特色学习空间，给学生提供真实的学习体验。如劳动课上学生在学校中草药园采摘草药后，在小回春堂学习草药研磨和药包制作；在SUPOR小厨房学习如何烹饪等。目前，学校有15个生活应用型场馆，教师导师19名，相关学生岗位200多个。

图6-6 "生活应用型空间"设计

（2）拓展学习实践机会建立"帅才工作室"

学校整合社会资源，为学生创造更多学习和实践的机会。为了满足学生的个性化发展需求，学校规划并建立了多个帅才工作室（见图6-7），涵盖了艺术、科技、语言等多个领域，奠基拔尖创新人才，形成新型校园学习生态，为学生提供了展示自我、发展特长的平台。学校还积极拓展校外平台，提供学习实践机会，让学生通过工作室的活动激发兴趣和潜能，提升综合素质。如学校和四季青街道合作，在若水校区创建爬宠基地，给学校内的何浩晢爬宠工作室、顾语诺小动物科学喂养工作室、郁言龟宠工作室、黄诗乔共享自然工作室、泊远生态昆虫工作室等工作室拓展学习探究的机会。

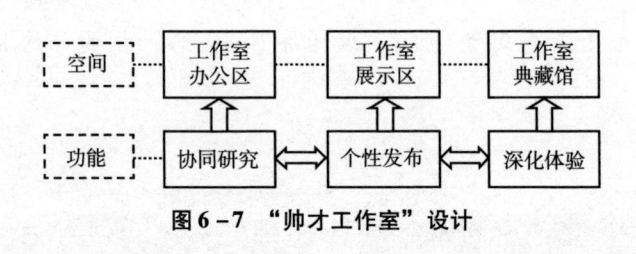

图6-7 "帅才工作室"设计

(3) 挖掘家长教育资源构建"亲社区学校"

学校积极推动学校与家庭、社会的协同合作，完善家庭和社会参与协同育人的机制，形成"家校社"三位一体的育人模式（见图6-8）。学校创设"亲社区学校"，让学校建在社区中，社区放在学校里。通过资源整合编织"润泽"育人组织网、价值融通制订"润泽"育人计划、专题研究设计"润泽"育人活动，树立家庭教育指导站中家长工作室、父母茶座、润泽心理剧等育人品牌，科学渗透家校政社协同育人方法。通过开展家庭周（Family Week）、家庭日（Family Day）、家庭时光（Family Hour）、家长讲师团、祖辈思政金课等活动，充分挖掘和利用家长教育资源，为学校教育提供了有力的支持。同时也增强了家长对学校的认同感和参与度，形成了良好的家校共育氛围。

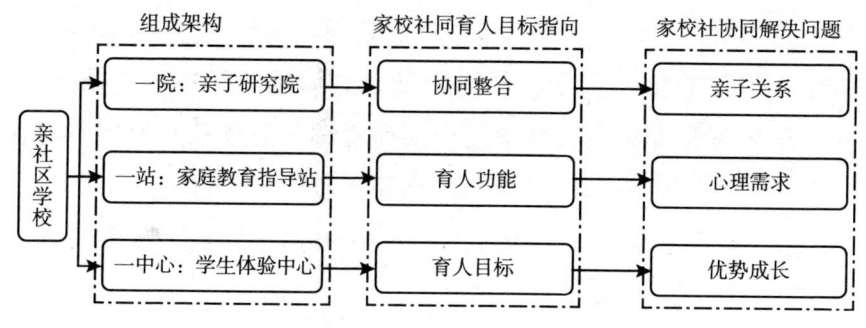

```
组成架构            家校社同育人目标指向      家校社协同解决问题

         ┌─ 一院：亲子研究院 ─→    协同整合    ─→    亲子关系

亲社区学校 ─┼─ 一站：家庭教育指导站 ─→  育人功能   ─→    心理需求

         └─ 一中心：学生体验中心 ─→   育人目标   ─→    优势成长
```

图 6-8 "家校社"三位一体的育人模式

2024 年数据的回升显示，学校发展呈现出良好的发展态势，成效明显。首先，校长通过调试整合社会资源，丰富了教学内容，内部资源得到进一步合理优化配置，提升了教育效果，从"学以致用"走向"用以致学"，也推动了学习方式变革，促进学生个性发展。其次，学生通过组织和参与活动，实践能力和综合素质显著提高，责任感和创新精神也得到增强。最后，家长和社会人士更多地参与教育过程，增强了家庭和社会对学校教育的支持，形成了良好的协同育人氛围。

3. 总结展望：学校品牌建设效应增强有效拓展校园空间

通过以上多维架构，学校成功拓展了校园空间，打造了功能复合型的校园活动空间，满足了学生多样化的学习和活动需求，为学生的全面发展提供了有力支持。这种创新的空间改造模式，也为其他学校在空间利用方面提供了宝贵的借鉴经验。

二、从被动应对走向主动引领

数据异常预警能力是上城教育在数字化转型中构建教育治理

新范式的核心突破点，体现了区域教育系统从传统经验决策向数据驱动治理的范式跃迁。其本质是通过构建"监测—诊断—干预"的闭环管理体系，快速定位问题症结，前瞻预判发展趋势，实现了从"事后灭火"到"事前预警"、从"个案修补"到"系统优化"的治理方案，将数据异常从风险信号转化为优化契机，实现教育治理的精准化与前瞻性。

【案例6-2】

杭州市胜利实验学校（以下简称学校）秉持开放、包容、互动的家校沟通理念，审慎分析异常数据，通过客观理性的调研探究数据背后的原因，再针对问题实施各项有针对性的策略，不断持续优化，长效共建合力机制，增强家校间的互信合作，不断提升幸福教育的满意度。

1. 审慎分析：立足客观数据，展开多维科学调研

在督学数据的支持下，学校深入剖析近两年的小学家长满意度调查报告，针对"家校沟通"这一板块出现的异常数据展开分析与调研。2024年度学校测评报告显示，总体满意度中"非常满意"指标较2023年度有一定幅度下降，"家校沟通"维度中的5项一级指标较2023年都有明显下降，其中"沟通频次""热情主动"指标数据异常较为突出。

数据作为一种客观呈现，学校高度重视，并由学校德育部门主管、年级组长、班主任成立专门的工作小组，以访谈的形式深入调查数据背后深层次的问题。访谈维度依据督学测评指标，分为热情主动、沟通频次、家校活动、沟通成效、沟通渠道五个维度，访谈问题涉及校方在沟通时的态度、家校活动的实际情况、家长对沟通的期待与建议等方面。如在"沟通频次"

维度中，访谈设计了"老师是否每学年至少家访一次？""家访时是否能解决家长和孩子的问题？""您认为每学年家访几次合适？"的问题，以期了解家访制度的执行情况和校方对家长问题的响应程度。

访谈结果显示，家长们普遍对学校当前的家校沟通模式与活动开展予以支持，对教师沟通的专业度表示认可，多数家长提出在满意度问卷中没有选择"非常满意"的主要原因是"获得感"不足，由于对名校的期待值较高，希望教师们能够在家校沟通中提供更具有针对性且定期的指导，增加个性化沟通，关注每一位孩子的成长细节；也有部分家长提出希望在孩子学习遇到挑战或生活有特殊需求时，能够第一时间获得学校的反馈与支持。面对数据做到理性分析，应对时才能"对症下药"，"不够满意"背后所反映的是家长对学校、教师的更高要求，也是以"幸福教育"为宗旨的上城学校应承担的社会责任与使命。

2. 积极行动：针对问题根源，构建多元沟通体系

针对这一现状，学校从被动应对家长反馈转向主动引领家校共育的新模式，积极探索并实践更加高效、贴心的家校沟通机制，以满足家长对高质量教育的期待。学校努力立足"真数据"，查找"真问题"，搭建"真平台"，创新"真做法"。

（1）家校档案精准施策，智能平台科学赋能

学校为每位学生建立健全且翔实的家校沟通档案，教师针对每位学生的个性化特点和实际需求，为家长提供具体且具有可操作性的教育指导建议，并进行定期更新与优化。

基于提高教师的家校沟通素养能够调适主体源专业负担的原则，学校注重提升教师的信息技术能力，以钉钉平台的"学生综合评价"助力教师不断完善家校沟通档案，实时反馈学生的在校情况，并结合AI智能分析，做到与家长沟通有据可依、有理可讲。

（2）家校活动多元共育，个性服务协同发展

学校通过开展多样化、特色化的家校活动，满足不同家长的家校沟通需求。学校设立家庭教育指导站，为家长提供专业的家庭教育指导服务，定期组织专家讲座、工作坊等活动，聚焦"亲子关系、学习焦虑、心理健康"等热门家庭教育话题，帮助家长掌握科学的教育方法，提升家庭教育质量；开展"家长进课堂"活动，邀请家长根据自己的职业特长为学生授课，拓宽学生的视野。

同时，学校定期举办"幸福课堂"家长开放日，邀请家长走进校园，与孩子共同参与课堂学习、大课间活动。学校在开放日结束后向家长发送问卷调查，重视家长对校园生活的感受与建议，从而增强家校之间的互信与合作。

此外，学校还创新性地开展"个性家长会"。每个学期末，各班级班主任组织任课老师，采用个别约谈家长的方式，满足家长个性交流的需求，解决家长的真实问题，引导家长提升育儿理念。学校的这一创新举措，体现学校教师全员育人、全面关注、服务家长的专业态度，体现了以学生为中心、关注学生潜能开发、个性发展的教育理念。

（3）家校反馈双向畅通，合力机制长效共建

学校建立了一套完善的家长反馈机制，确保家长的意见和建

议能够得到及时、有效的回应。具体做法包括：通过学校官方网站、微信公众号等线上平台，及时发布学校动态、教育教学成果以及家校沟通的相关信息，同时设置"家长留言板"板块，鼓励家长在线上平台发表看法、提出建议，学校将及时回应，增强家校之间的透明度与互动性；注重发挥学校家委会的作用，学校德育部门定期召开家委会会议，听取家委会成员的意见和建议，共同探讨家校合作的新模式、新途径。家委会成员也积极参与学校的各项活动，如组织亲子活动、协助学校管理学生午餐等，为学校的发展贡献自己的力量。

学校主动引领家校共育，旨在构建开放、包容、互动的家校沟通环境，为学生提供更加优质的教育服务，促进家校之间的深度合作与共同发展。家长也能够更加深入地了解学校的教育理念和教学方法，积极参与学校的教育教学工作，为学生的全面发展和健康成长创造更加有利的条件。

3. 总结展望：家长满意度稳步提升，家校共育模式见成效

在采取了一系列主动引领家校共育的措施后，学校参照区域问卷内容，对家校沟通工作进行了持续的跟踪与评估，发现"沟通频次""家校活动"等关键指标较之前有了明显的改善，逐渐接近甚至超过了区域平均水平。

这一成效的取得，离不开学校对家校沟通工作的深刻反思与积极行动。学校构建的"诊断—实施—优化"的行动路径（见图6-9），为分析异常数据并提出改进举措提供了良好、可操作的行为范式。

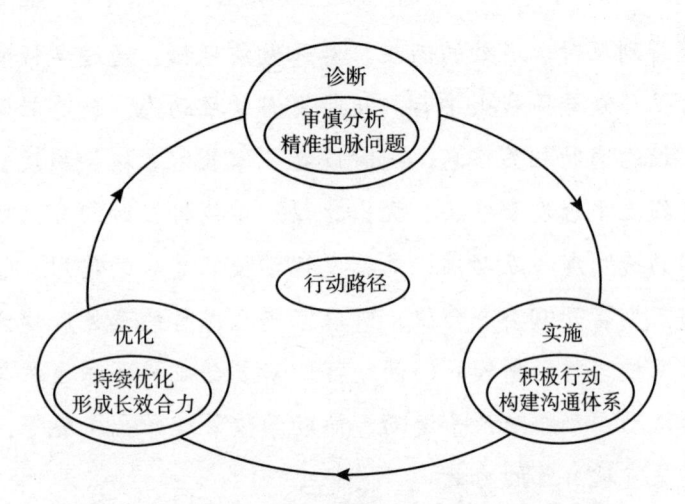

```
        诊断
      审慎分析
      精准把脉问题


            行动路径


  优化                 实施
持续优化              积极行动
形成长效合力          构建沟通体系
```

图 6-9　杭州市胜利实验学校的异常数据处置行动路径

三、从个体发展走向经验共享

近年来，随着有关个别校园食堂食品安全的热点新闻报道，家长对幼儿教育和健康的关注度不断提高，幼儿园的食堂管理和幼儿伙食质量成为家长最为关心的问题之一。上城区深入贯彻落实教育部关于"校园餐"领域整治重点任务，重视开展校园食品安全的督导工作。幼儿园从严抓食堂管理、狠抓卫生安全、打开宣传渠道、开放阳光食堂，有效提升家长的满意度。

【案例 6-3】

杭州市濮家幼儿园（教育集团，以下简称濮幼）连续多年在家长满意度"日常伙食"这一项领先全区该项分值约 5 个百分点（见图 6-10）。自 2019 年承办杭州市景塘幼儿园以来，濮幼将其深厚的文化底蕴与优秀的管理机制跨街道、跨区域地移植到新园区。为了让景塘幼儿园站在濮幼的肩膀上创新推优，幼儿园科学解码濮幼经验,通过"标准平移+特色创新"策略,实现新园满意度反超老园,形成可复制的集团化管理范式。

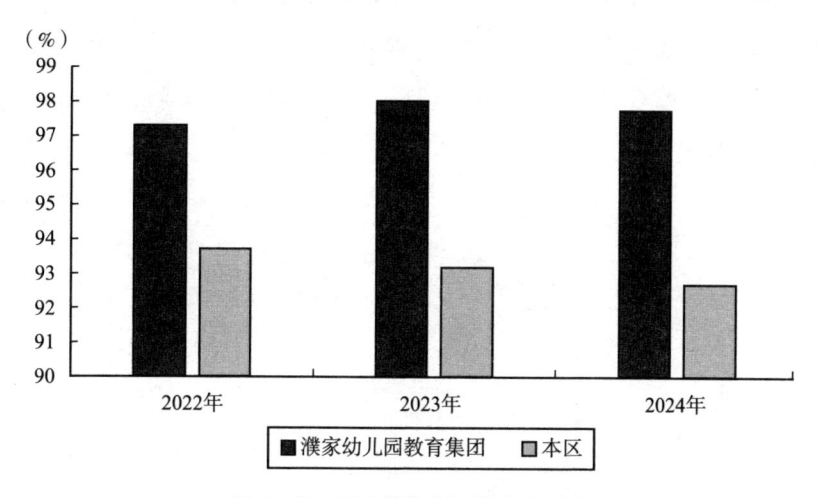

图6-10 "日常伙食"满意度对比

（一）标准化经验平移：构建三维管理体系

景塘园区在膳食工作中牢牢把握"制度、人员、监测"三维管理体系,快速复制濮幼的优质做法。

一是制度框架标准化,同步《食堂管理制度汇编》《食品安全应急预案与突发事件处理》等多项标准化文件,确保四园区制度执行规范统一;二是人员培养系统化,实行定期的"主厨轮岗制"、每月"交叉岗位练兵"以及每学期"最美家人"和"优秀教育工作者"评选,强化四园区厨房人员厨房技能,激励工作热情;三是监测体系动态化,通过保教室开展调味品用量比对、食材价格联审、膳食盈亏分析等监测行动,保障资源利用高效合理。该策略使新园在制度衔接、队伍建设、质量管控方面快速达到集团标准,为新园创新发展奠定了基础。

(二)四轮驱动提质:健康膳食管理的科学解码

濮幼将膳食管理工作科学解码为"精细化管理、个性化服务、透明化通道、交互式研讨"四大核心模块,形成一套闭环管理体系(见图6-11),让家长们"眼见为实",共同见证我们的努力与用心。

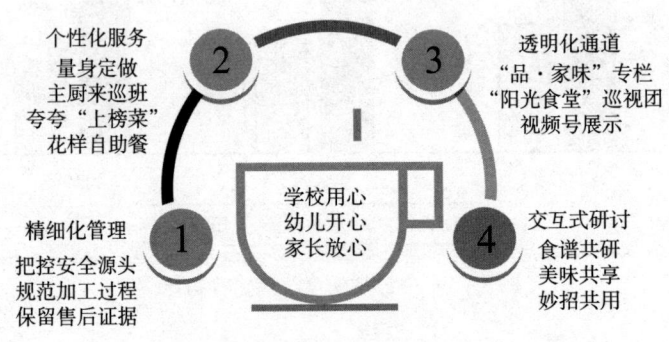

图6-11 濮家幼儿园"健康膳食"管理示意

1. 精细化管理:筑牢膳食安全防线

建立"三方比价+质量双控"采购机制,严格审核检测报告与索证索票。组建三人验菜小组,每日核检食材的新鲜度和价格合规性。实施"四色四专"后厨管理,按红蓝绿白分色管理刀具与砧板,通过温控探头实时监测烹饪中心温度,杜绝交叉污染。同时,建立"双线追溯"机制,既有由园长、中层干部、保健医生、教师代表等组成陪餐小组进行轮流陪餐的制度,又通过48小时食品留样制度,实现全过程可追溯。

2. 个性化服务:创新食育供给模式

根据幼儿的年龄特点和营养需求,科学制订带量食谱。例如：为小班幼儿提供精细加工（去皮的虾仁、去刺的鱼肉、切短的面条等）；为过敏儿建立"一人一档"，定制无过敏源的"爱心餐"。

创新开展"主厨巡班"机制，主厨每周两次走进班级听取幼儿反馈，及时调整烧制方法。每月评选"上榜菜"——幼儿最喜欢的菜品、花色点心等，同时向家长公布"上榜菜"的做法，实现"园餐回家"。结合传统节日设计主题自助餐，如清明青团制作、立夏五色饭体验，在食育中传承文化。

3. 透明化通道：构建家园共育桥梁

微信公众号开设"品·家味"专栏，每周发布幼儿菜谱及营养分析，并附"上周回顾"菜品实拍图，让家长直观了解幼儿饮食。同时，成立"阳光食堂"巡视团，家长可预约参观后厨，增强对食堂安全的直观认识。此外，利用微信视频号展示幼儿就餐场景和特色膳食视频，如营养护眼菜肴、节气菜肴、宋韵创意菜肴、地方特色菜肴等，形成"线上监督+线下体验"的闭环。

4. 交互式研讨：敞开多轨沟通之路

每月召开膳管会，家长代表参与食谱讨论并随时提出膳食管理策略。在家味品鉴会上，邀请家长品尝幼儿午餐，试餐评分。为培养幼儿良好饮食习惯，班级层面开展"光盘行动"，通过钉钉班级圈开展"光盘小达人"评选活动。园级层面，在公示栏和公众号设置监督电话，方便家长反馈意见。

（三）协同共生发展：新园特色化发展的创新路径

作为新园，家长更关注高品质的服务和特色化发展，景塘园区深入挖掘自身独特的社会资源和硬件优势，在原有基础上进行了一系列适配性的调整与突破，走出了一条协同共生的特色发展之路。

1. 经验共享：构建链式协同体系

通过申报区食堂管理培训基地，景塘园区多次承办"链内观摩+区域联动"的观摩学习活动。组织食品安全管理员开展工作微报告、厨师现场操作演示等活动。接待面向区域链、省内外培训团的现场观摩和代表性台账互查互学，进一步规范台账管理。通过这些活动，不仅提高了景塘园区食品安全管理的精细化程度，还带动了濮家三园区同步获评A级食堂。

2. 交流感悟：开放云端互动平台

依托钉钉线上学习圈，各园区食品安全员分享学习资料、交流学习感悟；为了加强园区之间优质菜品共享，景塘园区收录"家长推荐菜""上榜菜研发""爱心餐管理"等，建立电子案例库。同时，有效利用众食安阳光云视，开展平台管理交流等，实现规范性云端学习。依托区域链活动，在景塘园区线上召开膳食营养专项研讨、开放台账管理线上学习等活动，使经验交流从集团内部延伸到了区域链中。

3. 资源共融：营造集团化管理生态

结合周边街道资源，对接相应的营养学专家、食品安全机构，定期交叉式开展集团内专项评估，做好四园区的协同培训。定期邀请杭州市妇幼保健医院的朱云霞副主任来园，为集团食堂人员提供专业指导，提升膳食管理的科学性和安全性。同时，不定期邀请辖区内的市场监督所人员上门指导，不断改进食堂现场管理水平。

（四）成效与展望

随着集团化管理举措创新实践，不仅景塘园区，濮家三园区的膳食管理满意度均显著提升（见图6-12）。

满意度

| 濮家园区 | 天运园区 | 万家园区 | 景塘园区 |
95.94 96.06 | 97.12 98.72 | 98.74 100 | 96.84 98.19

■ 2023年　□ 2024年

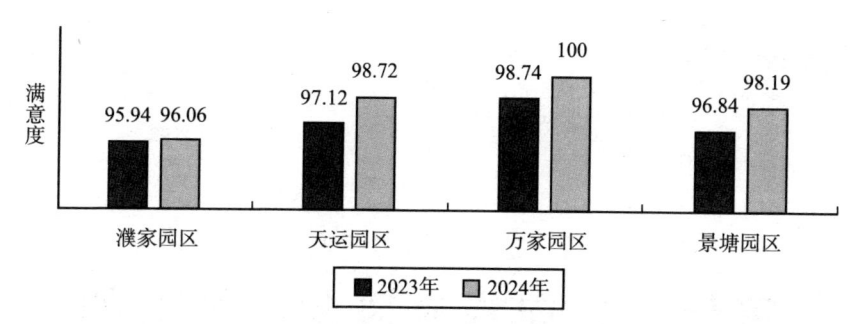

图6-12　2023年和2024年家长对幼儿园膳食管理的整体情况评价对比

景塘园区通过集团化策略导入，在2024年上城区幼儿园家长满意度调查中在"日常伙食"板块提升至97.71%，反超过濮家幼儿园的数据。

这一成效的取得，不仅是濮幼多年来集团办园的经验与积累，更在不断创新与优化中擦亮濮幼品牌，从"标准化平移"到"特色化创新"，为上城教育优质均衡发展这一目标添上有力的一笔。

第七章

审计：指向提升风险防控力的综合督导

上城区教育局不断探索融合、嵌入式审计，将政策研究作为提升校长风险防控力的审计基点，科学部署审计项目；将项目研究作为提升校长风险防控力的审计抓手，精准研判审计重点；将成果研究作为提升校长风险防控力的审计牵引，多维释放审计效能。本章致力于剖析教育风险防控力的理论内涵及其在校长现代治理能力中的核心价值，并深入探讨审计机制如何通过提升风险识别与应对能力，促进学校治理的规范化与长效化发展。第一部分系统阐述风险防控力的构成要素，并分析审计对风险防控力的驱动机制；第二部分通过审计实操流程的详细剖析，展示审计提升风险防控力的具体路径；第三部分结合具体案例，深入剖析审计在风险防控中的应用过程及其成效。

第一节　解读：风险防控力的内涵

一、风险防控力内涵概述

"风险"一词是在17世纪60年代从意大利语中的"Riscare"一词演化而来的。它的意大利语本意是在充满危险的礁石之间航行。关于"风险"的定义，学术界和实践领域均没有形成统一的定义。国际知名风险研究专家斯坦·卡普兰所曾说，最好的方法就是不要对风险下定义，让每一个作者按照自己的方式去定义。

（一）风险防控力的定义与构成要素

教育风险是教育与社会风险交互作用的产物，在教育系统内部，学生个体的不确定性、教育内容不完善、学校治理水平、教育理念和课程资源等问题都会导致教育风险；在教育系统外部，社会和教育转型、社会观念偏误、教育管理体制、政策法规和社会不可抗力等都是教育风险的来源。[1] 教育投资、教育质量、代际流动等教育不平等因素也是影响教育发展的潜在风险。[2] 教育

---

[1] 田杰，康琪琪，余秀兰，等. 中小学校长为何望"险"兴叹？[J]. 教育科学研究，2021（3）：24-31.

[2] Tracy, M., Norris, F. H., & Galea, S. Differences in the determinants of posttraumatic stress disorder and depression after a mass traumatic event [J]. Depression and Anxiety, 2011, 28 (28): 666-675.

风险的形成具有突发性、累积性、耦合性和弥散性,① 对教育系统的稳定构成很大挑战。教育风险无法从根本上消除,只能通过风险管理和掌控将其降至最低。② 教育风险的形成具有突发性,可能在短时间内迅速显现,同时也具有累积性,一些小问题若长期得不到解决,会逐渐积累成重大风险。此外,教育风险并非由单一因素引发,而是多种因素耦合叠加的结果。其影响范围具有弥散性,可能从局部扩散至整个教育系统,对教育系统的稳定构成巨大挑战。尽管教育风险无法从根本上彻底消除,但通过有效的风险管理和掌控措施,可以将其降到最低限度,从而保障教育系统的健康、稳定发展。

本书中风险防控力是指学校管理者(以校长为代表)在识别、评估、应对及监控各类潜在风险方面所展现出的综合能力,旨在确保学校运营的安全稳定、教育质量的持续提升以及教育资源的有效配置,是学校管理,尤其是校长管理中的核心能力。这一能力的构建和提升,对学校的长期发展具有至关重要的意义。风险防控力的构成要素多元且相互关联,共同构成了学校风险管理的完整体系。风险识别意识是风险防控力的前提和基础,上城教育要求校长及管理层具备高度的敏感性和前瞻性,能够主动识别内外部环境中的潜在威胁,时刻保持警惕。风险评估体系是风险防控力的核心,上城教育通过区域审计大数据推算、揭示问题分级赋分等科学手段对识别出的风险进行量化分析,确定其可能性和影响程度,为风险应对提供决策依据。风险应对机制是风险

---

① 倪娟. 教育风险:整体安全视域下的教育研究新视角 [J]. 上海教育科研, 2019 (5): 23 – 28.
② Martínková, I., & Parry, J. Safe danger – On the experience of challenge, adventure and risk in education [J]. Sport, Ethics and Philosophy, 2017, 11 (1): 75 – 91.

防控力的关键，上城教育通过建立委托审计通报、问责、整改、销号、回访机制不断加强完善预防策略、应急计划和恢复措施，旨在将风险影响降至最低，保障学校的正常运营。风险监控系统则是风险防控力的重要保障，上城教育不断营造持续改进的文化，鼓励校长参与制订风险管理体系的建设，借助审计迭代优化管理流程，提升风险管理水平。

在上城区教育风险防控力提升具体实践中，我们看到了风险防控力的构成要素相互作用、相互支撑，共同构成了学校风险管理的坚固防线。风险意识引导管理层主动识别风险，风险评估体系为风险应对提供科学依据，风险应对机制确保风险得到有效控制，信息沟通与反馈系统保障信息的畅通传递，持续改进的文化则推动风险管理水平的不断提升。

（二）校长治理中的风险类型与特点

校长作为学校的治理者，面临着多种复杂的风险，这些风险不仅来源于学校内部的管理和运营，还受到外部环境的影响和制约，主要来源于政策、财务、发展、法律、安全、战略等方面。这些主要风险的特点在于其复杂性、不确定性和连锁性。复杂性体现在风险来源多样，涉及教育领域内外；不确定性则意味着风险的发生时间、地点和影响程度难以准确预测；连锁性则是指一个风险事件可能触发一系列连锁反应，加剧风险后果的严重性，如安全问题、政策问题常常伴随法律风险，发展问题、战略问题又常常伴随政策风险。因此，校长必须具备全面的风险防控力，以有效应对这些挑战和风险。

在政策风险方面，校长在执行重要政策时，可能会因理解出现偏差或者执行不到位，使学校的发展偏离政策所指引的方向，甚至面临违反政策规定的风险。并且，政策的频繁变动调整也是影响学校发展的一个关键因素，像招生政策、课程设置以及教育评价体系等方面的变化，都会给学校带来需要进行战略性调整的压力。

在财务风险方面，财务管理的专业性要求是校长不得不面对的现实情况。例如，预算编制缺乏合理性、执行过程不规范，可能会导致资金被浪费或者使用效率低下；在采购等经济事项上的决策失误，会造成资金损失；而资产管理意识的淡薄，则可能引发资产流失、浪费等问题。

在发展风险方面，若学校内部管理机制不够完善，便容易导致管理效率低下、资源浪费等情况出现。同时，教师的专业发展和职业发展受到限制，可能会致使教学质量下滑以及教师流失。师资队伍的稳定同样至关重要，教师的待遇、职业发展等因素若处理不好，会导致师资队伍不稳定，进而影响学校的长期发展。此外，教学质量的发展也是校长需要着重应对的问题，教学方法陈旧、课程设置不合理、教学评价体系不完善等，都有可能对学校的教学质量产生不良的影响。

在法律风险方面，合同管理是校长需要重点关注的法律风险领域。学校在与供应商、教师、学生家长等签订合同时，可能由于合同条款不够完善或者执行不力而引发法律纠纷。知识产权保护风险也不容忽视，在教育教学管理过程中，学校可能会涉及知识产权相关问题，如对外宣传、教材编写、科研成果等方面。并且，学生权益保护同样重要，学生在校期间，可能因学校管理不善或者教师行为不当，导致学生权益受到损害。

在安全风险方面，食品安全风险不可小觑，学校食堂在食品采购、加工、储存等环节如果存在问题，可能会引发食物中毒等风险事件。同时，校园意外事故是校长需要重点关注的领域，学校人员密集且学生活动频繁，容易发生校园暴力、体育运动伤害、实验室事故等意外事件。除此之外，师生的身心健康也极为重要，学生和教师可能会面临心理压力、焦虑等问题，从而影响其身心健康以及教学质量。

在战略风险方面，社会环境的变化是校长需要关注的重要因素。家长和学生对教育质量以及特色的要求在不断提高，技术进步带来的风险也不容忽视。教育信息化的快速发展，要求学校必须不断更新教育技术和设备。

上城区教育局不仅聚焦于问题的发现，更致力于借助系统性的审计流程和方法，为校长决策提供前瞻性的风险预警、合规性评估及效益优化建议，从而实现审计与学校全域治理的深度融合。

二、审计提升风险防控力的驱动机制

（一）审计对校长风险识别、评估能力的驱动作用

在上城教育综合督导实践过程中，审计不仅局限于传统的财务监督，更是促进教育区域治理从更均衡走向更优质的重要手段，通过赋予审计督导评价职能和督导服务职能，为校长提供全面的风险信息和分析支持，从而显著提升其风险识别能力。

1. 揭示风险潜在问题

审计的专业视角和严谨方法能够揭示那些日常治理中易被忽视的风险隐患。例如，通过对政策落实的审计，揭示重大经济事项决策情况；通过对财务报表的审计，可以发现财务收支和结余真实性、合法合规性和有效性等问题；通过对业务流程的审计，可以发现操作不规范、内控漏洞等问题；通过合同专项审计，提升校长相关法律意识；通过食堂专项审计，发现食堂管理隐患。这些风险的及时发现和揭示，为校长提供了重要的决策依据。

2. 促进风险信息整合

审计过程中收集的大量数据和信息，经过专业分析和处理，可以形成共性问题风险预警报告。这些报告不仅揭示了风险的存在和性质，还对风险的可能影响和后果进行了评估。校长可以根据这些共性问题，迅速把握风险动态，采取预防措施，降低风险发生的可能性和影响程度。尤其在采购管理、固定资产管理、食堂管理方面，汇集问题"大数据"，梳理共性问题，面向被审单位统一提供专项整改建议，充分发挥审计服务宏观治理整合作用。

3. 提升风险识别意识

审计工作对提升校长风险识别意识具有重要意义。通过开展专题培训，结合实际案例分析，校长能够直观了解风险点，增强对风险的敏感度。同时，定期通报审计情况和反馈个性化审计报告，能让校长清晰掌握学校及自身负责领域的风险状况，明确责任。此外，完善审计制度和建立风险预警机制，为校长提供明确的行为规范和及时的风险提示，促使其提前防范。强化日常审计监督和专项审计调查，及时纠正违规行为，让校长时刻保持警惕。建立审计信息共享平台和加强沟通交流，进一步拓宽校长的风险识别视野。通过这些举措共同作用，有效提升校长的风险识别意识，推动学校治理的规范化和高质量发展。

（二）审计对校长风险应对、监控能力的驱动作用

审计不仅有助于风险识别，更在风险应对方面发挥着关键作用。审计通过评估现有风险应对机制的有效性，指出存在的问题和不足，对校长提出整改要求及提供改进建议，同时，审计还参与整改后的跟踪监督，确保风险得到有效控制。

1. 评估风险应对机制

审计可以对学校的风险应对机制进行全面评估，包括应急预案的完善性、风险应对策略的合理性、内部控制制度的健全性等。通过评估，审计可以揭示风险应对机制中存在的问题和不足，为校长提供改进建议。这些建议可能涉及应急预案的修订、风险应对流程的调整、内部控制制度的健全等方面，直接提升了学校应对风险的能力。

2. 监督风险应对过程

审计可以作为第三方独立机构，监督问题整改执行情况。确保资源得到合理分配，措施得到有效实施，防止因管理混乱或执行不力而加剧风险后果。同时，审计还可以对风险应对过程中的决策和行为进行合规性审查，防止因违规操作而带来法律风险或经济损失。

3. 积累风险应对经验

审计通过案例分析、经验总结等方式，帮助校长及管理层积累风险应对经验。这些经验和教训成为学校风险防控知识库的一

部分，为未来的风险应对提供宝贵参考。通过不断学习和借鉴过去的经验，学校可以更加有效地应对未来可能出现的风险挑战。

三、审计提升风险防控力的协同效应与长效治理

（一）审计与校长治理的协同增效

上城教育审计与校长治理之间存在紧密的协同关系，这种协同关系不仅体现在风险防控方面，还贯穿于学校管理的各个环节。校长作为学校的领导者，负责制订战略、决策重大事项、监督执行；而审计则作为校长的"眼睛"和"耳朵"，提供客观、准确的信息支持，确保决策的科学性和执行的有效性。

1. 目标高度契合

审计和校长治理都致力于保障学校的安全稳定、促进教育质量提升和实现教育目标。这一共同目标为两者的协同提供了基础和前提。在风险防控方面，审计和校长治理更是紧密相连，共同构成了学校风险管理的完整体系。

2. 信息融合互通

审计过程中获取的风险信息和管理建议，可以及时传递给校长及管理层，为决策提供依据。同时，校长的战略意图和管理重点也可以作为审计工作的导向，确保审计的针对性和有效性。通过信息共享机制，审计和校长治理可以更加紧密地协同配合，共同应对风险挑战。

3. 管理协同增效

将审计流程融入学校的治理流程中，可以实现风险防控与日

常管理的无缝对接。例如，将风险评估作为项目立项的前置条件，可以确保项目的可行性和风险可控性；将审计监督作为预算执行过程中的必要环节，可以确保资金的合规使用和有效管理。通过流程融合与优化，审计和校长治理可以更加高效地协同工作，提升学校的管理水平和风险防控能力。

上城教育审计推动的风险管控文化和校长倡导的治理文化相互融合，形成一种既重视效率又强调安全、既鼓励创新又注重规范的治理氛围。这种文化氛围不断激发广大教职工的积极性和创造力，提升学校的整体竞争力和影响力。

（二）风险防控的长效治理机制

上城教育在建立风险防控的长效治理机制，确保学校持续健康发展，提升竞争力的关键点确立多维机制，以确保风险防控工作的系统性和持续性。

1. 制度建设强基固本

上城教育组织学校将风险防控纳入管理制度体系，明确风险管理的职责分工、流程规范、考核标准等。通过制度化建设，可以确保风险防控工作的有序进行和有效执行。同时，定期对风险防控工作进行评估和审计，及时发现问题和不足，进行改进和完善。

2. 信息赋能精准防控

上城教育结合审计系统等现代信息技术手段，建立风险防控信息池，实现风险信息的实时采集、分析、预警和响应。借助大数据，归类共性问题，区分不同校长的同类问题及同一校长管理下的常见问题，提高风险管理的效率和准确性，降低人为因素带来的风险和误差。同时，利用人工智能等技术手段，对风险数据进行深度挖掘和可能带来的后果分析，借助校园长大会展开培训，为校长决策提供更加科学、准确的依据。

3. 持续优化创新驱动

上城教育通过结算中心集中财务经费管理，建立风险管理的反馈机制。组织论文、课题活动，鼓励学校总务条线、财务管理人员参与风险管理的实践和研究，探索新的风险防控方法和策略，为学校的风险管理注入新的思路和理念。通过审计改进与创新，上城教育不断细化内控制度、优化管理流程、完善风险应对机制、提高风险防控水平。不断加强与周边区县教育局、行业协会等外部机构的定期合作与交流，共享风险管理经验和资源，通过外部合作与交流，借鉴成功经验和做法，提升辖区学校的风险防控能力和竞争力。同时，积极参与杭州市内审协会等行业协会的活动和项目，为学校争取更多的资源和支持。

4. 人才驱动防控强化

上城教育不断加强风险管理人才的培养和引进，提升学校整体的风险防控能力。以定期展开区级培训、校际交流、跨校合作等方式，不断拓宽风险管理人员的视野和知识结构，提高其专业素养和实践能力。同时积极引进具有丰富经验和专业知识的风险管理人才，为学校的风险防控工作注入新的活力和动力。

5. 风险监测预警升级

风险预警系统是风险防控长效管理机制的重要组成部分。上城教育通过建立风险预警指标体系和预警模型，定期召开总务后勤会议，对风险问题逐例分析。

第二节 实践：风险防控力审计的操作

为确保教育事业健康、可持续发展，有效提升校长风险防控能力，上城区教育局审计管理坚持"统一领导、分级负责、归口管理、协同实施"的工作模式。党委书记直接领导"内部审计小组"，分管局长协管，审计小组负责筹划、协调与监管，就委托审计事务全局性问题与基本管理框架进行顶层设计，对各级履职情况进行监督评价。通过建立《上城区教育局审计工作联席会议制度》关联派驻纪检组、政策法规科、计划基建财务科、人事科、组织宣传科、教育发展服务中心等部门，明晰各层级风险管理目标与责权边界。通过系统化的审计程序，全面排查和纠正财务管理中的不规范行为，为校长及学校管理层提供科学的管理建议和风险防控指引，助力校长决策的规范化、精细化和科学化。上城区审计工作流程具体如表7-1所示。

表7-1　　　　　　　　上城区审计工作流程

阶段	具体内容
审计筹备阶段	根据审计委托进行审计立项
	组成审计组，编制项目计划书
	送达审计通知书
	进行审前调查，编制审计实施方案
审计实施阶段	被审单位和相关部门提供数据和资料
	编制、整理审计工作底稿
	复核审计工作底稿

续表

阶段	具体内容
审计报告阶段	撰写审计报告征求意见稿
	征求被审计单位意见
	采纳合理建议，调整审计报告
	出具审计报告
	审定审计报告
	提交审计报告
审计跟踪阶段	向被审单位发送审计整改通知书
	监督被审单位进行整改落实
	视具体情况决定是否进行后续审计
审计归档阶段	审计资料归档，建立审计档案

一、审计筹备阶段：谋定而后动

（一）立项为基：依委托明确审计目标

审计的筹备阶段，明确审计目标是关键的一步。上城区教育局根据教育系统年度重点工作和实际需求，结合相关政策法规，确定委托审计项目的具体目标。将"系统观念""全局思维"贯穿项目始终，制订综合督导"五维十三条"的审计细则（见表7-2），通过构建完善的内部控制体系和风险导向审计模式，加强对教育资金管理、使用及效益的监督与评估，识别和防范教育系统内的重大错报风险、内部控制薄弱风险，推动教育单位建立健全的内控机制，提升审计质量，降低校长管理风险，确保教育资金的安全、合规与高效使用。

表 7-2　　　　　　　　　"五维十三条"审计要求

一级指标	二级指标	监测点
重大政策和重大经济事项的执行	重大经济事项决策情况	1. 建立重大经济事项决策管理规则,对年度资金收支计划、大额资金的使用、重大采购等重大经济事项是否坚持领导班子集体讨论决定; 2. 主要经济决策程序是否规范、内容是否合法,议事事项是否经过充分论证
	三公经费使用情况	1. "三公"经费各项制度建设情况; 2. "三公"经费使用合规情况; 3. 通过对比各年度预算,财务决算,历年数据,评价"三公"经费使用合理情况
内部控制制度的建立健全和执行	内部控制制度建立及执行情况	1. 财经管理规章制度和内部控制制度的建立健全程度; 2. 内部控制制度执行的有效程度
	自办食堂等重点民生领域的管理制度建立和执行、财务收支、盈亏及其他方面的情况	1. 食堂管理情况; 2. 食堂收入情况; 3. 食堂支出情况; 4. 食堂盈亏情况; 5. 食堂公示情况; 6. 食堂职工福利发放等其他情况
	教育工会经费制度建立及执行情况	对工会经费收入、使用、结存、经费预决算等管理情况进行审计及绩效评估
资产管理	各类资产、负债的真实性安全性、合规性合法性,资产质量、使用效益和保值增值情况;国有资产的管理、使用和处置情况	1. 各类资产、负债情况; 2. 国有资产管理、使用和处置情况
	基本建设资金的管理、使用及效益情况	1. 基本建设项目立项、合同、实施、资金来源等环节是否经过审批、备案等情况; 2. 建设资金的支付及进度款的拨付是否规范等情况

续表

一级指标	二级指标	监测点
财务管理与经济风险防范执行	财务收支和结余真实性、合法合规性和效益性	1. 各项收入管理情况； 2. 经费支出管理和财政性资金使用绩效情况； 3. 债权、债务情况； 4. 票据管理情况； 5. 合同管理情况
	审查年度预算编制和预算执行情况	1. 年初编制年度资金收支，大额支出、单位固定资产购置计划情况； 2. 各项收入纳入部门资金计划管理并在法律规定账户核算等情况； 3. 各类支出是否严格按权限得到批准，是否存在无预算支出；年末是否对全年的资金使用情况进行财务分析情况； 4. 上级财政拨入的专项资金和转移支付资金的使用绩效，包括资金有无被挤占挪用，资金的效益和效果等情况
	职工报酬收入、职工福利发放情况	重点审查单位机构设置、编制使用以及有关规定的执行情况
	学生资助专项经费、学前教育发展专项资金、民办专项补助资金等各类专项资金依规使用情况、代办费管理使用情况	1. 各项专项资金管理、使用情况； 2. 代办收费情况
党风廉政建设责任与廉洁从政	贯彻执行党和国家有关经济方针政策和教育主管部门决策部署，推动所在单位科学发展情况	1. 结合教育局党委对党风廉政建设考核指标要求，审计单位贯彻执行党和国家有关经济政策情况； 2. 基础教育有关重大政策的执行情况以及促进教育惠民政策的有效落实情况
	遵守有关法律法规、财经纪律，履行党风廉政建设第一责任人职责情况，以及校（园）长本人廉洁自律情况	1. 单位执行国家财经法规、政策情况； 2. 领导干部任职期间个人遵守廉政规定情况； 3. 是否存在利用职权和职务便利为自己、家属或特别利益关系人牟取不正当利益的情况

考核说明：结合审计出现问题数量及问题性质对单位经济责任审计情况进行综合评价

(二) 组队赋能：集专业力量编制计划

为保障委托审计工作的顺利开展，上城区教育局精心组建审计团队。一方面，从局内部选拔具有丰富审计经验的专业人员；另一方面，按规定程序量化指标，向具备相应资质的审计机构发出邀请，选择具备专业资质和良好信誉的第三方审计机构共同组建审计项目团队。与入围机构签署业务约定及廉政协议，包含审计业务范围、审计对象、各方权利义务、费用支付方式及结算依据、审计报告相关要求、合同有效期限、服务质量、评价标准、约定事项的变更及终止条款、违约责任、廉政要求等。

上城区教育局组织内审工作小组、派驻纪检组、组宣、计财、工会、教发等部门开展审计工作联席会议，挖掘管理要点、痛点，研究决定审计措施，在审前对事务所展开专项布置，通过专题工作会议明确审计要点及各方职责和分工，明确同时，根据审计目标和项目特点，制订详细的审计工作计划，合理安排审计进度，释放审计工作叠加效应。审计过程中全覆盖走访，同步了解审计情况，严格监督会计师事务所的实地审计流程，重点对有异议的被审单位及时疏导干预。审计后所有被审单位对会计师事务所的工作表现进行评价，形成会计师事务所考核材料，为后续选聘会计师事务所提供重要的工作依据（见表7-3）。

表7-3　　　　委托审计事务所评分依据

序号	一级指标	二级指标	指标解释
1	运营情况	专业资质	反映事务所是否依法设立，具有相关行业管理部门认可的专业资质，能独立承担民事责任
		信息化建设能力和水平	反映事务所信息化人才培养和信息化硬件及工具配备情况，包含信息化支出水平、在职人员CISA、ITA、CISP、CISSP、CCIE等相关执业资格人数、审计系统软件使用情况、办公是否实现OA化等
		诚信情况	反映事务所近三年受到的行政处罚和行业自律惩戒等情况
2	质量管理	内部治理	反映事务所治理结构是否健全，是否制定完善的章程、规范健全的财务管理和人员管理制度、设置决策监督机构，是否设定合伙人（股东）条件和加入退出方式、合伙人（股东）团队的稳定性和员工比率等
		质量管理体系	反映事务所建立质量复核流程、项目管理、目标和要求、质量评价与考核制度
3	审计方案	业务经验	反映事务所参与类似项目经验与证明材料
		项目认知	反映事务所对教育行业背景、业务范围、业务流程、教育重大风险点等了解程度，以及是否能提出合理有效的对策方法
		履约能力	反映事务所是否具备开展受托项目所必需的注册会计师和助理人员、专业技术能力等，力量安排是否与项目规模、复杂程度匹配
		审计策略	反映事务所按照审计准则的相关要求，提出合理、有效的审计对策、方法，以及具体的审计程序和计划等内容
4	风险防范能力	计提管理风险基金或购买职业责任保险	反映事务所是否按照规定计提、管理风险基金或购买职业责任保险

续表

序号	一级指标	二级指标	指标解释
5	费用报价	工作量法、资产基础法、收入基础法等	工作量法反映事务所根据委托业务所需实际工作天数和人数，参照一定的费用标准计算报价。资产基础法按照被审项目资产（投资额）规模乘以一定的比例计算报价。收入基础法按照被审单位年度收入规模乘以一定的比例再乘以审计年数计算报价

（三）通知送达：依流程发出审计通知

编制审计通知书是审计规范的第一步，由内部审计项目团队编制，编制过程中系统规划审计范围和审计内容，系统的梳理相关问题线索，推测审计进展，预估审计难度，合理安排审计人员，提高审计效率。

审计通知书的内容包括审计项目名称、被审计单位名称或者被审计人员姓名、审计范围和审计内容、开展审计时间、需要被审计单位提供的资料及其他必要的协助、审计组成员名单、派出审计组开展审计机构的名称、日期、印章等具体内容。

一是教育审计项目团队在实施审计七日前，向被审计单位或者被审计人员送达审计通知书，送达的重要性在于及时通知被审计单位，告知相关联系人，若涉及需要被审计单位协助提供办公场地、安排出行等，可以更从容有效开展前期准备工作；二是审计通知书送达被审计单位后，等同于已经告知被审计单位将要开展审计工作了，不论被审计单位是否做好充分准备，是否配合审计工作，审计项目团队就要在规定的时间进场开展审计；三是若涉及需要抄送相关部门，依规抄送审计通知书也是规定的程序，为后续需要相关部门配合审计工作的开展提供依据。

（四）规划布局：凭调研制订审计方案

审计方案的编制是实现审计资源高效配置、提升委托审计治理效能的关键环节。上城区作为杭州市教育资源高度集中的核心城区，面临着优质教育资源分配的合理性、教育政策执行的有效性以及教育经费使用透明度的更高要求。在此背景下，上城教育科学设置每轮审计重点（见表7-4），扎实开展审计调查，在方案阶段预先谋定审计报告框架和拟反映问题重点，切实提高方案的指导性和操作性。

表7-4　　　　　　　　　审计时间和侧重点

序号	审计时间	侧重点
1	2016~2018年	财务管理与经济风险防范执行
2	2019~2021年	内控制度与监督机制落实保障
3	2022~2024年	绩效评估与持续改进推动发展

正式开展审计工作之前，审计项目团队工作人员会对被审计单位进行全面的调研。通过查阅相关资料、与被审计单位管理层和财务人员进行沟通交流等方式，深入了解被审计单位的财务状况、业务流程、内部控制制度等基本情况。在此基础上，结合审计目标和任务，制订详细的审计实施方案。审计实施方案明确审计的重点领域、审计方法、审计步骤以及风险应对措施等，为审计工作的顺利开展提供具体指导。首先结合审计重点细化审计内容，如审查教育经费预算执行、专项资金管理使用、教育收费政

策落实等，针对不同内容选择合适审计方法，如利用账项基础审计法查账目合规性、利用制度基础审计法评内控有效性、利用风险基础审计法控审计风险。其次，合理安排审计步骤，明确资料收集、数据分析、现场核查等各阶段任务，制订时间表和人员分工，确保审计工作有序开展。最后，强调审计质量控制，要求审计人员遵守职业道德规范，对审计过程和结果进行严格把控，确保审计方案的科学性、可行性和有效性，保障教育系统审计工作的顺利实施。

二、审计实施阶段：行稳以致远

（一）资料集成：依要求提供审计资料

审计项目小组面向被审学校召开审前告知会，内容包括了解被审单位基本情况、公布审计实施方案、明确审计重点及标准、清晰审计机构与被审学校责任和权利、强调审计纪律等。

要求被审计学校按照审计通知书要求向审计工作人员提供财务报表、账簿、凭证、合同协议、会议纪要等材料的同时汇报管理流程。审计小组对提供的资料进行认真审核和整理，在确保资料真实性和完整性的同时对管理进行评估。对于资料不全或存在疑问的情况，及时与被审计单位沟通，要求补充和完善。通过全面、准确的审计资料，为审计工作的深入开展奠定基础。审计过程中借助云文档设置问题记录表，入校审计人员即审即记录，监管窗口可同时监管多校。针对委托审计单位提出的审计问题可及时了解检测，在审计过程中强化，及时调整审计方向，更大程度发挥审计作用。

在审计实施阶段，上城区教育局采用"清单式"管理，特别是将方案编制阶段产生的报告框架中需反映的问题重点，逐一分解到对应的审计事项，全域跟踪各审计事项的进度和成效，确保审计方向不偏离。

(二) 底稿编制：依规范记录审计过程

在底稿编制过程中，上城区教育局严格按照审计规范和标准，编制详细的审计底稿。分阶段逐步完善报告框架、补充取证问题，实现"根据问题写报告"到"根据重点挖掘取证"的转变，助力校长的风险防控水平也更加专业。审计底稿的编制要求内容真实、完整，表述清晰、准确，审计证据充分、可靠，能够真实地反映审计工作的全过程。

上城区教育局通过签订详细约定书明确委托责任和底稿编制要求，要求审计机构汇报审计底稿编制情况，并及时反馈对审计报告征求意见稿的意见，特别是对审计底稿中涉及的审计结论和审计证据的合理性提出质疑或建议；检查审计人员的资质和经验，确保其具备编制高质量审计底稿的能力，审计小组人员到审计现场进行监督，观察审计人员的工作过程，确保其按照规定编制审计底稿；对照审计底稿的编制要求，逐一检查底稿内容的完整性，包括被审计单位名称、审计项目名称、审计过程记录、审计结论等要素是否齐全，检查审计底稿中的数据是否准确，包括数据的计算、分析和引用是否正确，要求审计机构提供数据来源和计算过程的详细说明，审核审计底稿中的逻辑是否一致，包括审计程序的执行顺序、审计结论的推导过程等是否合理，要求审计机构解释审计结论的推导过程,确保其逻辑合理;要求审计机构采用电子化方式编制和存储审计底稿,以便于远程监控和审核,同时关注审计底稿的数据安全,确保审计机构采取了必要的措施保护底稿中的敏感信息。

(三)复核把关:依标准把控审计质量

为保障审计工作的质量,审计工作小组建立了严格的复核机制。在审计过程中,要求受委托事务所需对每个审计环节和事项进行层层复核。复核人员详细审查审计底稿,检查审计程序是否规范、审计证据是否充分、审计结论是否合理,并向教育局汇报复核结果。对于发现的问题,复核人员及时与审计人员沟通,要求进行补充调查或修正。通过这种严格的复核把关,确保审计工作的质量符合标准要求,从而提高审计结果的可信度和权威性。

三、审计报告阶段:精准而致效

(一)初稿撰写:依事实起草审计报告

上城区教育局不断践行"风险引导审计,审计关注风险"的理念,内审工作重点从"发现型"的审计监督向"预防型"审计转变。在报告呈现中,不仅关注校(园)长贯彻政策措施责任、财经纪律执行责任、教育资金使用绩效责任、廉政建设责任,还关注其整合专项、盘活存量、用好增量的结构调整责任、风险隐患管控责任等。

委托事务所依据翔实的审计底稿以及复核意见,结合风险数据分析，着手起草审计报告初稿。初稿的撰写需要严格遵循真实性、客观性以及准确性的原则，确保每一个数据、每一项结论都有据可依。报告的内容涵盖审计工作的背景介绍，即为何要开展此次审计，是基于怎样的教育政策导向或是学校管理需求；明确审计的目标，是为了审查财务收支的合规性，还是评估教育资源的利用效率等；清晰界定审计的范围，包括涉及的时间段、业务领域以及相关部门等；详细说明所采用的审计方法，如抽样检查、实地盘点、数据分析等；最关键的是，要对审计过程中发现的问题进行全面、深入的阐述，包括问题的性质、情节严重程度以及可能产生的影响等。

（二）意见征求：依反馈沟通审计意见

上城区教育局在初稿完成后，开启意见征求的环节。对被审计学校提出的合理意见和建议，审计工作小组秉持开放、包容的态度，及时进行核实和修改。通过充分的沟通交流，确保审计报告中所反映的问题和结论客观准确，不存在误解或偏差。上城区教育局召开专门的审计意见交流会议，邀请被审计单位的相关负责人、财务人员以及业务骨干参加，就审计报告初稿中的内容进行面对面的交流。同时通过书面的形式，将审计报告初稿发送给被审计单位，给予其足够的时间进行研读和思考，以便其提出更为详细、全面的意见和建议。

（三）报告定稿：依审核出具审计结论

上城区教育局在审计工作中，始终坚持以"堵塞管理漏洞、促进内部管理、提高资金使用效益"为出发点，确保审计的严谨性、权威性和指导性。在审计报告的编制过程中，充分征求被审计单位意见，审计小组对审计报告初稿进行细致修改完善，形成审计报告定稿。定稿报告作为正式审计成果，需经过严格内部审核和审批程序，确保内容符合审计规范和要求。

审核过程中，全面检查报告的结构、内容、数据、语言等方面，确保逻辑清晰、内容完整、数据准确、语言规范。同时，对照审计准则和相关法律法规，审查审计程序执行情况、审计证据的充分性和适当性，确保审计工作的合法性、合规性。最终审计报告应明确表达审计结论，对被审计单位的财务状况、业务运营和内部控制等方面进行综合评价。针对发现的问题，提出具体明确的整改要求和建议，包括整改期限、责任人、整改目标等，确保被审计单位能够按照要求认真落实整改，提升教育管理水平，促进教育事业高质量发展。

（四）成果报送：依流程完成审计闭环

审计报告完成后，将进入成果报送阶段。按照规定的流程和要求，审计小组需将审计结果及时报送至相关管理部门和领导，以便其了解审计情况，为教育决策提供参考依据。在报送过程中，应确保信息传递的准确性和及时性，避免出现遗漏或延误的情况。同时，为了确保被审计单位能够认真对待审计发现的问题，积极落实整改，审计团队还需将审计报告抄送给被审计单位，并要求其按照整改要求和建议，制订详细的整改计划。整改计划应包括具体的整改措施、整改时间表、责任人等内容，确保整改工作有条不紊地进行。在规定时间内，审计团队应对被审计单位的整改情况进行跟踪监督，通过定期检查、不定期抽查等方式,了解整改工作的进展情况,及时发现并解决整改过程中出现的问题。

若发现被审计单位在整改过程中存在困难,审计团队应及时提供必要的指导和帮助;若发现被审计单位未按要求进行整改,审计团队应督促其加快整改进度,确保整改工作落实到位。通过完整的审计闭环管理,不仅能够确保审计工作的成效得到充分体现,还能推动教育系统内部管理水平的不断提升,为教育事业的健康发展提供有力的保障。

四、审计跟踪阶段：常抓而不息

(一)整改监督：依建议落实整改情况

审计工作不仅是发现问题,更重要的是推动问题的整改落实。在审计跟踪阶段,审计团队根据审计报告中提出的整改建议,对被审计单位的整改情况进行持续监督。通过抽查、专项督查、明察暗访等方式,了解被审计单位整改工作的进展情况,及时发现整改过程中存在的问题和困难,并协助其解决。对于整改不力或整改不到位的单位,及时发出整改催办通知,督促其加快整改进度,确保整改工作取得实效。

上城区教育局建立审计整改报告制度,做到标本兼治。要求被审计学校落实专人负责牵头审计问题的整改,明确整改内容及工作分工,认真制订整改方案,列出整改计划表,分阶段分批次逐步整改到位。通过建立审计整改台账,对审计发现的问题,有的放矢,分类管理,简单问题立马改,重点问题重点改,难点问题限期改。逐条追根溯源，细化整改措施，逐项认真剖析，找准体制机制方面的病灶，从根源上堵塞问题漏洞，健全长效制度机制。健全审计结果和整改情况通报制度，对学校普遍存在的、共同性的及重点领域的问题进行通报，以点带面，要求未审单位针对普遍性问题、突出问题由表及里、由点到面综合分析，开展自我检查，自我整改，敲实整改成效。

（二）效果评估：依动态关注审计成效

为评估审计工作的实际效果，审计团队建立动态评估机制。围绕教育服务体系优质均衡建设构建大数据模型，通过收集和分析被审计单位的整改数据、财务数据以及其他相关指标，对审计工作的成效进行综合评估。评估内容包括问题整改的完成率、整改措施的有效性、内部控制的完善程度、资金使用效益的提升情况等。通过动态评估，及时总结审计工作的经验教训，为后续的审计工作提供参考和借鉴，不断提升审计工作的质量和水平。

（三）后续巩固：依需要开展复审工作

为巩固审计成果，防止问题反弹，审计小组根据实际情况，适时开展复审工作。复审工作重点检查被审计单位整改工作的长期效果，以及是否建立了长效机制防止类似问题再次发生。通过复审，进一步强化被审计单位的内部管理，提升其风险防范能力，确保教育资金的安全和合理使用。同时，复审结果也为教育局对被审计单位的绩效考核提供重要依据，促进教育系统内部管理水平的持续提升。

教育委托审计作为教育系统内部审计工作的重要补充，通过科学的筹备、规范的实施、精准的报告和有效的跟踪，为教育系统的健康发展提供了有力保障。杭州市上城区教育局在教育委托审计实践中，积极探索创新，不断提升审计工作的质量和水平，为推动教育事业的高质量发展贡献了审计力量。

第三节　经验：风险防控力审计的典型案例

上城区教育局在风险防控力审计方面开展了卓有成效的工作。经验主要体现在以下三个方面：一是优化流程，通过强化学校治理流程的标准化、实操化和信息化，构建"制度完善—流程再造—能力迭代"的管理闭环，提升校长的风险应对能力；二是提升价值，聚焦内控管理的全面性、系统性和精准性，利用审计结果驱动内控管理革新，增强学校内控管理意识和校长的风险识别与评估能力；三是落实整改，构建"以案促改、以案促治"的审计整改新格局，通过双轨监督、建立整改成效指数和专项复审等举措，形成闭环管理，为区域教育发展注入动能，推动教育系统实现"放管服"改革，保障教育事业健康、可持续发展。

一、优化流程：学校治理提效能，审计监督促规范

治理效能提升工程是上城区教育局深化现代学校制度建设的关键创新点，彰显了区域教育管理从粗放式经验运作向体系化治理模式的结构性变革。其本质是借助审计过程指导学校构建"制度完善—流程再造—能力迭代"的闭环管控机制，系统重塑管

要素，实现了从"被动应对"到"主动预防"、从"经验管理"到"体系治理"的治理进阶，将审计监督从纠偏工具转化为治理资源，实现学校治理的精准化与协同性。

【案例 7-1】

上城区教育局不断强化学校治理流程的标准化、实操化、信息化，切实提升校长治理过程中的风险应对能力。借助审计的监督、评价、咨询功能，有效规范校内权力运行、优化校内资源配置、提升校内治理效能。

（一）系统诊断：找准制度薄弱项，优化执行滞阻点

审计的过程中发现，不少学校虽有一校一案的内控制度，但是对于政策的深入解读不足或对管理流程的实操性不强，导致校长治理过程中的风险应对能力不高。以区内 H 中学为例，风险点如下：

1. 采购管理透明度不足：后勤的采购涉及费用占比较高，金额较大，且往往涉及合同问题，存在较大的财务风险和法律风险。

原因分析：区内部分学校在后勤采购、库存管理以及资产维护等环节缺乏透明度和标准化流程，导致资源浪费和资产流失现象时有发生。例如，部分采购项目未经过严格的审批流程，存在随意采购的情况；库存物品缺乏定期盘点，导致过期或损坏物品未能及时处理；资产维护缺乏计划性，导致维修费用居高不下。

2. 食堂管理规范性不足：食堂管理的规范性不仅是食品安全和营养均衡的保障，更是教育公平、社会责任和人文关怀的体现。

原因分析：目前，在食堂的出入库程序、盈亏率计算、规范流程、人员管理等方面存在治理漏洞。食堂岗位职责制度不够完

善、细致，出入库管理流程和库存盘点制度不够全面，月底盘库只有实盘数，未见账面数，无法核实账实差异，盈亏率计算不准确，伙食核算不规范，这些问题都影响食堂盈亏率计算的准确性。

（二）闭环驱动：迭代采购治理模式，重塑食安标流体系

针对上述问题，H 中学作为单体大规模学校，以审计为抓手，通过全面而深入的审计监督，为后勤管理与食堂管理的革新注入强劲动力。聚焦流程的精细梳理与优化重构，着重提升管理的整体效能与风险防控的坚实壁垒。

1. 穿行测试筑基：四维联动构建采购治理新范式

后勤采购以强化组织架构、组织穿行测试、引入 KISS 复盘法为实操路径，迭代管理流程，提升后勤管理的高效性和系统性，实现流程的持续优化和改进。

（1）组织架构，上下联动：成立采购工作专项小组，由书记直接领导，校长领衔，干部全体参与，上下联动。分别设立领导小组、采购小组、验收小组和监督小组，全维度管理。

（2）穿行测试，优化流程：在前期的审计中发现采购过程资金类的校内审批有时出现交叉或者错签的现象，在设备类采购中出现采购方式不准确的情况，H 中学制订了采购流程 1.0（见图 7-1），将资金类和设备类分线制订流程，但是在穿行测试过程中发现，审批流程没有解决采购申请分级细化、留痕、追溯等问题，于是引入钉钉平台（见图 7-2），搭建了数字审批流程，让审批流程运转智能化、让审批过程可追溯。在第二轮的穿行测试中发现采购中存在累积金额超过 3 万元但缺少询价比价过程的漏洞，于是继续优化补漏，制订了大额采购流程 2.0（见图 7-3），并结合钉钉数字审批流程同步运行，大大防范了廉洁风险。

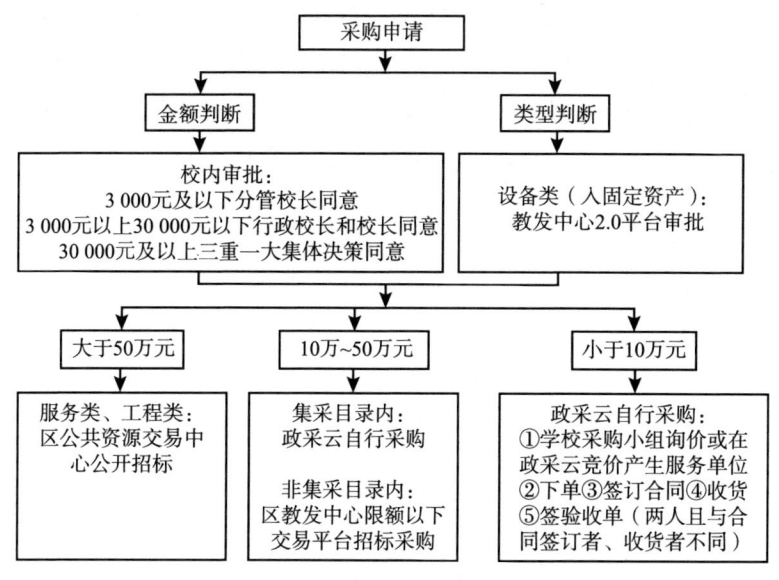

第七章 审计：指向提升风险防控力的综合督导 251

图7-1 H中学采购流程

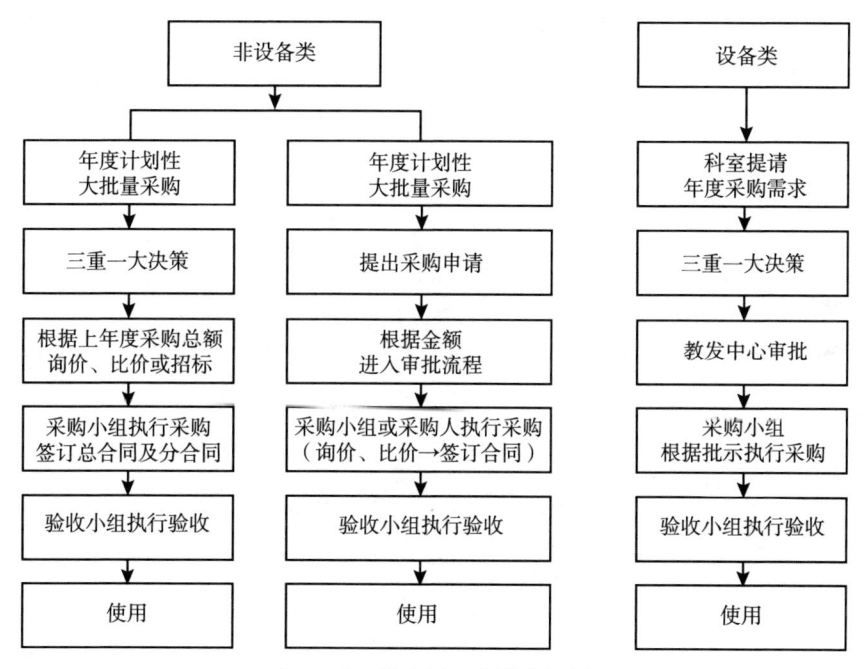

图7-2 H中学大额采购流程

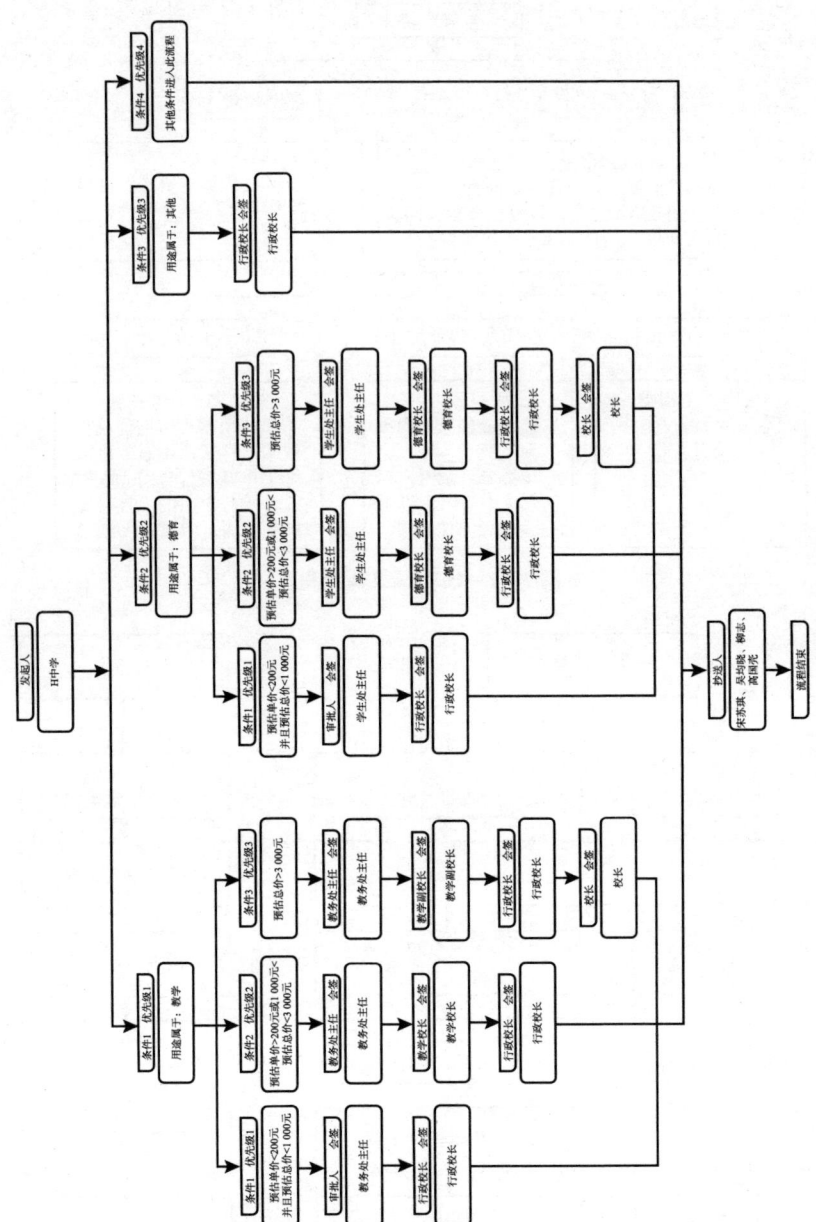

252　综合督导：提升校长现代治理能力的上城密码

图7-3　H中学钉钉平台采购流程

（3）KISS 复盘，聚焦核心：根据 KISS 复盘法的四个步骤：Keep（保持采购流程的合规性、质量合格、价格合理、流程高效的目标）、Identify（发现学校优化后的采购流程 1.0 版本中的责任明确优点，大额采购中的三全〔全金额、全领域、全类别〕覆盖的优点）、Simplify（简化在采购流程 1.0 中纸质流转审批的高成本低效率缺点，采用钉钉流转的方式简化审批）、Strengthen（强化成功经验，设置监督机制避免重复错误）。

2. 动态标流迭代：双轨驱动打造食安治理样板

（1）动态优化，构建食安标流体系

初中学生正处于生长发育的关键时期和重要阶段，因此食堂工作是学校教育中的最大民生工程，是家长最为关注的内容之一。食堂管理最大的目标在于提升学生满意度，最重要的工作是菜品质量和安全的把控及服务质量的提升，最大的难点在于员工的流动性大，学生喜好的变化性多，工作职责不明确。把控食堂管理的关键抓手，便是食堂工作各环节的流程和标准。H 中学通过动态优化的食品安全标准流程体系建设，明确采购、验收、粗加工、切配、烹饪、蒸煮、洗消等关键环节的流程（以采购验收流程为例，见图 7-4）。

通过学生满意度为抓手，不断循环提升，动态优化。如学校提供的是二个大荤、两个小炒和两个素菜这七个菜品，根据荤素搭配、营养均衡的原则，配成三个套餐进行选餐。为了更好地满足孩子"套餐有选择，菜品能常新"的愿望，学校特别设置了学生满意度提升的流程图（见图 7-5）。从两个维度进行标准化流程操作：在菜品的把控上，采用原料检验、加工烹饪、自评打分的流程进行质量品控；在口味的喜爱上，采用建立分类菜品库、

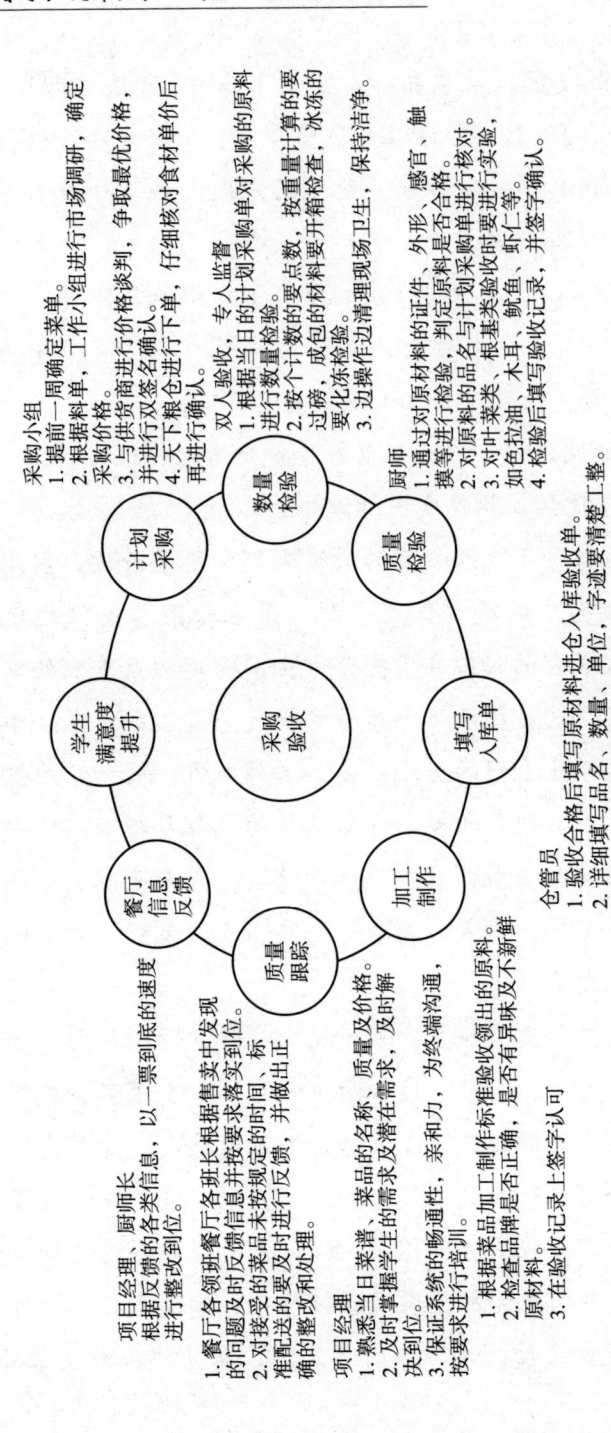

图7-4 H中学食堂管理采购验收流程

采购小组
1. 提前一周确定菜单。
2. 根据原料单，工作小组进行市场调研，确定采购价格。
3. 与货商进行价格谈判，争取最优价格，并进行双签名确认。
4. 天下下粮仓进行下单，仔细核对食材单后再进行确认。

双人验收
1. 根据当日的计划采购单对采购的原料进行数量检验。
2. 按个计数的要点点数，按重量计算的要过磅，成包的材料要开箱检查，冰冻的要化冻检验。
3. 边操作边清理现场卫生，保持洁净。

厨师
1. 通过对原材料的证件、外形、感官、触摸等进行检验，判定原料是否合格。
2. 对原料的品名、单位与计划采购单进行核对。
3. 对叶菜类、菌菇类、木耳、鱿鱼、虾仁等，如色拉油、木耳、鱿鱼、虾仁等要进行实验。
4. 检验员填写验收记录，并签字确认。

仓管员
1. 验收合格后填写原材料进仓入库验收单。
2. 详细填写品名、数量、单位。
3. 验收人及分方供方签字确认。

项目经理
1. 熟悉当日菜谱、菜品的名称、质量及价格。
2. 及时掌握学生的需求及潜在需求，及时解决到位。
3. 保证系统的畅通性、亲和力，为终端沟通，按要求进行培训。

项目经理、厨师长
根据反馈的各类信息，以一票到底的速度进行整改和落实到位。

餐厅各领班餐厅各班长根据售卖中发现的问题及时反馈信息并按要求落实到位。
1. 对接受的菜品反馈时进行反馈，并配送反馈时进行反馈，并做出正确的整改和处理。

（环形流程节点：计划采购 → 数量检验 → 质量检验 → 填写入库单 → 加工制作 → 质量跟踪 → 餐厅信息反馈 → 学生满意度提升 → 采购验收）

第七章 审计：指向提升风险防控力的综合督导

厨师长
根据学生问卷、自我研发和学习形成学校大荤类、小炒类、素菜类、汤品类的菜品库，根据学生成长需求制定好每周菜单，经学校审核后发布。

厨师长
经理进行营养分析后确定，经校审核修改通过后确定、定期翻新。

分管校长、厨师长
厨师每月研发2个新菜，每月进行新品试吃会，师生共评选出优秀的新菜品进行上新。

厨师长
采购质量督办、督办菜品采购的及时性和标准执行的质量保证性。

主任
督办菜品验收现场的准确性和真实性和标准执行的质量保证性，并在当日收货单上签字确认。

仓管部门
根据当日就餐计划比的数量按照标准验收各类菜品，验收合格后分类、分库进行入库存放。

（菜谱制定 — 新品研发 — 原料检验 — 原料加工 — 菜品制作 — 分餐 — 信息反馈 — 学生满意度调查）

学生满意度提升

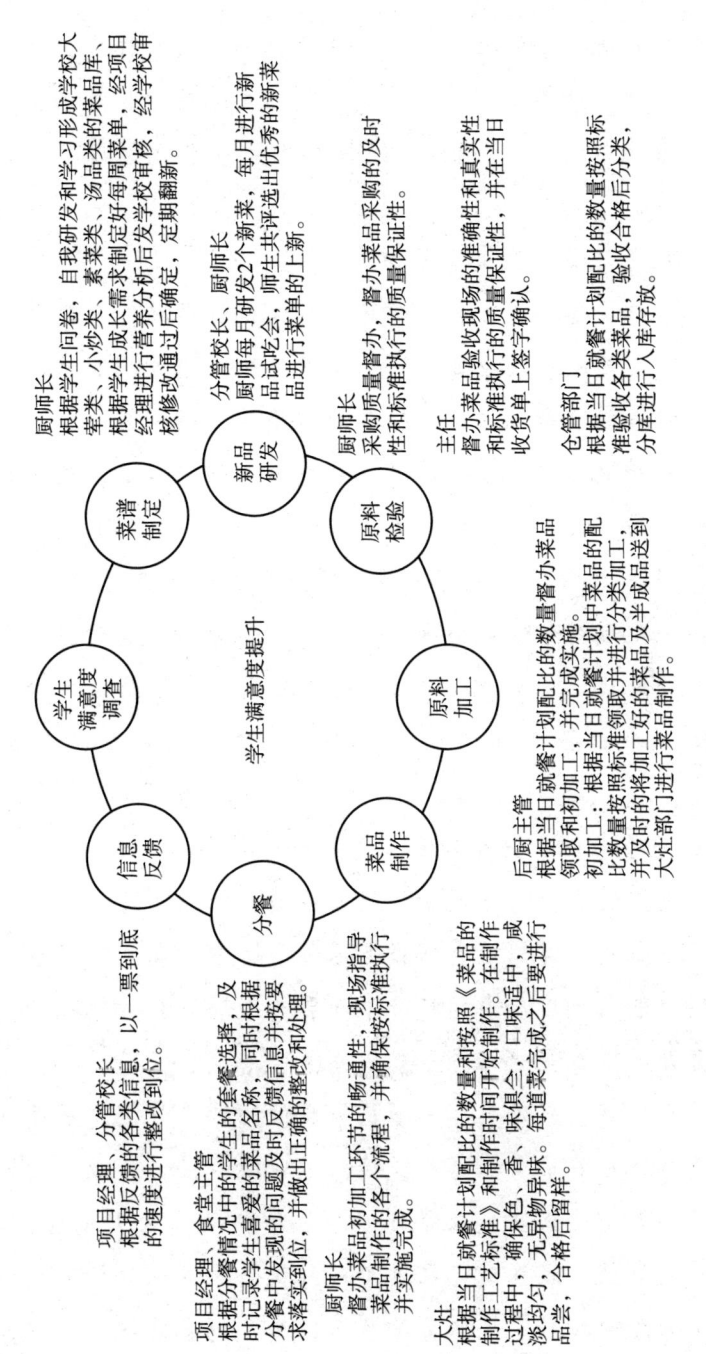

项目经理、分管校长
根据反馈的各类信息，以一票到底的速度进行整改到位。

项目经理、食堂主管
根据分餐情况中的学生的套餐选择，及时记录学生喜爱的菜品名称，同时根据分餐中发现的问题及时反馈信息并按要求实施到位，并做出正确的整改和处理。

厨师长
督办菜品初加工环节的畅通性，现场指导菜品制作的各个流程，并确保按标准执行并实施完成。

大灶
根据当日就餐计划配比的数量和按照《菜品的制作工艺标准》和制作时同步开始制作。在制作过程中，确保菜品色、香、口味适中，口味俱合，浓淡均匀，无异物异味。每道菜完成之后要进行品尝，合格后留样。

后厨主管
根据当日就餐计划配比的数量督办菜品领取和初加工。根据当日就餐计划中菜品进行分类加工，按数量按标准领取并进行分类加工，并及时的将初加工好的菜品及半成品送到大灶部门进行菜品制作。

图7-5 H中学食堂学生满意度提升流程

每月进行新品研发，每次邀请师生共评，每轮按照择优上新的流程满足学生对于口味的需求和菜品口味自主选择权，既保障了孩子们的"常吃常新"，同时也满足了初中生的自我意识被认可的心理需求。

（2）规范流程，提高盈亏核算精度

食堂工作贵在细节，盈亏核算是其优化成本控制，制订科学决策，实现稳健发展的重要环节。H中学食堂通过明确伙食成本的核算方法和标准来确保成本核算的准确性和规范性。通过每月一次定期更新晚自习的参加情况，动态核准用餐人数，确保成本核算准确；每个班级专门设立了一名同学作为班级膳管员，通过日记录、周统计、月核对的细化机制，保障用餐情况的准确性。此外，学校定期对食堂的盈亏率进行监控和分析，发现异常及时进行调整和优化。每月10日之前完成月报表，了解盈亏率，同时针对上一个月盈亏率的情况，及时调整当月后三周的成本控制。

（3）完善考核，提升食堂人员素养

食堂员工的素养是体现食堂服务品质的枢纽，每一个员工的行为和态度都会直接影响整体服务质量。H中学食堂通过不断完善食堂岗位职责制度和考核标准，开展专项培训全方位提升员工素质，并开展员工星级工资机制以嘉奖先进。食堂进一步细分食堂管理员、厨师、采购员、库管员等岗位的职责范围，并建立与岗位职责相对应的日考核标准，按月进行绩效评估，以激励员工更好地履行职责。遵循能上能下原则，根据员工每月的出勤率、加班数、培训值、满意度记录员工每月积分，依积分评定星级员工，对不同分数段员工采取奖惩及岗位工资调整处理。以职责细分为基础，以月主题培训为抓手，以星级评定为激励，H中学食堂人员管理实现了品质优化的正循环。

（三）治理启示：从督导诊断到免疫升级，学校治理的全链条风险防控

在区域综合督导的刚性约束与柔性引导下，学校治理体系和风险防控能力实现双重跃升，以外部督导为支点撬动学校内生治理变革。破解了传统学校治理中"自查盲区多、改进动力弱"的困局，更培育出"用数据说话、靠机制管事"的现代治理文化，为教育系统实现"放管服"改革提供了基层实践范式，提供了学校风险防控的新启示。

1. 优化流程提效率

通过梳理采购全流程，建立标准化操作手册和电子审批节点，不断迭代优化流程，消除人为干预漏洞，使采购流程更加规范透明，采购成本得到有效控制。通过严格的审批流程和供应商公开询价、比价，降低采购成本，提高采购效率。如H学校通过采用优化后的采购流程，年度消防维保项目新一年共节省费用2.5万元，全年卫生用纸、垃圾袋等预计节约1万元，垃圾清运费用降低100元/车，预计全年节约2 000元。

2. 技术赋能强管理

通过建立登记制度、引入电子管理工具、规范盘点机制等手段，对入库管理进行优化升级。建立严格的出入库登记制度，对食材的采购、入库、领用和出库进行详细登记，三人签名担责，以保证每一步都切实可查。引入电子化管理软件，搭建库存线上管理系统，实现出入库数据的实时录入和查询，促成库存物品的管理精准高效化。运用技术，实现自动预警库存短缺情况，帮助

学校及时调整采购计划。根据出入库流水，精准分析易耗品使用情况，为"过紧日子"的落地提供数据支撑。

3. 全程监管抗风险

成本控制体系的建立使得食堂运营成本得到了有效控制。通过优化食材采购、减少浪费、提高服务效率等措施，成功降低了学校食堂运营成本，避免了成本超支带来的财务风险。

学生用餐人数提前和后续的定期动态统计制度，在原材料上优化了成本控制，三步走的用餐统计使得食堂成本控制更加精准，大大提升了盈亏率的控制，2024年学校食堂的盈亏率出现明显好转，控制在规定范围内。

综合督导审计结果的运用促进了学校治理的规范化、制度化。将审计结果纳入学校绩效考核体系，提高了各部门对审计工作的重视程度。同时，通过加强审计部门与其他部门的沟通协调和信息共享机制建设等措施，帮助学校形成了督管合力，从传统事后处理向"预防—监控—处置"的闭环管理转型。

二、提升价值：资源配置增效益，教育发展强根基

上城区教育局聚焦内控管理的全面性、系统性、精准性，充分利用审计结果驱动内控管理革新，借助审计全流程管理体系，不断强化学校内控管理意识，提升校长风险识别及风险评估能力。上城区教育局精心构建"五维十三条"风险防控评估体系，以科学规划为引领，以精准调控为抓手，完善措施，助力学校构建精细化管理机制，实现高效、透明、规范的校务治理格局。

【案例7-2】

（一）价值挖掘：学校资源利用现状与优化空间

在校长治理中，内控管理发挥着极为关键的作用。它不仅是保障学校运营规范、财务安全、资源合理配置的重要手段，更是提升学校治理效能、促进学校健康可持续发展的基石。

然而，审计过程中经常发现内控管理存在诸多问题，这些问题不仅影响学校的日常运营，还可能导致资源浪费和管理效率低下。以区内B校为例，主要存在以下问题。

一是内部控制认识局限：对内部控制的认识较为局限，实施主动性不足。"三重一大"集体决策制度执行不力，决策过程记录缺失，致使决策的完整性与可追溯性严重受损，进而影响决策的科学性与民主性。

二是内部控制设计缺陷：内部控制设计存在缺陷，系统性与全面性不足。如固定资产盘点频次与制度规定不符，反映出内部控制设计得不合理。

三是控制措施执行短板：已建立的控制措施、方法、程序在执行环节存在短板，未能有效落地。例如，财务报销机制未充分发挥作用。

（二）战略契合：以审计助力学校高质量发展

针对这些问题，上城区教育局积极行动。借助区内问题大数据分析技术，对B校内控现状进行精准画像，挖掘潜在风险点与控制薄弱环节，科学评估内控完备性。以风险导向强化审计理念，聚焦学校"三重一大"、固定资产管理等内控领域，针对性地指导内控体系建设。深度监管学校财务数据、业务流程，精准识别潜在风险，全方位助力学校内控管理提质升级，迈向现代化治理（见图7-6）。

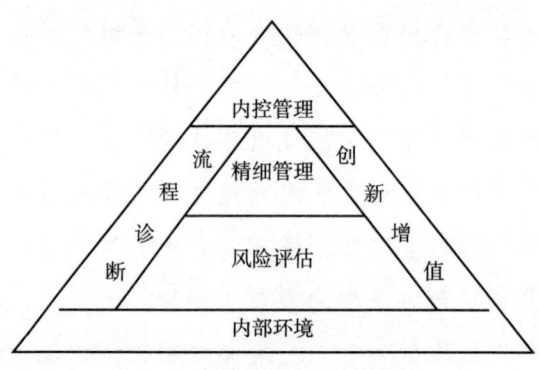

图7-6 审计助力内控管理体系

1. 构建精细化内控

上城区教育局借整改标准流程管理体系，帮助B校提升管理效能与风险防控能力。指导学校引进"GRAI"复盘法①，强化目标回顾、结果评估、分析原因、总结经验的过程管理，针对审计问题溯源，健全"三重一大"集体决策记录制度，确保决策过程的完整性与可追溯性，促进决策的科学性与民主性。协助学校优化固定资产管理流程，严格按照制度规定增加固定资产盘点频次，确保固定资产的账实核对及时、准确，保障学校资产的安全性与完整性。强化财务业务报销依据的可追溯性，增强校长对财务业务的监管。通过以上举措整体提升学校的风险防控能力。

2. 强化诊断式管理

上城区教育局通过审前、审中、审后全流程指导学校完善内

---

① GRAI复盘法：由目标（Goal）、结果（Result）、分析（Analysis）、洞察（Insight）四阶段构成的结构化反思工具，通过系统性比对目标与执行结果的差异，驱动深度归因分析与行为改进。在教育管理中常用于审计问题溯源与流程优化。

控机制，推行诊断式管理，依据调查了解内部控制、细化调整内部控制、评价内部控制健全性、符合性测试、综合评价内部控制有效性等流程，在实操过程中发现风险问题，精准定位问题、优化管理流程。针对学校决策记录、固定资产管理、财务核算等方面，深入开展全面调研，依循流程进行深入指导并提供内控监管策略。经详细审查与分析，即综合评价环节，助力学校挖掘潜在管理风险与问题，制订针对性整改措施。诊断式管理凭借精准防控风险，为B校财务业务安全稳定运行筑牢根基，推动B校财务管理工作稳步发展（见图7-7）。

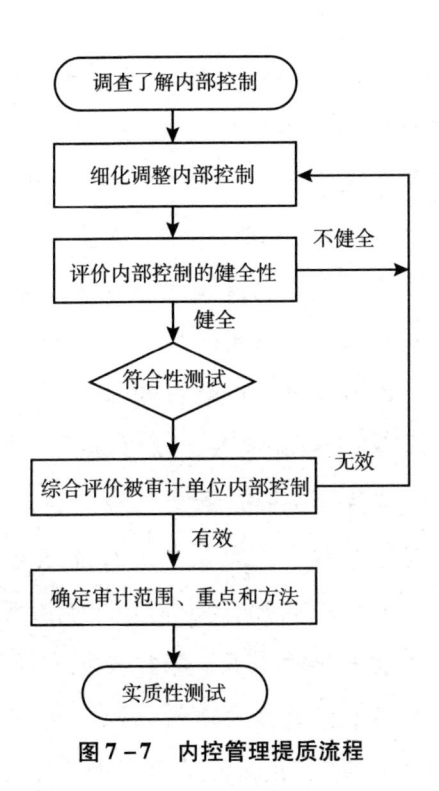

图7-7 内控管理提质流程

3. 创新增值型流程

为进一步提升内控效能，增强学校提升风险防控意识，鼓励B校持续精进，再次完善，引入"质量管理法"，构建全周期内控管理闭环。计划阶段，借助风险评估工具梳理风险、定位缺陷，明确防控方向与修复路径。执行阶段，按修复方案推进工作，提升执行效率。检查阶段，结合定量与定性方法评估内控措施，找出薄弱环节。处理阶段，针对问题整改，填补管理空白，制订评价操作规程，形成长效机制。借此流程，学校能更好应对内外部环境，提升管理与风控能力，助力学校高质量发展。

（三）成果展现：价值提升对学校发展的深远影响

1. 科学方法助力精准治理

科学管理工具是提升学校治理科学性与精准度的核心要素。"GRAI"复盘法、"诊断式管理法"、"质量管理法"等，为学校治理提供了有力的技术支持。依托这些方法，学校能够迅速定位管理中的问题，深入剖析其产生的根源，进而制订出具有高度针对性的解决方案，推动学校管理的持续优化。

学校借助内控管理提质流程，从多个维度深入推进科学管理。在提升内控管理认知层面，着重增强实施的主动性。严格落实"三重一大"决策制度，规范决策流程并完整记录，保障决策的科学性、民主性和可追溯性，为学校科学治理筑牢决策基础。同时，充分利用大数据分析技术，深度挖掘学校历史数据，并结合内控管理中对各项流程数据的严格把控，为决策提供兼具前瞻性和准确性的依据，助力学校提前预判风险，灵活调整发展策略，以适应不断变化的教育环境。

2. 强化内控保障学校发展

审计管理的规范化和精细化，对学校内控建设起着关键作用。明确各部门及人员的权责利，能让学校各项管理工作边界清晰、流程有序。学校依托内控管理提质流程，持续优化内控设计，构建全面系统的内控体系，合理调整固定资产盘点等关键环节，确保制度合理有效，进一步明晰管理边界和流程。

以规模庞大、管理复杂的 B 校为例，该校拥有 4 个校区、300 余名教师和 5 000 多名学生。通过规范制度与流程管理、完善内控执行机制、强化内部审计监督，学校实现了管理的重大突破。各部门严格按照规章制度和流程框架开展工作，有效减少了管理的随意性和不确定性，整体管理水平大幅提升。此外，完善内控执行机制是保障学校发展的重要一环。细化规范财务报销等机制，强化监督检查与问责，促使内控措施真正落地。加强内部审计部门的独立性和权威性，使其能够有效监督学校各项经济活动，发现问题及时督促整改，确保学校经济活动在规范的框架内运行，为学校发展保驾护航。

3. 持续监督推动主动优化

审计管理的精准调控是优化学校资源配置的重要动力。学校借助科学的预算制订和严格的执行监督，实现资源的精准配置，有效减少不必要的开支。在内控管理过程中，执行监督与问责机制发挥着关键作用。学校依托这一机制，持续推动资源配置的优化。通过优化内部管理流程，提高工作效率，降低用人成本，实现资源的高效利用。

建立长效监督机制是学校治理的必然要求。通过定期监督检查，结合内控管理中的日常监督与定期审查，及时发现学校管理过程中存在的问题。这种持续监督促使学校主动优化管理，不断提升治理水平，为学校的可持续发展提供坚实保障。

三、整改提质：问题整改抓关键，长效机制保长效

自 2016 年起，杭州市上城区教育局便开始实施常态化的"三年一轮审"经济责任审计。教育系统下的各单位在多个方面取得了显著的整改成效，这些方面包括但不限于内部控制制度的建立与完善、采购业务管理的规范化、资产管理的精细化、三公经费使用的透明化、教育工会管理的民主化以及食堂管理的标准化。这些整改成果不仅确保审计整改工作能够持续、有效地进行下去，还进一步推动了学校长效机制的完善，助力了治理体系和治理能力的现代化提升。

近年来，杭州市上城区教育局紧密围绕"以案促改、以案促治、规范权力运行"的审计整改新格局，以"常抓而不息"为审计跟踪阶段主旨，在整改监督、效果评估、后续巩固三方面优化举措。审计团队通过"定期检查＋随机抽查"双轨监督，实时跟踪整改进度，对滞后单位启动"黄灯预警"机制，确保整改按期销号。同时，建立"整改成效指数"，整合整改完成率、内控完善度、资金使用效率等核心指标，生成可视化评估报告，精准识别薄弱环节。针对高风险领域及历史频发问题，开展"回头看"专项复审，重点核查长效机制建设与执行情况，并将复审结果纳入单位绩效考核，形成"整改—评估—提升"闭环。杭州市上城区教育局通过这一动态管理模式，近三年教育资金违规率下降 62%，内控达标率提升至 98%，为区域教育高质量发展注入审计动能。

【案例7-3】

2022年经济责任审计过程中，发现C幼儿园在制度建设、财务治理、采购及合同管理、重大经济事项决策方面等方面存在问题。经过一系列的整改措施，至2024年浙江省教育厅"关重大政策落实情况审计"时，未再发现相关问题，整改成效显著。以C幼儿园的整改落实为例，通过问题导向、机制保障、整改闭环三个方面来详细阐述有效的整改实施过程及审计整改的长效机制。

（一）问题导向：审计发现问题的精准定位与剖析

C幼儿园整改问题如下：合同控制流程不明确、重大经济事项未经"三重一大"会议讨论、采购程序执行不到位、往来款长期挂账等。幼儿园以问题为导向，展开精准定位与剖析。

1. 合同管理漏洞

C幼儿园在合同管理方面存在漏洞，未明确合同审批流程，实际操作中仅需口头报备即可签订合同，部分合同未盖章。这种不规范的合同管理方式容易导致合同执行过程中的风险和不确定性，可能引发合同纠纷或责任不清的问题。合同未盖章可能影响其法律效力，增加幼儿园在合同履行过程中的风险。此外，口头报备缺乏正式记录，难以追溯和监督，可能导致合同签订过程中的随意性和不严谨性，反映出幼儿园在合同管理制度建设和执行上的不足。

2. 大额采购缺乏决策监督

幼儿园在2019年至2021年向某公司采购后勤组生活物资，金额逐年增加，但未经"三重一大"会议讨论。这违背了重大决策应集体讨论决定的原则，可能导致采购决策缺乏充分的论证和监督，存在潜在的利益输送风险。未经过集体讨论的采购决策，可能缺乏透明度和公正性，无法确保采购价格的合理性和物资的性价比。此外，长期向同一家供应商采购，可能形成依赖关系，降低采购的灵活性和竞争力，反映出幼儿园在重大事项决策流程上的缺失。

3. 采购程序不规范

支付某公司的零星维修工程款未经过询价程序，违反了三方比价的基本要求。这使幼儿园无法确保所支付的工程款是合理且具有竞争力的价格，可能导致被过高收费等情况。未经过询价程序的采购活动，容易滋生腐败和利益输送问题，损害幼儿园的利益和声誉。此外，缺乏询价程序可能导致采购过程中的不透明和不公正，增加采购风险，反映出幼儿园在工程采购环节的内部控制存在缺陷。

4. 往来款长期挂账

账面其他应付款中存在长期挂账的退休活动费和退休重大疾病慰问款项，账龄超过三年仍未及时支付。这不仅影响了幼儿园财务报表的真实性和准确性，还可能导致债权人权益受损，产生潜在的财务纠纷和信用风险。长期挂账的原因可能包括财务治理不善、对往来款项的清理和核对工作不及时、不到位等。此外，长期挂账的款项可能涉及历史遗留问题，难以追溯和核实，增加了财务处理的难度，反映出幼儿园在财务治理上存在疏忽。

（二）机制保障：从反馈整改到长效治理的全过程管理

依托上级审计结果，C 幼儿园高度重视，立即组织召开党政联席会议，对问题整改工作进行全面部署，成立了由支部书记、园长任组长，由园区园长任副组长，由总务主任、财务主办、办公室主任任成员的问题整改落实工作领导小组。制订了《C 幼儿园审计整改方案》，确定了审计整改各部门职责（见表 7-5），按照"谁主管、谁负责"的原则,明确班子成员分别牵头负责,并将整改任务具体落实到分管领导。

表 7-5　　　　　　C 幼儿园审计整改各部门职责

部门及主要负责人	职责细分	具体内容
幼儿园办公室主任	1. 督促整改	负责督促落实管理审计发现问题的整改工作
	2. 制定内控制度	负责制订幼儿园内控制度并组织实施,为审计整改提供依据和标准
	3. 完善制度与监督	深入剖析问题根源,完善规章制度,优化流程,加强内部监督,形成长效机制
幼儿园总务主任	1. 配合审计整改	配合基建维修等工作中审计问题的整改,如财务收支、工程质量、预算执行等
	2. 校园环境建设	负责校园环境建设,接受审计监督,确保合法合规、高效优质
幼儿园财务主办	1. 预算管理	根据审计结果整改预算编制和执行中的问题,确保预算合理、准确、有效;严格遵守财经纪律,确保资金使用合法合规
	2. 经费收支管理	按规定收取费用并及时足额入账,公示收费标准;严格审核支出票据,及时整改审计发现的问题;定期公布财务情况,增加透明度
	3. 资产管理	配合审计国有资产的管理、配置、使用、处置和效益情况;承担资产价值管理、数据一致性等责任,整改审计出的问题

幼儿园园办公室负责协调,对审计指出的 4 项问题的整改措施进行梳理,按照明确责任领导、明确整改时限的思路,建立清单,集中解决,整体联动。同时,运用"一页纸"管理机制、"数智化"整改机制、长效机制构建来提升整改效率。

1. "一页纸"管理机制:化繁为简,精准跟踪

C 幼儿园创新推行"一页纸"精简管理法,将每个整改任务

的核心内容（如责任人、时间节点、整改措施、完成标准）浓缩到一张 A4 纸上，张贴在公告栏或分发给相关人员，确保信息一目了然、便于跟踪。任务清单（见表 7-6）采用"红黄绿"三色标注法：绿色表示已完成，黄色表示进行中，红色表示未启动，直观展示整改进展。例如，针对"制度建设方面"问题，清单明确责任人为办公室主任，整改措施为"修订内控制度并制订审批流程图"，时间节点为"2022 年 7 月 4 日前完成"，并通过每周更新颜色标注进度。同时，清单下方设置"备注栏"，用于记录整改过程中遇到的困难及解决方案，便于后续总结和优化。这种"一页纸"管理法不仅简化了信息传递流程，还通过可视化方式提升了整改工作的透明度和执行力，确保任务高效推进、责任落实到人。

表 7-6　　　　　　C 幼儿园 2022 年审计整改清单

	问题阐述	负责人整改期限	整改措施	是否按时完成
制度建设	审计发现，C 幼儿园在合同控制方面，未明确合同审批流程，在实际操作中签订合同需口头报备，部分凭证附加中的合同未盖章	办公室主任 2022 年 7 月 4 日前	1. 修订制度：根据《行政事业单位内部控制规范（试行）》，修订幼儿园内控制度，明确合同审批流程，包括合同订立、审批、盖章等环节的具体要求 2. 细化操作流程：制订详细的合同管理操作流程，明确合同签订前需书面报备，合同盖章后方可生效，并规定合同归档的具体要求 3. 实操执行：组织相关人员培训，确保合同管理流程的严格执行，定期检查合同管理情况，发现问题及时整改	按时完成

续表

	问题阐述	负责人 整改期限	整改措施	是否按时完成
重大经济事项决策	C幼儿园2019年6—12月采购后勤组生活物资等合计15 061.74元，2020年采购后勤组生活物资等合计16 937.46元，2021年采购后勤组生活物资等合计25 065.40元，均为支付至某公司，但未经"三重一大"会议讨论	副园长 2022年7月4日前	1. 修订制度：修订幼儿园内控制度，明确"三重一大"事项的范围和决策流程，确保所有重大经济事项必须经过集体讨论决定 2. 细化操作流程：制订详细的采购需求评估流程，后勤组需结合往年需求，预估整年生活易耗品需求量，并提交"三重一大"会议讨论 3. 实操执行：2022学年起，所有重大采购事项必须严格按照"三重一大"程序执行，确保决策过程公开透明，并做好会议记录和档案留存	按时完成
采购及合同管理	三方比价程序执行不到位，2021年12月107号凭证，支付某公司2020学年零星维修工程款90 113.00元，未经询价程序	总务主任 2022年7月4日前	1. 修订制度：依据《杭州市上城区教育局学校修缮项目管理办法（试行）》，修订幼儿园内控制度，明确零星维修支出同一家服务商超3万元应比价采购 2. 细化操作流程：通过数智化改革，制订线上的采购和合同管理操作流程，如使用简单的在线表单工具创建采购申请表单，运用平台系统将审批流程根据金额分层，借助钉钉建立线上合同管理共享机制 3. 实操执行：2022学年起，所有采购和维修项目严格按照修订后的制度执行，确保询价、比价程序到位，并做好相关记录和档案管理	按时完成

续表

	问题阐述	负责人 整改期限	整改措施	是否按时完成
财务治理	往来款长期挂账截至2022年7月31日，C幼儿园账面其他应付款146 981.17元，其中：退休活动费、退休重大疾病慰问合计2 597.40元，账龄三年以上，未及时支付	财务主办 2022年7月4日前	1. 修订制度：修订园财务治理制度，明确每年至少进行一次往来款项的全面排查，排查内容包括应收款、应付款等，特别是账龄三年以上的挂账 2. 细化操作流程：制订详细的往来款项清理流程，明确账龄三年以上的挂账需查明原因，形成书面报告，并按规定处理 3. 实操执行：每年年底前，财务部门需对所有往来款项进行清理，对于无法支付的款项，及时上报上级主管部门并上交财政，确保往来款项管理的规范性和透明度	按时完成
备注				

2."数智化"整改机制：科技赋能，高效落实

C幼儿园运用数智化整改机制，构建起"协同管理—流程优化—风险防控"三位一体的全链条管理闭环。在协同管理平台建设上，创新运用钉钉/微信群组打造数字化整改中枢，集成公告发布、文件共享、进度追踪三大核心模块，每周自动生成可视化整改周报并精准推送至相关责任人，同步采用腾讯文档实现跨部门云端协作，依托其版本控制、实时评论等功能，有效破解传统文件流转效率低、版本混乱、信息衰减等痛点。此外，幼儿园引入AI数据分析技术，深度挖掘过去几年的审计数据，智能识别那些潜在风险高发领域，以数智化手段赋能幼儿园风险防控与管理优化。

采购流程优化方面，C幼儿园精细化修订内控制度明确零星维修支出边界，建立1万/3万元分级审批机制并自动路由至对应责任人，当触发单笔/同类/供应商累计超3万元阈值时，将触发预警提醒，要求相关采购项目提交"三重一大"会议讨论，确保采购管理的合规性和风险可控性，相关材料需包含服务商资质证明、关联关系查询报告及三家比价单。通过钉钉实现合同审批全流程电子留痕与异常预警，确保采购合规性提升至98%以上。

3. 长效机制构建：常态监督，成效巩固

为巩固整改成效，防止问题复发，构建一套科学、系统的长效机制显得尤为重要。该机制旨在通过定期自查、内部审计、内部监督等手段，确保幼儿园在日常运营中能够及时发现并解决潜在问题，持续提升管理水平。

C幼儿园构建"审计自查+积分激励"双轨治理机制，由管理层牵头组建跨部门自查小组，实施"自查—互查—专查"三级监督体系。每学期初制订动态自查计划，结合历史审计问题，明确财务合规、物资管理等6大重点领域，建立"发现问题—归因分析—整改验证"标准化流程。创新推出"整改积分"长效激励制度，教职工可通过完成整改任务（10~30分）、主动上报风险（5~15分）、参与培训考核（基础5分+分享奖励3~5分）累积积分，每学期生成个人整改绩效看板，积分结果与评优晋升、岗位培训深度挂钩。该机制实现审计整改从"被动应付"向"主动作为"转变，推动管理效能提升35%，风险事件发生率下降42%，形成"人人讲合规、事事为发展"的良性治理生态。

（三）整改闭环：以整改落实推动学校治理能力现代化

C幼儿园通过系统性整改与长效机制的深度融合，构建了

"整改—评估—提升"动态闭环，为教育机构风险防控体系建设提供了范式参考。2024年C幼儿园合同合规率达100%，往来款清理率达100%，自查问题整改率达95%，内控达标率从2022年的76%提升至2024年的100%。并在2024年浙江省教育厅专项审计中实现零问题通过，形成的治理模式具有普适推广价值，为同类学校构建现代化治理体系指明实施路径。

1. 构建系统性整改与长效机制

构建"整改—评估—提升"的动态闭环，可确保整改工作的持续性和有效性，使学校治理更具系统性和规范性。将整改融入日常管理，形成常态化治理机制，能及时发现并解决问题，防止问题积累。同时，通过量化指标评估整改成效，能明确薄弱环节，优化治理机制，提升整改工作的可衡量性和可追踪性。

2. 创新管理方法与工具的运用

"一页纸"管理法等创新工具可将复杂任务可视化、清单化，明确责任分工，便于实时监控进度，从而提高整改效率。同时，将整改任务与绩效考核、评优晋升等挂钩的激励机制，能充分调动教职工参与整改工作的积极性，形成全员参与的良好氛围，进一步提升整改效果和学校管理的精细化水平。

3. 推进数智化治理与跨部门协同

利用数字化工具搭建协同管理平台，可实现信息实时共享和任务精准跟踪，显著提升合同管理、采购决策和财务管理等工作的效率和智能化水平。引入智能分析系统，能优化供应商选择和合同履约管理，有效降低风险。此外，建立跨部门联合检查机制，可确保整改工作全面覆盖、有效落实，增强部门间协同合作，提升学校整体治理水平。

第八章

支持：综合督导的保障机制

要让综合督导充分发挥效能，完善的保障机制不可或缺。上城区教育局从管理层面精心构建规程与机制，为督导工作筑牢制度根基；在队伍建设方面，打造专业过硬的督评队伍，提供坚实的人力支撑；于技术领域，编制实用工具并借助数字化赋能，提升督导的科学性与精准度。这些举措相辅相成，共同推动区域教育质量迈向新高度。本章将深入剖析综合督导的保障机制，探寻在管理、队伍、技术等方面的创新实践与显著成效，为其他地区教育督导工作提供宝贵经验与借鉴范例。

第一节 管理：综合督导的规程与机制建设

在教育改革与教育治理现代化的大背景下，上城区教育局科学推进综合督导的规程与机制建设。在规程建设方面，颁布督导规程，实施"三个一"精准举措，明确结果运用；监管机制方面，督学开展日常监管，强化党建专题监管和审计长效监管；评估改进方面，建立以评促建激励机制，实行全程闭环督导整改，对优秀单位表彰奖励，对问题学校问责处理，全方位提升区域教育事业，推动教育高质量发展。

一、综合督导的规程建设

（一）规程的制度化建设

上城区始终紧跟国家、省、市教育督导战略的步伐，全力投入督学工作制度的优化之中。为了制订出符合区域教育实际的督导规程，开展了广泛而深入的调研。教育专家们凭借着深厚的专业知识，为调研提供了理论支撑；一线工作者们则从日常教学实践出发，带来了最真实的问题与建议；家长们也积极参与，从教育消费者的角度表达了对教育的期望。

经过多轮严谨的研讨，《上城区责任督学挂牌督导规程》正式颁布。这一规程犹如一座灯塔，为区域教育督导搭建起了规范、科学的运作框架。以法治为原则，将依法督导学校的理念贯穿始终。在督导内容上，广泛涵盖课程设置、师资培养、校园文化、校园安全等教育的关键环节。每一个环节都关系到学生的成长与发展，都不容忽视。在督导方式上，融合了实地走访、课堂剖析、师生访谈和资料查阅等多种方式。实地走访让督学们能够亲身感受学校的氛围和环境；课堂剖析深入教学的核心，了解教学的实际情况；师生访谈则从不同的视角获取信息，倾听师生的心声；资料查阅为督导提供了客观的数据和文字依据。通过这些方式的有机结合，确保能够获取全面真实的信息。在督导程序上，构建了严密的操作流程。从督导前的准备工作，到督导过程中的具体实施，再到督导后的总结反馈，每一个环节的任务与标准都明确清晰。这就如同一场精密的机器运转，各个部件紧密配合，保障了督导工作的高效开展。

规程将优化责任督学体系作为关键。建立了"区教育局教育督导科（区人民政府教育督导委员会办公室）—督学责任片区—责任督学—各中小学、幼儿园"四级工作网络，实现了各级督导力量的紧密协作。在划分督学责任区时，充分综合考虑学校地理位置、规模和办学特色，合理分配任务，确保每个责任区的督导工作都能够精准开展。选拔责任督学时，设立了严格的标准，只有那些理论与实践兼备且责任心强的人才，才有机会成为责任督学。明确挂牌督导信息公示要求，让督导工作在阳光下进行，增强了透明度和公信力。科学量化经常性督导频次，保障了督导工作的常态化，让教育问题能够及时被发现和解决。通过这些举措，切实增强了中小学挂牌督导工作的规范性，强化了教育督导的权威性和严肃性，为区域教育的高质量发展奠定了坚实的基础。

（二）规程的精准化实施

在全力推动教育督导工作迈向高质量发展的关键进程中，上城区以创新为驱动，积极探索并推行了独具特色的挂牌督导"三个一"精准化举措。这一举措犹如一把精密的钥匙，开启了教育督导科学高效的大门，为提升区域教育质量筑牢根基。

"三个一"精准化举措,即一本《督学工作手册》、一张"督导工作闭环流程图"以及一份巡查事项清单。它们紧密相连,共同构成了科学且系统的督导工作体系。督导前的准备工作是整个督导流程的基石,其重要性不言而喻。借助《督学工作手册》里对督导政策法规深入浅出的解读、工作标准的详细阐释,督学们在开展工作时有了坚实的理论后盾。手册中的内容,是教育领域专家学者与一线督学多年经验的结晶,每一条规定、每一项标准都经过反复斟酌。而巡查事项清单,则聚焦学校教育教学的每一个细微之处,从课程设置是否合理,到教学方法是否得当;从学生的学习状态到教师的教学态度,都有细致罗列。它就像一张精准的地图,让督学在督导过程中能够迅速找到关键所在,有的放矢地开展工作。

在督导过程中,督学严格按照"督导工作闭环流程图"(见图 8-1)的指引,有条不紊地推进各项工作。他们穿梭于校园的各个角落,进行细致的校园巡视,不放过任何一个可能存在问题的地方;推门听课,真实感受课堂教学氛围,了解教师的教学水平和学生的学习效果;查阅资料,从教学计划到学生作业,从教师教案到学校管理制度,全面掌握学校的教育教学情况;开展问卷调查,广泛收集师生的意见和建议,让不同的声音都能被听见;组织座谈走访,与学校领导、教师、学生进行面对面的交流,深入了解学校在管理和教学中存在的问题。一旦发现问题,督学们会立即反馈,以专业的视角精准指出"改什么,怎么改"。他们会结合学校的实际情况,给出具体的、可操作性强的建议,为学校后续整改提供清晰的方向。

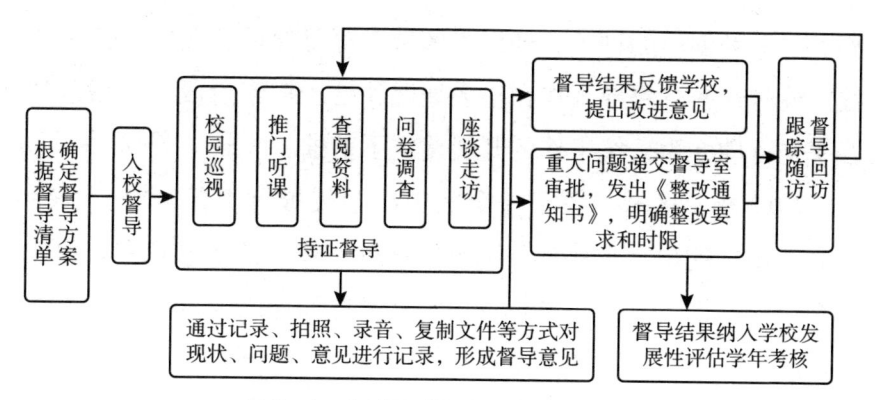

第八章 支持：综合督导的保障机制 277

图 8-1 上城区"督导工作闭环流程"

督导结束后，对于发现的问题，尤其是重大问题，会形成《整改通知书》递交给学校。通知书上明确整改要求和时限，让学校清楚知道自己的问题所在以及需要完成整改的时间节点。这一举措不仅推动学校及时整改，更构建起"发现、整改、解决、拓展"的工作闭环。通过对问题的深入剖析和有效解决，学校能够总结经验教训，拓展工作思路。"三个一"措施，规范督导流程，细化工作任务，确保教育督导各个方面、各个环节的工作做到有章可循，为区域教育的高质量发展保驾护航。

（三）规程的科学化应用

责任督学挂牌督导工作的相对独立性，使其在教育督导体系中占据着独特且关键的位置。明晰督学工作定位、明确督导结果运用方式，成为提升督导实效性的核心要素。

回溯历史，早在1999年，上城区教育局便展现出非凡的前瞻性，建立了"督学定点联系制度"。这一举措在教育督导领域种下了一颗创新的种子，开启了区域教育督导创新实践的漫长征程。彼时，教育督导工作在很多地区还处于摸索阶段，上城区却已率先行动，为后续工作的开展奠定了基础。

2012年，区域《关于在全区中小学校推行责任区督学公示牌的通知》的出台，成为一个重要的里程碑。它标志着常态化挂牌督学工作正式全面开展，督学的身影更加深入地融入每一所学校。这一举措让学校和家长们都能清晰地了解到督学的职责和联系方式，为教育监督打开了一扇透明的窗。

凭借长期以来的不懈努力与创新实践，2017年，上城区荣获全国首批中小学校责任督学挂牌督导创新县（市、区）的殊荣。这一荣誉的背后，是无数教育工作者的辛勤付出和对教育事业的执着追求。到了2024年，上城区已拥有40名专业的区域责任督学，每位督学负责挂牌督导4~5所学校，实现了对区域内幼儿园、小学、初中、高中、职业学校以及特殊教育学校共206所学校的全覆盖式督导。

责任督学肩负着对挂牌学校工作进行监督、检查、评估和指导的重要职责。为进一步提升挂牌督导工作实效，上城区教育局对督学提出了"三个及时"的明确要求，即及时沟通交流、及时诊断问题、及时推广经验。在督导过程中，一旦发现重点问题，督学需在实地核查后迅速形成问题清单，并向学校下发《整改通知书》，同时明确整改的具体时限。对于学校的整改情况，督学持续进行跟踪指导与严格监督，切实构建起问题整改工作的闭环管理模式。比如，某学校存在校园安全隐患，督学发现后，立即下发通知书，要求学校在一周内整改。随后，督学多次回访，确保问题得到彻底解决。

此外，区教育局督导科高度重视并强化挂牌督导结果的运用，将督学反馈的督导结果纳入学校发展性评估学年考核体系，使其成为学校表彰奖励、评先树优以及工作问责的重要参考依据。一所学校因为在督导中表现出色，教育质量提升明显，在学年考核中获得了表彰奖励，这极大地激励了学校继续努力；而另一所学校因存在问题未及时整改，受到了工作问责，促使其迅速改进。通过这样的方式，充分发挥督导的导向与激励作用，推动区域教育不断向前发展。

二、综合督导的监管机制

综合督导作为保障教育质量、推动学校发展的关键举措，其监管机制与评估改进至关重要。在教育事业不断发展的当下，构建科学有效的综合督导体系，能够确保学校办学规范、提升教育教学水平，进而实现教育公平与优质发展。

（一）督学承担的日常性监管

责任督学作为教育领域的"质量监督员"，肩负着全方位督促学校规范办学行为、提升教育质量的重任，这是推动学校迈向高质量发展的根基所在。教育督导追求精细化，而实现这一目标离不开稳定且持续的监督力度，并且必须紧密围绕教育局的核心工作部署展开。

在监督依法办学方面，督学以教育法律法规为准则，严格审查学校的各项工作，如同严谨的"执法者"。从招生政策的执行到教学活动的开展，任何环节都不容许违法违规行为存在。正如在招生季，督学会仔细检查学校是否存在违规提前招生、超范围招生等情况，保障每一个孩子都能在公平公正的环境中接受教育。这不仅是对教育公平的维护，更是确保学校依法办学的关键举措，与党建工作的依法依规要求以及审计调查的合规性审查相呼应，共同为学校的健康发展保驾护航。

在指导规划实施时，督学依据学校实际情况和教育发展趋势，为学校出谋划策，化身为专业的"参谋"。就像一所新成立的学校在制订发展规划时，督学深入了解其师资力量、生源特点以及周边教育资源分布情况，提出差异化发展方向，强调特色课程开发和个性化教育实施，助力学校找准定位。这一过程与学校发展性评估中的规划引领相契合，为学校的长远发展奠定了基础，同时也为党建工作融入学校发展战略提供了方向指引，与党建引领学校发展的理念相辅相成。

在夯实常规管理过程中，督学深入学校各个角落，细致检查教学秩序、师资管理等环节。在教学秩序方面，查看课程表安排是否合理，有无随意增减课程现象；在师资管理方面，关注教师培训情况、教学评价体系是否科学。例如，曾有一所学校教师流动性较大，教学质量受影响，督学发现是教师激励机制存在问题，便建议优化薪酬体系和职业发展通道，吸引和留住了优秀教师。这不仅提升了学校的教学质量，还体现了督学在日常监管中对学校内部管理的深入洞察，与党建工作中加强教师队伍建设、审计调查中关注人力资源管理的理念相互呼应，共同促进学校管理的规范化和科学化。

在推进综合治理时，督学聚焦校园安全、周边环境等事宜。校园安全是教育的底线，督学会定期检查学校消防设施、食品安全、校园安保等情况；对于周边环境，协同相关部门整治学校周边网吧、游戏厅等娱乐场所，为学生创造良好的学习和成长环境。这与党建工作中维护校园稳定、保障师生权益的要求一致，也与审计调查中防范安全风险、保障学校正常运营的目标相契合，共同为学校的稳定发展提供了保障。

在开展常态化入校督导时，督学灵活运用多种方式。校园巡查中，仔细观察校园环境与师生状态，整洁有序的校园环境和积极向上的师生风貌是良好教育氛围的体现；推门听课让督学实时了解课堂教学质量，发现教师教学优点和不足并及时指导；查阅资料能全面掌握学校管理细节，从教学计划到学生成绩档案，从教师教案到学校管理制度，每份资料都蕴含着管理信息。通过这些努力，推动督学工作朝着制度化、规范化方向迈进，为综合督导的有效实施提供了坚实的支撑，也与党建工作和审计调查的规范化要求相呼应。

（二）党建工作的专题性监管

在教育领域，党建工作犹如一面旗帜，发挥着引领全局的关键作用。为夯实党建基础，提升党建工作质量，上城区教育局聚焦教育领域党建工作，深入各学校开展党建专项督导。

在党组织建设检查环节，督学细致查看党组织架构是否合理、健全，各岗位分工是否明确。合理的党组织架构能确保组织运行高效有序，例如，检查某学校党组织时，发现职责不清导致工作推进缓慢，督学提出整改建议，明确职责和工作流程，提升了工作效率。同时，严格审查党员发展流程，从入党积极分子的确定到预备党员的接收与转正，每一步都严格把关。曾有学校在党员发展过程中存在材料不齐全、考察不严格的情况，督学及时指出问题，要求按规范流程进行，保证了党员发展的规范性与严肃性。这不仅加强了党组织自身建设，也为学校各项工作的开展提供了坚实的组织保障，与督学日常监管中对学校管理架构的关注、审计调查中对合规性的审查相互呼应，共同推动学校治理体系的完善。

督查党建活动开展时，着重查看"三会一课"是否按时、高质量开展，主题党日活动是否形式丰富、贴合教育实际。"三会一课"是党组织生活的重要内容，按时开展能增强党员党性修养。如在一所学校，督学发现"三会一课"走过场，便与党组织沟通，建议丰富学习内容和形式，提高党员参与积极性。主题党日活动是党组织联系群众、服务社会的重要平台，督学会查看活动是否结合教育实际，是否发挥党员先锋模范作用。这与督学在日常工作中推动学校文化建设、促进师生全面发展的目标相契合，也与审计调查中关注学校文化建设和社会责任履行情况相呼应，共同营造积极向上的校园氛围。

在评估党建与教育教学融合成效上，关注党员教师在教学改革中是否积极探索创新教学模式，在师德师风建设中是否以身作则，成为师生的榜样。在一些学校，党员教师带头开展项目式学习、小组合作学习等教学改革，取得良好效果；同时在师德师风建设中，严格遵守职业道德规范，关爱学生，为其他教师树立榜样。一旦发现问题，立即与学校党组织深入沟通，结合实际提出整改建议，并持续跟踪整改情况。通过这一系列举措，充分发挥党建引领作用，推动学校各项工作高质量发展，打造具有鲜明党建特色的高品质校园，让党建成为教育发展的强大动力，与督学日常监管和审计调查共同服务于学校的整体发展。

(三) 审计调查的长效性监管

为推动教育督导工作持续深入开展，区域着力建立健全审计调查长效机制。在面对办学行为督导评估、义务教育优质均衡区创建自查自评等综合督导项目时，充分引入专业审计调查手段，提升督导工作的科学性与精准度。

督学与审计人员紧密协作，全面深入核查学校财务收支，追踪每一笔资金流向，确保账目清晰；对项目建设开展全程审计，从立项、招标到建设实施、竣工验收，严格把控资金使用；对资产管理进行清查盘点，核实资产真实状况与价值，避免国有资产流失。

在幼儿园规范办园行为督导评估中，不仅核实办园经费来源，还详细审查经费在教学资源购置、教师薪酬发放等方面的使用情况，杜绝乱收费现象。在学校发展规划实施进程中，定期开展审计调查，精准核算资源投入，全面评估产出效益，为学校发展提供专业、科学的财务监督与指导，保障督导工作的长效性与权威性。通过建立健全审计调查长效机制，为教育资源合理配置和教育事业健康发展提供了坚实的财务保障，与督学的日常监管、党建工作的专题性监管相互配合，共同为学校发展提供全面保障。

综合督导的监管机制是一个有机整体，督学的日常性监管、党建工作的专题性监管以及审计调查的长效性监管相互配合、相互促进。只有不断完善和优化这一监管机制，才能为教育事业高质量发展提供坚实的保障，实现教育的公平与公正，为学生提供优质的教育资源。

三、综合督导的评估改进

（一）以评促建重激励

在教育督导工作的大棋局中，上城区教育局深刻认识到激励机制对于推动学校发展的重要性，将督导评估结果与学校发展的关键环节紧密相连，如同在学校发展的道路上安装了强大的助推器。

首先，督导评估结果深度融入校长任期制。这一举措就像是为校长的工作表现安装了一个精准的"测量仪"，通过全面、客观地评估，为校长任期内的工作提供量化依据。在评估过程中，不仅考量学校的教学成绩，还涵盖校园文化建设、师资队伍发展、学生综合素质提升等多个维度。例如，某校长在任期内，学校的教学成绩虽有一定提升，但校园文化建设方面有所欠缺。评估结果指出这一问题后，校长积极学习先进的校园文化建设理念，组织开展各类文化活动，丰富了学生的课余生活，提升了学校的整体氛围。在这种评估压力下，校长们主动学习先进管理理念，不断优化管理策略，以谋求学校更好地发展。

同时，将督导评估结果与学校绩效奖励挂钩。这一做法直接触动了学校全体教职工的切身利益，依据评估成绩确定奖励额度，奖励向教育教学成果突出、学校发展进步显著的学校倾斜。在一所原本教学质量平平的学校，通过全体教职工的共同努力，在教学改革、师资队伍建设等方面取得了显著进步，在督导评估中成绩优异，获得了丰厚的绩效奖励。这一奖励不仅是对教职工工作的肯定，更激发了他们的工作积极性，形成了一个良性循环。

这些举措极大地激发了学校发展的内生动力。区域内的学校为追求更好的评估结果，纷纷积极行动起来。在教学改革方面，有的学校引入项目式学习、小组合作学习等先进教学模式，激发学生的学习兴趣和创新能力；在师资队伍建设上，加大教师培训力度，鼓励教师参加各类教学竞赛和学术研讨活动，提升教师的专业素养；在校园文化建设方面，打造具有特色的校园文化品牌，如有的学校以传统文化为主题，开展诗词朗诵、书法绘画等活动，营造浓厚的文化氛围。各学校之间形成了你追我赶、共同发展的良好教育生态。

（二）全程闭环督整改

在教育督导评估过程中，上城区教育局秉持严谨负责的态度，全方位、多角度地了解学校工作情况。责任督学深入课堂听课，亲身感受教学氛围，观察教师的教学方法和学生的学习状态；仔细查阅教学资料，从教学计划、教案设计到学生作业批改，不放过任何一个细节；与师生座谈交流，倾听他们的心声和建议，全面梳理学校存在的问题。

基于"督查—整改—反馈"的工作模式，扎实开展"回头看"行动。在发现问题后，督促学校制订切实有效的整改措施。例如，某学校在督导中被发现教学秩序存在混乱的情况，课程安排不合理，教师随意调课现象严重。督学提出整改要求后，学校重新优化课程安排，建立严格的调课审批制度。在规定的整改期限后，责任督学及时对问题整改情况进行复查，通过再次实地考察、查看整改报告、询问师生意见等方式，随时掌握整改动态。如果发现问题整改不到位，会继续督促学校整改，确保每一个问题都得到妥善解决，防止问题反弹回潮，真正实现了督导流程的闭环管理，做到问责有效。

区责任督学的督导结果会被纳入学校当年的发展性评估学年考核。对于教育督导结果优秀的被督导单位及有关负责人，进行公开表彰，授予荣誉称号并给予一定的物质奖励。评上浙江省现代化学校的单位，在本轮中将获得一次学年评估直接晋档的奖励，这一奖励政策极大地鼓舞了学校积极追求卓越的积极性。一所学校在被评为浙江省现代化学校后，学校的知名度和美誉度大幅提升，吸引了更多优秀的学生和教师，进一步推动了学校的发展。

同时，对于工作敷衍塞责、消极应付、存在问题整改不到位的学校，责令其立即改正。对于学年内收到3张及以上《教育督导整改通知书》的学校，在当年的学校发展性督导评估中实行否优降档处理；对于发展性督导评估为C等及以下的学校，进行全区通报批评、问责相关责任人，并持续督导其整改。通过这种强势的问责机制，充分发挥了督导"长牙齿"的作用，有效推动学校重视并积极落实整改工作，提升教育教学质量。例如，某学校因为对整改工作不重视，多次收到整改通知书，在当年的评估中被降档处理，学校领导和教职工深刻认识到问题的严重性，积极进行整改，在后续的督导中取得了明显的进步。

综合督导的评估改进工作是一个系统工程，以评促建重激励和全程闭环督整改相互配合、相互促进。通过激励机制激发学校发展的内生动力，通过闭环督整改确保问题得到有效解决，两者共同发力，为上城区的教育事业发展注入源源不断的活力，推动区域教育迈向更高的台阶。

第二节 队伍：综合督导的人力资源建设

上城区以"专业化、精细化、协同化"为导向，构建起"选聘—培养—考核"全链条的综合督导人力资源管理体系。通过分层分类的督评队伍组建、立体化的研训体系建设和多维度的考核机制创新，打造出一支"政治过硬、业务精湛、结构合理"的督导队伍。在专职督学聘任中，严把准入关、动态优化结构，实现精英化配置；业务科室践行"监督＋指导＋服务"多重职责，形成"发现问题—跟踪整改—效能转化"的管理闭环；专家团队创新督导方法，精准扫描问题，赋能学校发展。从督评队伍到业务科室，通过靶向课程、实战演练、轮岗攻坚等方式全面提升专业素养，全域辐射经验，实现协同发展。

一、督评队伍的组建

（一）区域专职督学的聘任

在综合督导工作中，督学队伍建设是保障教育质量的关键环节。区域通过严格的聘任制度和动态管理机制，确保督学队伍具备高素质、专业化的特点。这种选聘模式不仅吸引了大量优秀的教育工作者加入督学队伍，还通过定期的考核与调整，保持了队伍的活力和竞争力。通过这种方式，上城区为教育督导工作奠定了坚实的人才基础。

区教育局制订出台《上城区人民政府教育督导委员会督学管理办法》，建立健全督学队伍遴选和管理机制，提出明确选人标准，严格按照申请、审核、征询、公示等程序选聘责任督学。实施责任督学聘任制，以三年为一届，对不能胜任督学者进行转岗；建立"补充机制"，每年通过公开选拔等方式将优先的行政管理者和研究员补充进督学队伍，不断完善督学队伍结构，提升督学队伍实力和整体素质。

2024年，上城区督学队伍共吸纳省督学5名、市督学6名。其中40名区责任督学，包含浙江省特级教师2名、获国家级荣誉教师3名、省级荣誉11名、市级荣誉27名；高级职称教师占比75%，实现了督学队伍数量充足、政治素质过硬、业务精湛、结构合理。此外，每学年择优选聘督学，实现了督学队伍水平稳步提升。每年组织督学座谈会，表彰优秀督学，以面对面、书面等形式互享工作经验。黄小波督学被推荐上报教育部督导局的"双减"督导优秀责任督学，系全省5名督学之一。黄禾丰督学所撰写的案例获评省政府教育督导办"双减"督导优秀工作案例。

（二）业务科室人员的职责

在综合督导的推进过程中，业务科室人员的相关核心职责可以归纳为"监督＋指导＋服务"，主要做好以五个方面的工作。

一是当好政策落实的"监督员"。把国家教育政策转化成落实到区域层面的具体检查标准，比如检查学校是否开足开齐课程、教师待遇是否到位、经费使用是否规范等。通过定期检查（如开学专项督导）和突击抽查（如不定期进校查"双减"落实情况），确保政策执行不走样。

二是做好区域教育教学重点工作的"质检员"。紧盯教育热点难点开展专项检查，比如校园安全排查时，相关科室会联合消防部门查设施、看演练；检查课后服务时，相关科室会随机访谈家长了解真实情况。发现问题后建立整改清单，要求学校限期解决并回头复查。

三是做好数据说话的"分析员"。相关科室收集整理学生体质测试、学业质量监测等数据，制作区域教育"体检报告"。比如通过对比三年数据发现某校近视率偏高，就会重点督导其增加户外活动时间，用数据帮学校找准改进方向。

四是做好整改落实的"督办员"。对督导发现的问题，既严肃反馈（如约谈校长、全区通报），也立即跟进问题解决。比如某校危房改造进度慢，相关科室会协调住建局加快审批；教师编制不足时，相关科室推动人社局建立动态调整机制，做到既"挑毛病"又"开药方"。

五是做好与时俱进的"学习员"。各科室每月组织案例学习与研讨，定期组织业务培训，掌握新的检查方法，如用手机 App 实时上传督导记录，提高工作效率。

以区内某小学为例，业务科室在检查中发现该校课后服务存在不足，部分家长对服务质量不满意。科室人员通过访谈家长、查阅资料等方式，详细记录了问题，并与学校管理层沟通，提出了具体的整改建议。学校根据建议优化了课后服务内容，增加了兴趣课程和辅导时间，得到了家长的高度认可。这一案例充分体现了业务科室人员在发现问题、推动整改和提升服务质量方面的关键作用。

在工作执行过程中，业务科室人员始终把握"督导不是找茬儿，而是帮学校进步"的原则，既用硬指标守住教育底线，也用暖服务支持学校发展，通过"发现问题—督促整改—跟踪提升"的完整链条，实实在在推动区域教育质量提升。未来，上城区将继续加强业务科室人员的能力建设，进一步优化工作流程，提升工作效率和服务质量。同时，上城区还将探索更多创新方法，支持业务科室人员更好地履行职责，为教育督导工作提供更有力的保障。

（三）专业督评专家的参与

区教育局督导科牵头成立由教育行政领导、学术专家、省（区、市）督学组成的专家团队，提升督导评估的专业性和公信力。当前，上城区教育局已建立了"选、培、用、评"一体化的专家团队管理模式，形成覆盖评估全过程的科学机制。

在具体实施过程中，对校（园）长任期综合督导暨规划终结性评估进行"线上＋线下"督评。线下评估设计包括"查、听、谈、测、诊、评"六个步骤。第一，环境查勘。专家分组查看校园，既关注硬件设施（如实验室建设与使用记录等），也观察隐性文化（如学生作品墙更新频率等）。第二，专题汇报。校长主题陈述，重点考察对规划目标的达成度自评。第三，分层访谈。组织干部、教师、学生、家长四类群体座谈，设计差异化问题（如问教师"校本研修频次"，问学生"最近参加的社团活动"）。第四，数据验证。现场抽取60%教师完成电子问卷，同步比对该校近三年体质健康、学业水平等12项监测数据。第五，现场答辩。评估团队随机抽签回答"如何化解教师职业倦怠"等实务问题，考察应变能力。第六，评估反馈。靶向反馈，形成"红黄绿"三类发展意见：红色问题清单（如某小学消防通道堵塞需立即整改）、黄色提升建议（如某初中校本课程系统性不足）、绿色特色经验（如某幼儿园游戏课程开发获省级推广）。反馈会采取"1+1+N"模式：1小时集中反馈共性问题，1小时校领导班子逐条确认整改计划，N个工作日持续跟踪（如安全类问题7日内复查，课程建设类季度回访）。

专家评估团队对每所学校进行点对点精准专业反馈，规划实施的成效如何、措施效果如何，不单从量的方面来看，还从度的方面来看，从根本上帮助学校发现优势和问题，指导学校找到发展的方向和动力，真正体现评估个性化和发展性的指导意义。这支有力的专业队伍使督导评估既成为检验办学水平的"显微镜"，又成为推动区域教育进步的"助推器"。

专业督评专家的加入，为教育督导工作注入了强大的专业力量。通过"五维诊断法"，专家团队能够精准扫描学校发展中的问题，提供个性化的改进建议，帮助学校找到发展的方向和动力。这种专业化的评估不仅提升了督导的科学性和公信力，还为学校的高质量发展提供了有力的支持。

二、督评队伍的研训

（一）督评队伍的专题研训

上城区教育局始终着眼督学专业水平提升，狠抓督导队伍能力建设，建立常态化教育督导能力提升培训制度，明确督学每年培训时限并纳入考核。结合区域实际，探索构建了"需求导向+精准供给+数字赋能"的专题研训模式，形成了具有全国影响力的督学培养范式（见图8-2）。

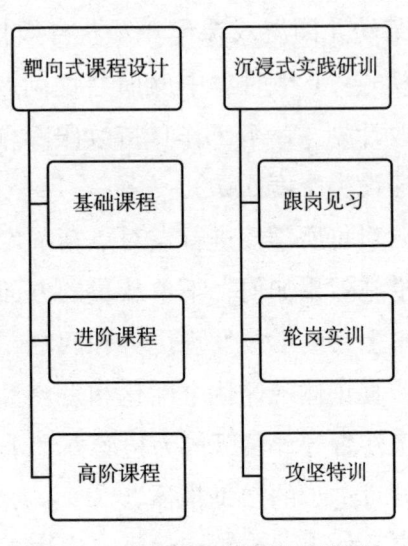

图8-2 督评队伍的专题研训设计

1. 靶向式课程设计

为防止出现"政策解读不透、数据分析不足、沟通艺术欠缺"等问题，开发分层分类督评队伍研训课程体系。

（1）基础课程。面向新入职督学，设置"教育法规100问""督导文书撰写规范"等必修课，采用"微课+情景模拟"形式。

（2）进阶课程。针对骨干督学开设"教育大数据分析""校园危机干预"等专题，使督学数据可视化报告产出效率大大提升。

（3）高阶课程。特邀国家督学等开设"学校发展规划诊断""督导谈判策略"等精品课，进一步打造区域"专家型督学"。

2. 沉浸式实践研训

督学在教育教学方面具有丰富的经验，但如何将夯实的专业能力转化为学校教学教学改革的实践指导能力成为我们亟待解决的问题。为此，区域创新"三阶实战培养法"，让督学通过跟岗见习、轮岗实训、攻坚特训等方式沉浸式学习，系统性提升督学的实践指导能力，"三阶实战培养"的载体具体表现在以下几点。

（1）跟岗见习。新任督学需完成3个月"师徒结对"，如2023年安排新督学跟随省级督学参与"初中强校工程"专项督导。

（2）轮岗实训。在安全督导、教学督导等不同岗位领域轮换实践，要求每年主导完成2个跨领域督导项目。

（3）攻坚特训。针对"教育共富""托幼一体化"等新命题，组织督学进驻薄弱校开展3周驻点督导。

专题研训是提升督学专业水平的重要手段。通过靶向式课程设计和沉浸式实践研训，上城区为督学提供了系统的培训和实践机会，确保他们能够更好地履行职责。这种研训模式不仅提升了督学的专业素养，还为教育督导工作提供了有力的人才支持。

（二）业务科室的自主研训

上城区教育局践行"督导即研究"理念，形成独具特色的研训文化。

一是建立"三研联动"机制。日常微研：每周固定开展"督导沙龙"，围绕典型案例展开研讨；专题深研：每季度设立研究课题，如2024年第一季度聚焦"人工智能赋能督导"，科室成员分组学习"AI督导助手"工具包；攻坚联研：针对重大督导难题组建跨部门课题组。

二是构建"双循环"成长生态。内部循环，实施"科室导师制"，科长带骨干、骨干带新人的三级传帮带体系；外部循环，与多地督导科建立交流机制，每年互派成员进行沉浸式学习，带回与辐射先进经验。

自主研训是提升业务科室人员专业素养的重要途径。通过"三研联动"机制和"双循环"成长生态，上城区为业务科室人员提供了系统的培训和实践机会，确保他们能够更好地履行职责。

通过自主研训，上城区的业务科室人员在专业素养和实践能力方面取得了显著提升。未来，上城区将继续优化研训机制，进一步提升科室人员的专业素养。同时，上城区还将探索更多创新方法，支持科室人员更好地履行职责，为教育督导工作提供更有力的人才保障。

（三）区域之间的交流互访

区域之间的交流互访是提升教育督导水平的重要手段。通过与各地的交流与合作，上城区不仅能够学习到先进的经验和做法，还能够将自己的创新实践分享给其他地区，推动区域教育督导工作的共同发展。

上城区教育局充分发挥长三角核心城区区位优势，构建立体化交流格局。陆续与上海市、北京市、江苏省南京市、福建省福州市、内蒙古包头市、金华市婺城区、西宁市城西区、衢州市常山县、永康市、安吉县、象山县等地交流互访。在区域交流中，与各地交流区域督导评价工作整体规划和具体工作思路，以对标规划、全程督导、多元运用，进一步建构科学评价体系、强化学校规划管理、发挥督导评估实效。在交流中，各地高度肯定上城区教育局在教育评价改革中的创新与思考，以及上城区在队伍建设、平台搭建等方面的系统支持。各地还纷纷表示，上城区教育评价改革以督导、评价、监测三位一体的系统架构思路和实践探索具有借鉴意义，对本地建立义务教育质量保障体系有所启发。

上城区教育评价改革成果从整体设计到融合实施，一直在不断优化，逐步形成了各具特色、便于落地、可迁移推广的实践优秀案例。未来，上城区将继续加强与各地的交流与合作，进一步优化教育督导体系。同时，上城区还将探索更多创新机制，支持区域教育督导工作的共同发展。

三、督评队伍的考核

（一）专职督学的任期考核

考核机制是提升督学工作效能的重要保障。通过科学的考核制度和双向激励机制，上城区不仅能够激励督学更好地履行职责，还能够及时调整不胜任的人员，保持队伍的活力和竞争力。

上城区教育局立足教育现代化发展需求，在分类等级管理基础上不断完善考核制度，健全评价反馈制度，实施双向激励机制，一方面明确考核评价、荣誉激励等正向激励措施，另一方面也明确责任追究和问责退出机制。区教育局将教育督导经费纳入当年财政预算，设立责任督学挂牌督导工作专项经费和考核奖励经费。督学挂牌督导专项经费按校按次发放；每年8月由督导科组织对全体责任督学进行年度考核，考核采用自我评价、学校评价与督导科评价相结合的办法，最终等级为称职与不称职，并从中择优评选出责任督学人数的1/3为优秀，颁发优秀证书、优先提供外出培训机会、人均发放优秀奖励金。

以某责任督学为例，通过年度考核，该督学在自我评价、学校评价和督导科评价中均获得了较高的评分，并被评为优秀督学。根据考核结果，该督学获得了优秀证书、外出培训机会和奖励金。这些激励措施不仅提升了督学的工作积极性，还为其他督学树立了榜样。

（二）业务科室的履职考核

履职考核是提升业务科室工作效能的重要手段。通过多维考核管理体系，上城区不仅能够确保科室人员明确工作目标，还能够及时解决工作中出现的问题，提升工作成效。这种考核机制为教育督导工作提供了有力的制度保障。为此，区域创新构建多维考核管理体系。一是目标导向，每年初制订《督导作战图》，将重点任务分解为季度目标，如2023年亚运前组织完成"亚运场馆周边学校安全专项督导"；二是问题销单，建立"督导问题池"，限时办结反馈；三是成效验单，引入第三方评估机构进行双重验证。

业务科室在工作过程中，逐渐建立起"问题—课题—成果"转化链条，将督导发现的共性难题引导转化为区级重点工作项目。如在2024学年第一学期，为贯彻落实教育部基础教育"规范管理年"行动要求，助推区域学校新学期开学工作顺利开展，上城区教育系统组织开展教育现代化综合检查工作。检查以"规范管理年"行动专项督导为核心，以"开学视导"为工作抓手，组建42支由区教育局机关干部、直属单位负责人、教研员、评价员、责任督学等构成的队伍，分赴全区所有中小学、幼儿园进行全面督查。各视导组通过校园观察、团队交流、师生访谈等多种形式，重点了解校园安全、学校日常管理秩序和学校师德师风建设三个方面的工作情况，逐一对标12条负面清单进行督查，力求进一步规范学校办学行为，提升上城教育治理水平，提高人民群众满意度。视导过程中，各视导组同步针对学校的党建阵地建设、心理健康教育、学生暑假作业和读书活动、非教育教学事务进校园问题专项治理情况、开学氛围营造等方面进行督查，从细处入手检视问题、寻找亮点。

通过多维考核管理体系，上城区的业务科室在工作效能和专业素养方面取得了显著提升。未来，上城区将继续优化考核机制，进一步提升科室人员的工作积极性和专业素养。同时，上城区还将探索更多创新机制，支持科室人员更好地履行职责，为教育督导工作提供更有力的保障。

上城教育始终坚持从政治上看教育、从民生上抓教育、从规律上办教育，而对于业务科室的履职正是以规范过程管理的方式助推上城教育高质量发展。在教育综合督导工作中，督导工具发挥着至关重要的作用。

第三节　技术：综合督导的工具建设与技术赋能

上城区教育局积极探索实践，精心编制并科学使用各类督导工具。这些工具覆盖党建、校长考核、学校规划评估等多个领域，且在使用中通过多种有效方式确保督导实效，有力推动了区域教育事业的高质量发展。

一、工具的编制与使用

（一）工具的编制

教育督导工具的编制是综合督导体系科学化、规范化的重要基础，其核心在于将政策导向与实践需求紧密结合，通过系统化设计为督导工作提供精准化、标准化的操作框架。上城区教育局围绕党建督查、校长执行力考核、学校规划评估、经济责任审计及满意度调查五大领域，编制了多维度、全流程的督导工具，确保督导工作有据可依、有标可循。

在党建专项督查工具的编制中，上城区以全面从严治党为核心，从意识形态责任、基层组织建设、党风廉政建设、干部队伍建设四个维度构建指标体系。意识形态责任维度涵盖政治理论学习、"第一议题"制度执行、意识形态分析研判等内容，确保党组织在思想引领上的核心作用；基层组织建设维度聚焦党组织年度计划落实、"三会一课"规范化、党员教育管理及党建阵地效能，强调组织生活的规范性与创新性；党风廉政建设维度围绕"三重一大"决策制度、廉政风险防控、廉政氛围营造等细化监测点，强化权力运行监督；干部队伍建设维度则从干部梯队培养、中层选拔规范、因私出国管理等方面入手，推动干部管理的制度化与年轻化。

校长执行力考核工具的编制聚焦学校治理的关键环节，以综合管理、教育教学、人力资源、经费后勤、依法治校、群团建设六大维度为框架，设计可量化的考核指标。例如，在"安全工作"指标中，既包含每月隐患排查、反诈宣传等常规要求，又针对学生非正常死亡、校园欺凌等风险点提出专项防控措施；"队伍建设"指标则通过师德师风建设、教师减负服务等细化要求，体现对教师群体的关怀与支持；"双减落实"指标明确作业时长、考试频次等具体标准，确保政策落地精准有效。此外，"科学报国""劳动教育"等特色指标的设计，彰显了区域教育改革的创新导向。

学校规划评估工具以发展性、增值性为原则，围绕学校发展、育人模式、学生发展、教师成长、校长管理力、社会满意度六个维度构建评估体系。例如，"学校发展"维度重点考察规划目标的达成度、办学特色的鲜明度及学校文化的育人效能；"育人模式"维度从课程建设、学教方式、评价机制等方面提出具体要求，推动教学改革与核心素养培育的深度融合；"社会满意度"维度通过家长、学生、教师的多维评价，全面衡量学校的服务效能与社会认可度。

经济责任审计工具的编制以风险防控为导向，涵盖重大经济决策、内部控制制度、资产管理、财务管理、党风廉政建设五大维度。例如,"重大经济事项决策"要求规范集体决策程序,确保资金使用合法合规;"内部控制制度"强调财经管理规章的健全性与执行有效性;"资产管理"关注资产清查、基建资金使用等环节,防范国有资产流失风险;"财务管理"维度细化收支合规性、预算执行、专项资金使用等监测点,提升资金使用效益。

学校满意度调查工具的编制则立足服务对象感知,针对幼儿园、中小学、职高、特教学校等不同单位类型,设计差异化问卷。例如,中小学家长问卷涵盖办学条件、师德师风、课程教学、家校沟通等维度,幼儿园问卷侧重幼儿发展、教师公平性等指标,职高问卷则聚焦职业技能培训质量与社会认可度。通过多维度数据采集与分析,为教育决策提供精准依据。

(二) 工具的使用

督导工具的科学使用是确保教育督导实效的关键环节。上城区教育局通过标准化流程、技术赋能与动态反馈机制,推动工具从"纸面指标"转化为"行动指南",全面提升督导工作的权威性与公信力。

在党建专项督查中,工具的使用依托"听取汇报+实地核查+数据分析"的立体化模式。督导组通过调阅党组织会议记录、廉政责任书、干部轮岗档案等材料,逐项核查意识形态学习频次、组织生活规范性、廉政风险点排查等指标;同时结合个别访谈与信访受理,综合评估党建工作的实际成效。例如,针对"意识形态责任制"指标,督导组不仅检查理论学习记录,还通过教师座谈了解政策传达的深度与广度;针对"干部梯队建设",通过年轻干部培养品牌的实际成果与中层干部信息报备的及时性，验证工具落地的有效性。

校长执行力考核工具的应用采取"科室联动＋量化评分＋结果反馈"机制。由区教育局组宣科统筹，联合安全、教学、后勤等职能科室，通过实地检查、台账审查、随机暗访等方式，对学校安全工作、师德师风、双减落实等指标进行多维度评估。例如，在"后勤管理"指标中，督导组核查食堂证照公示、食材采购台账、资产清查报告等材料，并结合师生满意度调查验证管理效能；在"规范办学"指标中，通过抽查学生作业本、考试安排表、课程表等，确保政策要求转化为具体行动。考核结果形成专项报告，作为校长任期评价与学校资源配置的重要依据。

学校规划评估工具的使用强调"自评＋他评＋改进"的闭环管理。学校先对照发展性指标开展自查，形成终结性自评报告；督导科组织专家团队通过随堂听课、校园巡查、焦点访谈等方式，验证规划目标达成度与特色项目影响力。例如，在"育人模式"评估中，专家通过观察课堂教学方式、学生项目化学习成果，判断课程改革与评价机制的实际效果；在"社会满意度"评估中，结合家长问卷数据与社区合作案例，分析学校的社会服务能力。评估结果既用于学校荣誉评定，又为下一轮规划制订提供改进方向。

经济责任审计工具的应用以"合规审查＋绩效评价"为核心。审计组通过财务账目核查、合同文本审查、基建项目追踪等方式，验证"三重一大"决策程序、三公经费使用、内部控制制度等指标的合规性；同时结合资金使用效益分析，提出优化建议。例如，针对食堂管理，审计组不仅核查收支明细，还通过师生访谈评估服务质量；针对专项资金使用，通过项目成果与预算对比，评价资金配置的科学性。审计报告直接反馈至学校领导班子，要求限期整改并纳入年度考核。

学校满意度调查工具的使用依托数字化平台实现高效采集与智能分析。通过在线问卷、短信推送等方式，广泛收集学生、家长、教师对教育服务的评价数据；平台自动生成区域总报告与单位分报告，精准呈现各维度的满意度得分与改进建议。例如，针对"家校沟通"短板，系统自动标记低分项并关联典型案例，为学校制订针对性提升方案提供数据支撑。调查结果定期向社会公开，倒逼基层单位优化服务流程，形成"以评促改"的良性循环。

在综合督导工作不断深入推进的当下，技术发挥的作用越发关键。先进的平台与实用的工具，已成为提升督导效率、增强督导科学性与精准性的重要支撑。上城区教育局敏锐洞察这一趋势，积极在技术领域深耕细作。通过精心编制各类督导工具，为教育督导工作提供明确的标准与方向；借助技术赋能，推动督导数字化转型。

二、技术赋能与改进

在教育改革的浪潮中，技术与数据正成为推动教育督导与管理变革的关键力量。随着数字化时代的到来，传统教育督导模式面临新的挑战与机遇，如何借助技术赋能实现教育督导的转型升级，成为教育领域亟待解决的重要课题。在此背景下，上城区积极探索，以技术赋能综合督导数字化，以数据驱动管理改进实证化，为区域教育高质量发展开辟新路径，为教育现代化建设注入新活力。

（一）技术赋能综合督导数字化

着眼于改革发展，大力推进教育督导数字化平台运用。上城区在做好省教育督导管理系统的经常性运用及维护的同时，积极探索推动教育督导工作向信息化、数据化、智能化督导过渡，自主开发"督学管理平台"，赋能区域督学管理工作。督学通过手机端、电脑端随时上传督学日志，与其他督学们共享交流；督导科及时上传政策文件、学习资料，让督学实现一屏在手处处能学、时时可学的无边界学习。借助平台，督导科对督学的工作情况、学习状态进行全方面、全过程、有依据地考核。考核结果只需要一键统计，从不同维度对督学的工作情况进行可视化分析，有效提高督导考核的效率和质量。

（二）数据驱动管理改进实证化

在提升区域教育督导管理的实践中，评价工具是连接评价标准与教育实践的桥梁，是反映评价技术的具体载体。在区域教育督导变革的这十多年过程之中，聚焦区域教育督导重点指标的框架建构与数据采集、信息表达与调研反馈、技术下沉与循证提升，在工具研发、数据分析、报告撰写等方面形成了一批关键技术，指导区域教育质量管理改进。科学运用监测结果可以对服务行政决策，促进教育教学改进，引导社会、学校树立科学的教育观等方面起到重要作用。聚焦区域与学校教育管理，以高信度的监测数据，高效能的数据挖掘，高质量的监测报告，驱动高内驱的结果运用。区域教育的质量提升、资源配置、公平保障、管理优化以及区域教学问题解决逐渐成为数据助力区域教育治理的发展方向。

三、结果呈现与应用

在教育督导体系不断完善的进程中,结果呈现与应用是推动教育发展的关键环节。上城区积极探索,借助综合督导结果报告,将教育过程中的复杂数据与多元情况精准剖析。通过创新的分类方式、科学的反馈机制和多维度的应用途径,让督导结果切实转化为教育质量提升的强大动力,全面推动区域教育生态迈向新高度。

(一)综合督导结果报告的类型

1. 基于主体的分类:分层式督导报告

上城区综合督导结果报告依据实施主体的不同,分为区域报告和学校报告两类。

(1)区域报告。以区域为单位生成,服务于教育决策与管理优化。报告整合区域内学生、教师、家长的综合数据,分析区域教育生态的整体状态与发展趋势,如教师职业倦怠率、家长合作水平、学生学业达标情况等。报告不涉及具体校名或师生详细信息,仅呈现群体性特征,为区域政策制定提供宏观支持。

(2)学校报告。以学校为单位生成,旨在帮助学校了解自身发展现状及管理改进方向。报告内容涵盖学生、教师、家长的整体情况,以及学校在区域内的学业水平、师生关系、家校合作等核心指标。例如，通过匿名处理班级学生信息，保护隐私的同时分析学业后1/3学生的比例、双独家庭结构等群体特征，为学校优化资源配置提供依据。

2. 基于内容的分类：主题式分报告与综合性总报告

根据测评内容体系的多元化维度，督导结果报告进一步细化为主题式分报告与综合性总报告。

分报告围绕不同主题展开，涵盖教育教学核心领域。其中学业水平报告包括语文、数学等学科的能力测评，横向对比分析与纵向发展分析相结合，如语文阅读能力可划分为提取信息、整体感知、解释推断、做出评价四个三级指标。学习质量调查报告通过学业成绩与学生成长环境等其他测评结果的关联分析，揭示影响学业表现的关键因素。社会性发展报告涵盖情绪情感、社会认同、价值观等维度，评估学生心理健康与社会适应能力。教师职业发展报告分析教师职业认同、工作压力、教学行为等，提出针对性改进建议。家庭教育报告评估家长学识、教养方式、家校合作现状，为家庭教育指导提供数据支持。

综合总报告通过整合分主题报告及历年数据，提炼具有全局性、前瞻性的结论。其特点包括：聚焦关键问题，避免面面俱到，筛选出对区域教育发展具有启示意义的结论；对比分析，运用横向与纵向比较方法，明确区域教育成效与待改进方向；决策支持，提出可操作的建议，直观服务于区域教育质量提升与管理改革。

(二) 综合督导结果报告的反馈

上城区综合督导结果报告的反馈机制以"分层分类"为核

心，构建了学校、区域、家庭联动的立体化反馈网络，强调"问题发现—改进实施—效果追踪"的全流程闭环管理，形成教育改进合力。通过科学化、动态化、协同化的反馈体系，上城区实现了督导结果从"数据沉淀"到"行动转化"的高效衔接，为区域教育生态的持续优化注入内生动力。

1. 多维度反馈机制：覆盖全教育生态

区域报告以教育决策部门为核心受众，通过数据可视化工具（如热力图、趋势折线图）呈现区域教育发展动态。例如，通过家长合作水平的地理分布差异，推动资源向薄弱社区倾斜；针对教师职业倦怠率上升趋势，制订区域级心理健康干预方案。督导团队通过"一校一报告"形式，将学业水平、师生关系、家校合作等数据定向反馈至各校管理层。报告采用匿名化处理，突出个性化问题诊断，同时，报告附有改进建议清单，如针对教师职业倦怠问题提出"弹性工作制试点""心理健康支持计划"等具体措施。

2. 动态化反馈流程：闭环管理与持续优化

督导团队在发现问题后，通过线上平台向责任单位推送"整改通知单"，明确改进时限与验收标准。例如，针对课堂教学设备故障率高的问题，要求学校在3个工作日内完成检修并提交整改证明。通过对比历年数据验证改进成效。例如，某校通过优化家校沟通机制，家长合作满意度从68%提升至83%，此类案例被纳入报告作为示范经验推广。督导团队同步开展"回头看"行动，对未达标单位进行二次督导，确保问题整改彻底。

3. 协同化反馈效应：激活多元主体参与

家庭教育报告通过数字化平台向家长开放查询权限，并提供定制化建议。例如,针对"过度依赖电子产品"的家庭教养问题,推送亲子互动活动指南与专家讲座资源。区域报告摘要通过政府官网、教育公众号向社会公开,接受公众监督。例如,学业水平达标率、教师职业满意度等关键指标的公开展示,倒逼教育质量提升,增强社会对教育治理的信任感。

(三) 综合督导结果报告的应用

上城区综合督导结果报告的应用,实现了从数据采集到行动改进的完整链条,形成"监测—反馈—改进"的闭环机制,持续追踪与动态调整,为政策制定与资源统筹提供科学依据,帮助精准诊断问题、优化管理与教学,提升家庭教育质量与家校合作水平。通过多维度的应用,上城区构建了以数据驱动的教育质量提升体系,为区域教育生态的持续优化提供了坚实的保障。

1. 区域层面的应用:政策制定与资源统筹

综合督导结果报告为教育决策与资源分配提供了科学依据。区域报告整合了区域内学生、教师、家长的综合数据,分析区域教育生态的整体状态与发展趋势。例如,通过教师职业倦怠率的变化趋势,教育部门可以制订心理健康支持政策;通过家长合作水平的分析,推动区域家校共育政策的落地实施。通过学业水平、社会性发展等数据的横向对比,识别区域内教育资源分布的不均衡问题。例如,针对学业后 1/3 学生比例较高的区域,教育部门可以优先配置优质师资与教学资源,缩小校际差距。

2. 学校层面的应用:精准改进与质量提升

上城区综合督导结果报告在学校层面的应用主要体现在精准诊断与改进优化两个方面。通过学业水平报告,学校能够清晰掌握学生在语文、数学等学科的能力分布，识别薄弱环节。例如，语文写作能力测评将学生能力划分为选择材料、组织材料、语言表达、书写与修改三级，帮助教师针对性地设计教学方案。认知能力报告则通过记忆、注意、推理等维度，为学校提供学生认知发展的科学依据，助力个性化教学。

3. 家校协同的应用：提升教育合力

综合督导结果报告在家校协同中也有应用，家庭教育报告通过分析家长学识、教养方式等，为学校开展家庭教育指导提供数据支持。例如，针对双独家庭比例较高的学校，可以设计针对性的家长培训课程，提升家庭教育质量。通过家长合作报告，学校可以了解家长对学校教育的理解与参与程度，优化家校沟通机制。例如，针对家长合作水平较低的区域，可以开展家校互动活动，增强家长对学校教育的认同感与参与度（见案例8-1）。

【案例8-1】

共情 共定 共商 共育：借力"蕙乐圆桌会"促家园教育合力

在"2021学年幼儿园家长满意度调查"中，丁蕙第二幼儿园家长满意率在全区排名前列，尤其是在"家校沟通"维度，老师运用面谈、微信、电话、网站、家园联系册等途径与家长沟通孩子在园情况，家长"非常多"满意率较高（见图8-3）。家长高满意度背后的原因之一是该幼儿园搭建了多种家园沟通途径，除家长会、家长开放日、钉钉平台常规沟通方式，还开创了一种新的家园沟通形式——"蕙乐圆桌会"。"蕙乐圆桌会"是以家长主动发起，家长提前预约，自由选择话题，小范围小组式的家园沟通形式，形式灵活，话题丰富，使家长能够及时全面了解幼儿在园情况，得到了家长的肯定。以下主要对这一举措进行介绍：

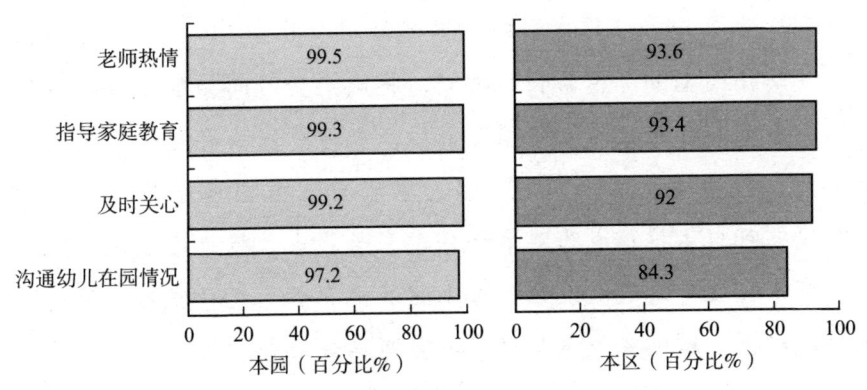

图 8-3 2021 学年幼儿园家长满意度调查数据

本园（百分比%）：老师热情 99.5，指导家庭教育 99.3，及时关心 99.2，沟通幼儿在园情况 97.2

本区（百分比%）：老师热情 93.6，指导家庭教育 93.4，及时关心 92，沟通幼儿在园情况 84.3

1. 共情——发布调查问卷，获悉教育需求

"蕙乐圆桌会"以班级为单位开展，每学期每班做到家长参与率100%。为清晰了解家长最关心的发展话题及教育需求，立于家长角度来有效展开活动，在活动前每班在班级群发起"圆桌会主题调查问卷"，并结合班级幼儿人数来确定本学期"蕙乐圆桌会"（见图8-4）分组情况、交流主题。

图 8-4 "蕙乐圆桌会"主题调查问卷

2. 共定——在线填表预约，确定时间人员

幼儿园充分考虑家长的时间，将圆桌会时间初步定为离园后的1小时。在组数与主题确定之后，教师在班级群发起"蕙乐圆桌会"预约填表（见图8-5），家长自主根据意愿在线预约时间，也可自主推荐成为圆桌会分享家长代表，将自己在这一交流主题下行之有效的做法分享给小组其他家长，充分发挥家长的主观能动性，增加家长参与度，丰富圆桌会形式。

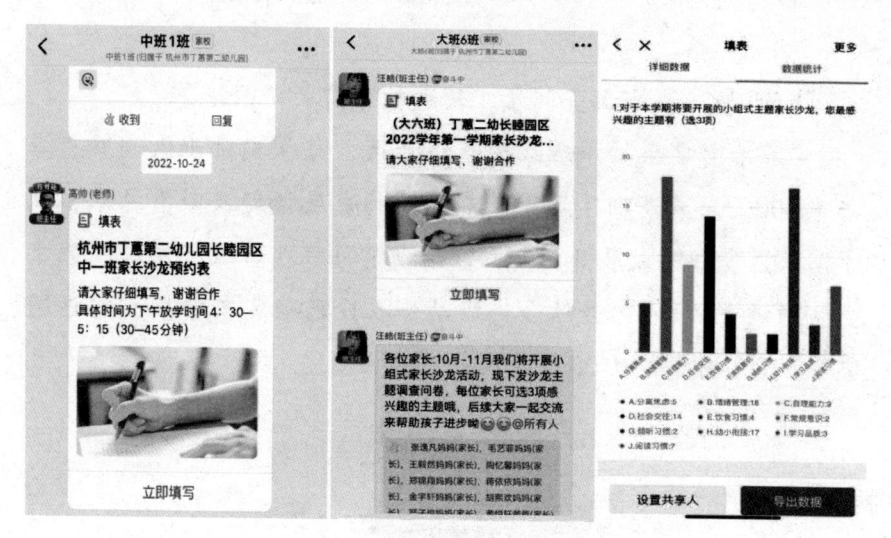

图8-5 "蕙乐圆桌会"预约填表

3. 共商——小组沟通互动，增进情况了解

家长在约定时间到园与教师进行小组式的沟通，向教师说明基于圆桌会主题的幼儿在家表现及教育困惑，教师将幼儿在园表现向家长做细致说明，以家长代表分享、教师补充交流的方式沟通商议有效的教育方法，图8-6为"蕙乐圆桌会"现场交流。

图8-6 "蕙乐圆桌会"现场交流

4. 共育——跟踪观察支持,实现沟通有效

通过"蕙乐圆桌会"小组式家园互动,增进了家长对幼儿在园情况的了解,家长也获得了相关科学育儿方法,同时教师也充分了解到幼儿在家情况,提升了家园双方围绕幼儿成长的有效互动。"蕙乐圆桌会"实现了以沟通"明现状""施教育""促成长"的高效家园合力,促进了幼儿健康成长,发挥了家长在家园共育中的重要作用。

第九章

收获：综合督导的成效与展望

综合督导作为一种全面的质量监控与提升机制，在教育领域发挥着至关重要的作用。本章将深入探讨上城区综合督导体系所带来的显著成效及其对未来教育发展的深远影响。我们将回顾综合督导体系如何通过科学的制度设计、多元化的评估方式以及持续的改进机制，有效地提升区域教育治理水平和学校办学质量。此外，本章还将展示综合督导在培育具有现代治理能力的校长队伍方面的具体实践和成果，以及如何形成符合现代教育规律的综合督导体系。我们将讨论综合督导如何助推区域教育实现优质均衡发展，达到新的高度。通过这些内容的梳理，我们可以更清晰地理解综合督导体系在教育领域中的重要性。

上城区综合督导体系的建立，不仅提高了教育治理的透明度和公正性，同时通过定期的评估和反馈，为学校提供了明确的发展方向和改进措施。这种机制鼓励学校不断自我审视和自我完善，从而在教学方法、课程设置、师资培养等方面实现创新和突破。此外，综合督导还促进了教育资源的合理分配，确保了每个学生都能享受到公平而优质的教育。

展望未来，综合督导将继续作为教育改革的有力推手，不断优化教育生态，激发教育活力，为培养适应未来社会发展的全面人才提供坚实的保障。随着教育督导体系的不断完善，我们期待它能够在教育现代化的征程中发挥更大的作用，为实现教育的高质量发展贡献智慧和力量。综合督导的深入实施，将有助于形成更加开放和包容的教育环境，让教育真正成为促进社会进步和个体成长的强大动力。

第一节 成效：综合督导带来了区域教育的新面貌

近年来，综合督导制度在上城区域教育治理中的应用，为提升教育质量、优化教育资源配置带来了显著的成效。综合督导不仅关注学校的教学成果，还涵盖了学校管理、师资力量、校园环境、学生发展等多方面，形成了一套全面、系统的评估机制。正是通过这样系统的综合督导体系，上城教育不断加强内部管理，提升教师队伍专业水平，改善教学条件，促进学生全面发展，促进教育资源均衡分配，打造了上城美好教育品牌，为区域教育带来了新的面貌，推动了教育事业的持续健康发展。此外，综合督导还注重教育公平，确保每个学生都能享受到高质量的教育资源，同时鼓励学校之间的良性竞争，激发教育创新活力，为上城区域教育的长远发展奠定了坚实的基础。

一、培育了一支有着现代治理能力的书记、校长队伍

上城区在深化教育改革的过程中,采取了一系列创新举措,建立了《上城区督学责任区制度》,出台了《上城区督学责任区考核细则》,完善并修订了《上城区责任督学管理办法》,推动了教育督导逐渐法治化、规范化、科学化,提升了区域教育质量和治理水平。

(一) 综合督导促校长队伍着力学校内涵式发展

校(园)长聘任及任期目标责任制的实施,成为推动学校发展的关键一环。上城区作为浙江省首批入选的中小学幼儿园校(园)长任期结束综合督导评估试点区,科学制订了《上城区中小学幼儿园校(园)长任期结束综合督导暨三年发展规划终结性评估实施方案》,通过将校(园)长的聘任与学校发展规划紧密结合,确保了每一所学校都有明确的发展方向和目标,实现了"一校一策"+"一人一策"耦合督导。在这一制度下,校(园)长在上任之初,就签订了《校长任期目标责任书》,明确了其任期内的职责和目标。这不仅为校(园)长明确了工作方向,也为其提供了施展才华的舞台。校(园)长在任期内拥有了更大的自主权,包括人事、财务和物资管理等方面,这极大地激发了他们的工作热情和创新精神,推动了校(园)长角色定位从"管理者"向"治理者"转变,促进了校(园)长成长与学校发展的深度融合,实现了个人增值发展和学校内涵式发展的双赢局面。

为了进一步提升书记、校(园)长的专业管理能力,上城区

还构建了"四梯队五路径"的干部培养模式。通过"未来名师名校长"培育计划,书记、校(园)长们得以参加校长书记读书研讨会、管理干部素质提升专项行动、后备干部培训班等多种培训活动。这些培训不仅提升了他们的理论水平,也增强了他们的实践能力,使他们能够更好地应对教育管理中的各种挑战。

(二)综合督导促党组织领导校长负责制

为了确保书记、校(园)长能够有效履行职责,上城区还积极落实党组织领导的校长负责制,完善了议事决策制度。通过选优配强领导班子,党组织能够更好地发挥领导作用,确保学校在正确的方向上前进。党组织还负责对书记、校(园)长进行监督和考核,确保其能够履行好把方向、管大局、作决策、抓班子、带队伍、保落实的职责。任期届满时,上城区教育局会组织督导科对书记、校(园)长进行综合督导,根据督导结果评定考核等级。这一过程不仅对书记、校(园)长的工作进行了客观评价,也为他们的职业发展提供了重要依据。优秀和称职的书记、校(园)长将有机会连任或调任到更重要的岗位,而不称职的书记、校(园)长则会相应地进行调整。

(三)校长队伍治理能力培养成果丰硕

通过这些措施,上城区成功打造了一支结构合理、业务精湛、治校有方的书记、校(园)长队伍。这些书记、校(园)长在各自的岗位上发挥着重要作用,推动着学校教育质量的不断提升。上城区这样的教育改革经验,也为其他地区提供了宝贵的借鉴。近两年,凭借这些创新举措和扎实成效,上城区已有近

121名书记、校（园）长的学校管理类观点在《央视新闻》《教育强国》等媒体上报道，在《中国教育学刊》《中国教育报》《人民日报》等核心期刊上发表管理类文章或观点近110篇，实现了优质校（园）长资源的辐射与示范。2024年3月，上城区被浙江省教育厅列为首批"中小学幼儿园校（园）长任期结束综合督导"工作试点区。2024年9月，上城区接受了浙江省教育厅关于中小学幼儿园校（园）长任期结束综合督导的调研；2024年10月，上城区教育局专职总督学陈韵参加了市级教育督导工作会议并作《中小学校园长任期结束综合督导试点区》专题汇报，分享了上城教育的特色做法；2025年2月，《中国教师报》第4版刊发了《"任期综合督导"要见事见人》，推介了上城任期综合督导的实践经验；2025年2月，杭州政务信息（专报）第15期刊发了《上城区积极构建校（园）长任期综合督导体系 持续提升办学治校水平》，上城的做法和经验得到了省市级一致好评和充分认可。

二、形成了一个符合现代教育规律的综合督导体系

近年来，上城区在教育督导领域积极探索和创新，致力于打造一个更加高效和全面的教育治理体系。通过整合各类督导资源，上城区逐步深化了任期综合督导体系，并对校（园）长任期制度进行了细致的完善。

（一）创新教育督导模式，构建多维全面治理体系

自2009年开始，上城区实施了一项名为"一轴两结合"的

发展性督导评价模式。这一模式以引导学校制订和实施三年发展规划为核心，同时确立了校长任期目标责任制。通过将自查自评与督导评价相结合，以及将学校自主发展与督导引领发展相结合的方式，努力实现了任期综合督导与学校发展性督导的"一体化实施"。这种做法将校长的任期目标与学校的长远发展紧密联系起来，确保了对"关键事"和"关键人"的多视角、多维度督导。为了进一步提升督导评估的效率和效果，上城区对任期综合督导评估流程也进行了统整，并强化了督导结果的应用。我们采用了结合关键性指标与发展性指标的考核方式，构建了一个"线上+线下"一体化的督评体系。这种评价模式鼓励学校不断总结经验、发现并解决问题，以适应教育发展的新要求，并构建了现代教育治理体系。同时为学校和校长提供了更客观和全面的评价，不仅关注了学校的现状，促进了教育公平，更为学生提供了更加优质的教育资源和环境。2024年3月，上城区教育局党委委员、副局长沈琳作为唯一受邀的区县代表，参加了2024年全省教育督导工作会议并作题为《依托综合督导，构建现代化教育治理体系》的典型经验分享，为实现教育治理现代化提供上城范式。

（二）优化督导评价模式，实现科学高效教育管理

上城区构建的"指标精简、流程优化、数字赋能"综合性督导评价模式，成功实现了对教育质量的全面提升。这种创新模式不仅简化了评估指标，优化了工作流程，还通过数字化手段，为教育决策提供了强有力的支持。在这一模式下，上城区将发展性评估、执行力考核、经济责任审计、专项督查等各类督导工作进

行一体化实施。通过多方协同机制，借助多部门的配合、多维度信息的支撑以及多层面的量质互证，形成了全面的校（园）长综合画像。这不仅为教育决策提供了科学依据，还为校长的履职过程和成效提供了全面的评估，确保了教育管理的透明度和公正性。同时，上城区在保留原有的发展性评估指标框架的基础上，进一步优化了校（园）长任期结束综合督导指标框架。评估工作从校长履职过程和成效两个维度进行，确保了评估的全面性和准确性。通过统整督导时间周期，明确节点，避免了矛盾结论的产生。此外，上城区还自主研发了教育督导评估系统，提高了评估工作的效率和质量，更好地实现了"线上＋线下"一体化督评。这一系列举措不仅提升了教育管理的科学性和规范性，也为校（园）长们提供了更清晰的履职方向和目标，进一步推动了教育事业的高质量发展。

（三）强化专业权威督评，推动教育高质量发展

在强化专业权威督评方面，上城区高度重视教育督导工作，致力于推动教育督导"长牙齿"。作为全国首批中小学校责任督学挂牌督导创新区，上城区以督学队伍建设为核心，常态化地开展日常督导、专项督导和综合督导。通过实施"以督促改、以督提质、以督赋能"三大策略，教育督导的"利剑"作用得到了充分发挥，确保了教育质量的持续提升和保障。上城区高标准推进"三创建两监测"工作，有效带动了区域内学校的优质发展，并推动了区域教育治理现代化，实现了督学挂牌学校工作覆盖率100%。这些措施不仅提升了校（园）长的管理能力，还促进了教育的高质量发展。教育督导工作的不断强化，使教育质量得到

了保障并持续的提升。上城区的教育督导评价模式，展示了如何通过科学的管理手段，实现教育的均衡发展和质量提升。这种模式的成功实践，证明了在教育管理中，综合性的督导评价模式是推动教育现代化、实现教育公平与质量提升的有效途径。通过不断优化和创新，上城区在教育督导领域树立了标杆，为全国教育督导工作的开展贡献了宝贵的经验和智慧。2025年3月，《中国教育报》刊发了上城区教育局党委书记、局长项海刚署名的文章《见人见事才能见效》，文中特别指出：上城区敏锐捕捉政策导向，整合各类督导，结合过往经验，创新探索出校（园）长任期结束综合督导与学校发展性评估一体化实施的督评新模式。通过结合过程性与发展性评价，紧密捆绑校长任期与学校发展，打造出"指标精简、流程优化、数字赋能"的校（园）长任期结束综合督导模式，凸显"见事见人"特征。未来，上城区将继续深化教育改革，推进教育现代化，致力于建设高质量与均衡发展的现代化教育体系，为全国的教育现代化发展提供有力的"上城方案"，还将为实现中国式现代化教育目标贡献宝贵的经验和智慧。

三、助推了区域教育走向持续提升优质均衡的新高度

上城区教育综合督导体系的创新举措，不仅在提升区域教育治理水平和学校办学质量方面取得了显著成效，而且有效推动了教育公平，为学生、教师和家长创造了更加优质和公平的教育环境。

（一）综合督导：赋能教育质量提升与均衡发展

上城区通过对综合督导体系的积极探索，优化了传统教育模式。通过科学的制度设计、多元化的评估方式以及持续的改进机制，深入理解和应用了现代教育规律，有效提升了区域教育治理水平和学校办学质量，从而促使区域教育质量走向优质均衡。仅2022年，上城区就有5所学校荣获基础教育国家级教学成果奖，全区累计获得11项，成为全省的领跑者。同时，作为"基于教学改革、融合信息技术的新型教与学模式"国家级实验区，上城区一直深入实施国家教育数字化战略行动，孵化出了"AI观课室"和"数智课堂"等信息化教学创新成果，在技术与课堂教学的融合方面取得了显著成果。这些成果不仅推动了教师专业成长，也促进了课堂教学的深度变革。综合督导体系的实施，也使上城区能够持续优化调整学校规划配置，高质量编制学前教育和中小学布点规划，统筹全域布局，不断促进区域教育的优质均衡发展，助力教育共富。

（二）品牌建设：拓展优质教育资源辐射范围

通过新型集团化办学，如"名人+名校""名校+新校""公民互助"等模式，上城区成功扩大了优质教育资源的辐射范围，实现了"名校就在家门口、名师就在我身边"的美好愿景，全力办好学生健康成长、教师职业幸福、人民满意的美好教育。同时，上城教育持续推进了"美好教育在上城"教育综合服务系统的建设，完成了教师发展与区域师资均衡、学生综合评价、"双减"服务管理和学校发展水平监测等应用模块的建设，实现了"美好教育看得见"。持续强化了品牌辐射效应，推进了"千校结好"行动计划，已结对境外"姐妹学校"215所，数量位于全市前列。

（三）成果推广：多维度传播教育创新经验

近两年，上城区先后获评了全国首批义务教育优质均衡发展区、国家学前教育普及普惠区等荣誉称号，3篇上城义务教育优质均衡创建工作典型案例被教育部收录。浙江省现代化学校累计56所，浙江省教育现代化发展水平监测五次全省第一名，浙江省基础教育生态监测全市第一名，浙江省教育工作公众满意度连续三年全市第一名。多次受邀在教育部、省级会议中推介上城义务教育优质均衡创建工作经验，相关做法被中国教育报、中国教师报、浙江日报等各级媒体刊载近12次。上城区还建立督学准入、退出机制，稳步推进区域督学队伍建设，明确督学督导职责，提升履职能力，有效助力学校高质量发展。1名督学获评全国"双减"优秀督学，系全市唯一；1名督学所撰写的案例《五星淘学单，"双减"落地新途径》获评浙江省政府教育督导办"双减"督导优秀工作案例。《中国教师报》刊发了"上城督学工作"专题文章；工作专报获市领导批示。同时，上城区迭代升级了区域发展性评估工作，推进了首批浙江省中小学幼儿园校（园）长任期结束综合督导试点区建设，积极凝练成果经验，《依托规划 激活主体 推进学校治理现代化》获评了"中国教育报区域教育高质量发展典型案例"。上城区教育局党委书记、局长项海刚局长受邀参加了中国教育报基础教育高质量发展大会，并做了主题发言，案例入选了教育部《义务教育优质均衡发展督导评估典型经验案例集》（见图9-1）。上城区教育局党委委员、副局长沈琳署名的文章《育好教育发展"吹哨人"——以抓好"督学队伍建设"为切入口，助推教育高质量发展》被收录至《中国教育督导改革创新案例汇编》。

图9-1 《依托规划 激活主体 推进学校治理现代化》获评"中国教育报区域教育高质量发展典型案例"荣誉证书

    这些成果表明，上城区教育督导体系的显著成效不仅体现在推动教育优质均衡发展上，更在提升教育公平性方面发挥了至关重要的作用。通过建立科学合理的督导评估机制，上城区确保了教育资源的合理分配，使每一所学校都能享受到公平的教育机会。这种均衡的资源分配，为学生提供了均等的学习环境，确保了每个孩子都有机会接受优质教育。同时，教育督导体系的创新还促进了教师队伍的专业成长。通过定期的培训和评估，教师们不断提升自身的教学能力和专业素养，激发了他们的教学热情和创新精神。这种积极的教师发展环境，为学生提供了更加多元和个性化的教育服务，满足了不同学生的学习需求。此外，上城区还注重教育信息化建设，通过引入现代化信息技术手段，提高了教育管理的效率和透明度。教育督导体系的完善，使教育决策更加科学、民主，确保了教育政策的落实和教育质量的持续提升。这些措施的共同作用，使上城区的教育事业在全市乃至全国范围内都树立了良好的口碑，成为教育现代化发展的典范。上城区的成功经验也为其他地区提供了宝贵的借鉴，展示了教育督导在推动教育公平和质量提升中的重要作用。

第二节 思考：深化区域综合督导的未来展望

随着全面深化教育改革，综合督导已成为提升学校管理水平、推动教育高质量发展的关键抓手。上城区通过多年实践，积累了丰富的综合督导经验，为区域教育发展注入了强劲的动力。然而，面对教育强国战略的新要求和 AI 技术带来的变革浪潮，如何进一步深化综合督导，成为上城区高质量发展的关键课题。这不仅是回应新时代下校长角色变化、提升办学治校的要求，更是顺应时代发展的必然选择。

一、完善综合督导系统设计与机制建设

上城区积极探索完善区域教育现代化治理体系，综合督导制

度在激励校长积极履职、有效推动问题整改、显著提升区域教育现代化水平等方面发挥了重要作用。但在 AI 与教育深度交融的当下，综合督导迫切需要向"数据驱动、智能研判、精准干预"的模式转变，以此推动教育治理从经验主导迈向科学决策，为教育强国建设筑牢技术支撑。在高水平建设"优质均衡、人民满意的美好教育引领区"的征程中，上城教育工作者仍需不断提高认识、借鉴经验、反思成效，持续完善综合督导的系统设计与机制建设。

（一）完善管理机制，以全程监管实现一体联动

健全的管理机制是推动综合督导工作有效开展的基础，而实现全程监管与一体联动则是提升管理效能的核心所在。上城区将进一步形成全流程闭环管理，推动督导工作走深走实。

1. 构建更为全面的督导模式

持续优化《上城区中小学幼儿园校（园）长任期结束综合督导暨三年发展规划终结性评估实施方案》，明确各阶段的督导重点任务和具体目标，使督导工作能够精准契合上城区教育发展战略需求。

探索"双轨督导"机制。在区级督导制度的基础上，将督导工作向学校内部延伸，进一步探索学校内部自主督导机制建设，强化学校自我监督与规范发展。通过打造内部管理与外部督导双轨并行的督导机制，促使挂牌督导与校内督导紧密协同，推动学校完成自我监督、自我评价与自我改进，实现规范发展与自主发展齐头并进。

深化"个性督导"机制。上城区将依托督学队伍深入开展调

研工作，指导学校梳理出制约发展的关键问题，找出激活发展的生长点，进一步破解发展的瓶颈问题。同时，督学根据学校所提出的个性化需求，通过互动交流、商议对策、案例解析等方式开展"个性化督导"，为学校量身定制专属发展方案，全方位赋能学校在特色办学、质量提升等方面取得新进展。

优化"常态督导"机制。上城区将定期组织教育专家以及相关科室工作人员，对区域内的学校展开全面、深入督查。通过常态化督导，及时发现并解决实际问题，确保各项改进措施能够落实到位。

2. 形成更为紧密的协同样态

强化部门之间、督学与部门之间、学校和部门、学校与办学利益相关方之间的协同联动效应，有利于打破信息孤岛，构建数据共享与协同治理的新格局。

拓宽数据渠道，实现数据互通与共享。进一步打破信息交流壁垒，整合学校基础信息、督导结果、资源配置等多维度数据，实现部门间数据的实时互通与共享。进一步开放平台端口，让社会、家长以及更多办学利益相关方等主体参与督导评估，增加信息来源，全方位审视学校及区域教育发展，提高督导评估的前瞻性和指导性。

强化过程管理，实现问题可视与监管。依托专业的督学队伍，进一步将经常性督导和专项性督导过程中发现的问题，记录在综合督导平台中。通过数字平台可视化界面，将督导过程中的关键指标、问题清单、风险预警等信息进行集中展示，为决策提供直观依据。深入探索督学过程性督导记录与学校综合督导评估之间的耦合关系，落实过程性管理。针对督导中发现的重大问题，按照实际情况开展跨部门联席会议，进一步制订协同整改方案。

3. 激发更为高效的治理效能

在教育强国建设的伟大征程中，综合督导肩负着重要使命，在区域教育发展进程中发挥着定向引领、精准诊断的重要作用，推动区域教育高质量发展、实现教育治理现代化。

优化平台功能，驱动高效督导流程。为了更好地适应教育发展需求，提升督导工作效率与质量，仍需持续探索并优化综合督导管理平台模块。通过不断完善平台功能，实现督导任务的在线分配、数据的实时采集与深入分析、督导报告的在线生成等功能。借助信息化手段，对督导工作的全过程进行跟踪和动态管理，及时掌握督导工作的进展情况。同时，运用大数据分析技术对督导数据进行深度挖掘，精准分析潜在问题，实现精准化督导，推动教育督导工作朝着智能化、高效化方向发展。

健全督导问责机制，强化教育督导权威。健全督导问责机制是保障教育方针政策有效落实、推动学校规范办学的重要保障。进一步明确"什么情况问责、问谁的责、谁来问责、怎么问责"，让督导问责工作有章可循、有规可依。通过严格执行问责制度和规范的结果处理流程体系，督促指导学校贯彻执行教育方针政策，落实立德树人根本任务，依法办学、规范办学，磨砺教育督导"利剑"。考虑到不同类型的学校存在接受督导的形式、时间和主题等各类差异的现实情况，通过科学统筹，对相近的督导进行整合或者优化，避免产生"不同群体做重复的事情"，进一步强化督导在教育治理中的权威性和实效性。

（二）完善实施机制，以均衡供给驱动全面提升

实现教育资源的均衡供给，是推动上城区全面、协调发展的重要保障。通过完善实施机制，协同推进区域各级各类学校共同发展，实现高质量的优质均衡。

1. 资源配置方面，更加注重均衡性和合理性

通过综合督导摸排学校的发展实际需求和发展状况，通过数据分析区域教育供需矛盾，为政策制定提供科学依据。例如，利用聚类算法识别"教育洼地"，优先配置项目与资金。

进一步探索架构"办学 AI 监测模块"，实时追踪优质校带动效应，量化评估结对帮扶成效。在此基础上，科学分配师资力量、教学设备等教育资源，逐步缩小校际差距。加大优质学校向薄弱学校输送优秀师资的力度，充分发挥骨干教师的示范引领作用。同时，加强教师人才队伍的培育力度，紧密结合上城区现有的五阶研训体系，为教师打通"提升型和转化型"的职业发展双通道，激发教师的"内驱和外驱"双重动力。

2. 学校评估方面，更加注重增值性评价

中共中央、国务院颁布的《深化新时代教育评价改革总体方案》要求强化过程评价，探索增值评价，健全综合评价，提高教育评价的科学性、专业性、客观性。

为了更精准地量化评估学校发展，进一步探索架构增值评价模型。该模型不仅关注学生的学业表现，还涵盖学生在品德修养、创新能力、实践能力等综合素质方面的发展。通过对学生不同阶段的表现进行跟踪评估，准确衡量学校教育教学对学生成长的增值效果。同时，增值评价模型也将教师、校长发展纳入重要

考量范围,分析教师在教学方法改进、专业素养提升、教育科研成果等方面的进步,量化评估教师、校长在学校发展过程中的贡献。通过关注"想做什么""做了什么""做成了什么",全面衡量学校发展的实际成效。

3. 督导形式方面,更加注重实效性和灵活性

在传统督导方式的基础上,充分运用线上督导、飞行督导等多元化的督导方式,对校园安全、教师发展、心理健康教育等多方面进行督导。打破常规的检查模式,不预设时间和路线,深入学校一线,真实掌握学校日常运转情况,有效避免学校因提前准备而导致的信息失真,获取最真实、客观的教育教学现状。

同时,深入贯彻落实基层减负的要求,推行"无感监察"。在保障督导工作质量的前提下,最大限度减少对学校正常教学秩序的干扰。在评估过程中,注重全面收集学生、教师、家长、社会公众等不同群体的真实评价,以期了解学校在日常管理、教学改革等重点工作方面的实际情况。

(三)完善评价机制,以捆绑评价推动协同共进

评价机制是综合督导的核心环节,进一步通过捆绑式评价形成上下一体的强劲合力,强化学校内部人员的凝心聚力、强化学校之间的协同合作。

1. 完善评价指标体系

加强学校发展利益相关者之间的联系,注重学生、教师、家长、社会公众对校长履职尽责、学校发展变化的真实评价,增强评价的客观性和公信力。进一步完善区域满意度调查,在原有家长、教师问卷的基础上,增加学生调查与访谈环节,精准了解不

同群体对教育的真实需求，实现量质互证，科学循证，有效提升基层学校教育满意度。同步加强满意度反馈机制，在原有"一校一报告"的基础上，增加"入校问诊"环节，帮助学校明晰症结所在。

2. 强化评价结果运用

紧密挂钩学校绩效考核、评优评先等，对优秀学校给予奖励，对结果整改不及时、不到位的学校进行强势问责。进一步推广成功经验，依托督学队伍，在入校期间充分挖掘学校发展特色。督学助力学校总结经验成果，并在区域内进行分享交流，促进区域内学校共同发展。

二、构建教育家办学校长队伍与治理格局

校长作为学校发展的关键人，需要进一步理解、体认、践行教育家精神。上城区将致力于铸造一支政治过硬、本领过硬、作风过硬的好校长队伍，加快形成教育家办学格局，真切回应新时代下校长角色的转变，推动上城教育内涵建设和质量提升。

（一）督导强基，规范引领筑牢发展根基

一支高素质的校长队伍是学校办学的关键，是学校发展的引领者。通过规范的督导流程和督导标准，引导督促校长履职尽责，树立正确的办学理念，提升办学质量，推动教育高质量发展。

1. 始终将"立德树人"作为综合督导的逻辑起点

进一步紧密结合国家教育方针政策、区域发展需求，健全完

善督导标准。将立德树人作为根本任务，把"育人为先、德育为先"理念充分体现在办学治校的方方面面。通过重点查看课程设置、教学活动等落实情况，重点关注开足开齐上好国家规定课程，落实学校各项管理制度，如人事、财务、教学等，做到规范、透明。同时，注重校园安全设施设备、食品安全管理及校园周边环境治理等工作。

2. 始终将"结果运用"作为综合督导的实践要点

进一步紧密结合校长聘任及任期目标责任制与学校发展规划的制订、实施和考核，将校长任期督导结果反馈至校长本人，并根据督导结果评定优秀、称职、基本称职、不称职四档考核结果，以此作为校长连任、调任或转任的重要依据，激励校长积极主动地规范办学行为。深化《教育督导整改通知书》运用，以强势问责持续发挥教育督导"长牙齿"的作用。

（二）督导赋能，个性培育激发创新活力

1. 开展个性督导，做好"一人一方案"

着眼全球事业，校长角色从单一的学校的管理者向战略愿景的规划者、治理体系的构建者、多元关系的协调者以及教育治理的保障者与提升者转变。

在综合督导过程中，根据校长的教育背景、工作经历和办学理念，深化制订个性化的督导方案。结合前期综合督导结果以及校长的角色特点，确定综合督导评估的重点，构建细化优化属地化、差异化的督导方案。进一步鼓励校长积极探索适合本校发展的特色路径，深入开展教育教学改革实验，在学校管理、课程建设、师资培育等方面形成创新举措和有力成效。

2. 搭建交流平台，树好"一校一品牌"

持续做好校长工作交流活动，引导校长积极分享办学治校过程中的典型经验、创新做法与成功案例。一方面，深度挖掘并整合区域内优质教育资源，广邀国家、省、市、区级教育领域知名专家，组建专家指导团队。专家全程参与校长交流活动，通过现场观摩、专题研讨等方式，进行指导与点评，帮助校长提升专业管理水平和创新能力。另一方面，借助区域交流平台，深化名师名校长培育工作。进一步通过案例集、讲座、观点报告等形式传播校长成功经验，发挥示范辐射作用，引领区域内学校共同探索特色发展之路。

（三）督导增效，数智可视助力学校发展

随着数字时代变革进程的加快，信息技术的深入融合运用能为学校发展提供更精准、更高效的决策支持，进而助力学校发展。

1. 深化数智平台资源适配能力

从教育督导的整体行动领域出发，进一步立足"督政—督学—评估监测"三大职能，借助数智化手段精准识别政策执行过程中各类资源的多元需求，确保资源配置更加科学合理。将 AI 技术深度嵌入教育督导的"规划—实施—评价"闭环中。在督导规划阶段，借助 AI 的智能匹配功能，根据督导任务的特点和需求，精准筛选并组建专业的专家团队，为督导工作提供专业保障；在督导实施过程中，利用 AI 实时分析采集到的数据，生成详细的问题清单，帮助督导人员及时发现问题；督导结束后，运用 AI 持续动态追踪学校的整改成效，形成完整的督导反馈链条。

2. 提升管理效能支持能力

进一步探索综合督导平台与学校管理系统对接功能，为校长提供个性化的数据服务。校长可随时通过平台查看学校各项指标数据，包括自主性发展、人民满意等指标数据，精准评估各学校师生比率、骨干教师比率、职称分布等队伍结构情况，以及校（园）长综合画像和学校考核指标得分雷达图，实现学校发展历程可追溯、成效进展可视化。

三、筑牢智能防控预警监控与风险屏障

在复杂多变的社会环境下，教育领域面临的风险日益多样化和复杂化。筑牢智能防控预警监控与风险屏障，成为保障教育事业稳定发展的迫切需求，以确保教育发展稳健、安全、有序。

（一）精准化预警排查隐患风险

在教育领域，各类风险隐患都会潜在地对学校开展正常教育教学和营造风朗气清的校园氛围造成影响。实施精准化预警，筑牢风险屏障，将隐患消灭在苗头。

1. 建立全面的风险监测指标

进一步加强督导指标体系的反思性研究，兼顾各类督导职能、相关学段综合督导指标联动以及学段衔接指标研制，提炼经常性督导的核心指标和底线红线指标要点，使其与综合督导指标相互补充。

进一步依托 AI 算法搭建"教育数据大脑"，全面整合校园安全、教学质量、师资配置等多维度数据，为每所学校实时生成精

准的发展动态画像。借助机器学习技术，深入分析历史督导数据，精准预测学校发展过程中可能出现的风险，如师资流失、学生体质监测波动等情况。一旦发现潜在风险，系统提前发出预警，并利用自然语言处理技术自动解析督导报告中的高频问题，生成具有针对性的共性整改清单，为学校提供及时有效的建议。

2. 开展全面的风险排查工作

依托督学队伍，进一步深化风险排查工作，全面查看校园安全设施、教学设备、财务账目等关键领域的相关内容。一旦发现问题，严格按照教育督导结果处理规范流程做好及时记录并实施整改。对于一般问题，现场督促学校进行整改；对于重大问题，及时上报至上城区人民政府教育督导委员会办公室；针对严重问题，视情况启动问责机制，由相关部门介入处理。

进一步落实安全主体责任，常态化开展安全隐患排查整治工作，重点推进校园消控室规范化建设，健全学校安全防控工作机制；健全学校欺凌治理委员会机制，完善学生欺凌事件应急处置预案及欺凌事件教育惩戒制度。

（二）高效化响应处理危机苗头

下一步，将探索建立"风险提示"模块，针对预警的风险点，关联历史教育风险事件与应对策略，为突发问题提供智能决策支持。探索"AI沙盘推演"，模拟校园安全事件处置流程，通过实战演练提升督导团队的应急响应能力，确保学校、督导有关人员在面对突发情况时能够做出迅速、有效的应对行为。

遵循"经济—适应—整合共享"开发原则，在政策执行的多元度上实施优化。围绕"进场—在场—结果运用"的行动进程，结合实际学校发展中所需的督导任务数量、任务难易、任务目标繁简，动态匹配政策执行资源的供需关系，以期实现均衡配置。进一步利用智能技术，汇集共性问题大数据，抓住内控流程中的关键要点，做好入校的下沉服务。总体而言，以规范管理为手段，披露整改情况，高效化解潜在危机，充分发挥综合督导宏观管理作用，进一步巩固督导成果。

（三）常态化保障稳健发展航标

为确保教育事业持续稳定发展，积极建立常态化的保障机制，强化内部管理，推动多方面工作协同，提升整体治理水平。强化内审管理，推动内审、督导、年度考核工作有机融合，稳步开展多家单位的经济责任审计、食堂专项审计、校（园）长离任审计、专项督查及"回头看"等工作，充分发挥监督效能。

利用 AI 技术对校园环境安全进行全方位监控，以期自动识别消防隐患、欺凌行为等各类安全风险，并实时将警报推送给责任督学，确保安全问题能够得到及时发现和处理。进一步开发"舆情监测机器人"，实时抓取社交媒体、家校平台中的负面信息，辅助督导部门迅速介入，进行舆情疏导，维护良好的教育环境。

四、深推教育发展优质均衡与教育强国

教育是国家发展的基石。深推教育发展优质均衡与教育强国，是满足人民美好生活向往、增强国家综合实力的关键举措。

（一）以教育现代化推进高位均衡

在教育强国建设的时代浪潮中，推进教育现代化是实现区域教育高位均衡发展的核心路径，对于满足人民群众对优质教育的殷切期望、推动区域教育高质量发展具有关键意义。

扩大优质资源受益面。教育公共服务正经历着从关注优质教育的"覆盖面"到"受益面"的转变，这一变化体现了全社会对优质教育追求从"量的覆盖"向"质的提升"的跨越。优质教育资源的"覆盖面"聚焦于各类教育资源本身的分布和触及范围；而"受益面"则更关注这些资源所带来的实际好处或影响，两者相互影响。上城区将进一步扩大"覆盖面"，让更多学生和家庭享受到优质教育资源，进一步扩大"受益面"，激发人们对优质教育的更高需求。

探索 AI 赋能教育决策模型。通过模拟政策调整对区域教育生态产生的影响，为教育决策提供前瞻性的参考。借助模型，进一步精准分析不同政策对教育资源配置、教学质量提升、学生发展等方面的影响，提前发现潜在问题，确保教育发展始终沿着优质均衡的方向稳步前行。

（二）以教育数字化推进共同富裕

教育数字化为实现共同富裕提供了新机遇。通过缩小数字鸿沟，促进优质教育资源共享，让更多人受益于教育发展成果。

1. 加强数字化基础设施建设

加大对教育信息化的投入，改善学校的网络条件和数字化教学设备。建设覆盖整个区域的教育数字化平台，整合各类优质教育资源，为师生提供便捷的在线学习和教学服务。搭建由 AI 驱动的数字平台，通过对校际资源缺口的动态分析，智能匹配并精准推送优质课程、师资培训等资源，有效缩小校际的教育资源差距。利用 AI 算法优化教师轮岗路径，实现骨干教师向薄弱学校的精准下沉。同时，探索虚拟现实（VR）与增强现实（AR）技术开展远程督导，打破地理空间限制，确保督导工作覆盖到区域内的每一所学校。

2. 培育优质数字素养

培养新质人才数智时代的新使命。加强对师生的数字素养教育，提高师生运用信息技术进行学习、教学和管理的能力。开展数字素养培训和竞赛活动，激发师生学习和运用信息技术的积极性，为教育数字化发展提供了人才支撑。

进一步鼓励学校和教师将优质的教学资源，如课程视频、教学课件、试题库等进行数字化处理，并上传至教育数字化平台。通过资源共享，让薄弱学校的学生也能享受到优质的教育资源，缩小校际的教育差距。通过打通教育系统内外场景，联通系统内外要素，优化要素之间的关系等方式，构建各要素相互支撑、协同创新的教育新机制，以培育新质人才为导向，创新人智协同共育教育体系。

（三）以教育国际化推进强国建设

上城将主动开创新发展格局，对内实现资源重新分配和要素重组，对外建成一批具有国际影响力的交流合作平台和重大项目，努力讲好"上城故事"，不断提升对外开放能级，实现更高水平的开放融合。

1. 深化对外合作

深入实施教育国际化行动计划，打造区域教育对外交流合作品牌，不断推进"千校结好""百校结对"行动，增加结对国外境外友好学校数量；积极推进海外教师研训中心……充分发挥"上城教育智库"的咨政汇智作用，加大上城优质学校与国内外知名高校的合作办学力度，进一步加大"名师名校长论坛""上城学术节""教育国际周"等品牌的辐射力，扩大区域教育的国际影响力。

以"互联网＋教育"工程、山海协作、东西部扶贫协作等为契机，深入推进"四同步共享"理念，打造线上线下"优质教育共同体"，加强与对口支援地区的交流合作。扩大国际学术交流与教育科研合作，让师生了解不同国家和地区的教育理念、教学方法，开阔眼界，培养更多有家国情怀、全球视野、专业本领的复合型人才。鼓励有条件的学校拓展国际教育交流合作范围，大力培养熟练运用外语、通晓国际规则、善于国际谈判的国际组织人才，持续推进教育数字化战略。

2. 输出"上城经验"

上城区将纵深推进优质均衡，充分释放每个片区的能动优势，发挥区域教育资源的辐射引领作用，致力于打造教育发展新高地。在总结过往经验的过程中，致力于提炼出一系列具有普适性、可复制、易推广的模式与机制，涵盖教育资源均衡配置、家校社协同共育、教育质量监测与提升等关键领域。

为推动"上城经验"广泛传播与应用，上城区将积极推动成果物化，精心策划并举办各类高规格教育论坛，搭建经验交流的广阔平台，吸引教育界专家学者、从业者齐聚一堂，共同探讨教育发展前沿话题，分享上城实践成果。同时，组织形式多样的经验交流活动，深入国内其他地区开展实地分享，为各地教育发展提供借鉴。此外，上城区还输出具有引领性的教育实践经验，从校长培育、学校发展到区域治理，为教育改革与发展提供指引。秉持开放共享的理念，积极拓展"上城经验"的传播边界，将其推广至国际教育领域。为全球教育发展贡献具有中国特色的智慧与方案，在提升区域教育国际影响力的同时，展现中国在教育强国建设进程中的责任与担当，为推动全球教育事业发展贡献积极力量。

深化区域综合督导任重道远，在完善系统设计与机制建设、打造校长队伍、防控风险以及推动教育发展等方面，需持续探索创新。综合督导要与时代同频共振，为教育高质量发展、人才培养及教育强国建设提供坚实保障。未来，需要各方协同努力，将综合督导的理念与实践不断深化拓展，书写区域教育发展的新篇章，为实现教育强国奠定了坚实的基础。

参考文献

［1］陈如平．科学把握教育强国建设的战略任务［J］．人民教育，2024（20）：7－12．

［2］陈韵．中小学校长任期结束综合督导试点区的实践与探索［N］．中国教师报，2025－02－12（第4版）．

［3］程佳慧，彭家法．第二语言习得研究中访谈调查法使用综述［J］．世界华文教学，2023（2）：107－122．

［4］董在明．学校治理现代化的"五化"校本实践策略［J］．华夏教师，2024（31）：23－25．

［5］杜帮琼．中小学综合督导报告研究（以上海市M区为例）［D］．上海：上海师范大学，2021．

［6］冯秀果．内部控制本质：理论框架和例证分析［J］．会计之友，2018（9）：116－122．

［7］郭璨．中小学校长任期结束综合督导评估的制度逻辑与推进建议［J］．教育理论与实践，2024（16）．

［8］中华人民共和国教育部．国家中长期教育改革和发展规划纲要（2010—2020年）［EB/OL］．(2010－07－29)［访问日期：2025－06－12］．http：//www．moe．gov．cn/jyb_xwfb/s6052/moe_838/201008/t20100802_93704．html．

［9］杭州政务信息．上城区积极构建校（园）长任期综合

督导体系持续提升办学治校水平[EB/OL].(2025-02-28)[2025-03-01].https://example.com.

[10] 郝德永.教育治理的国家逻辑及其方法论原则[J].教育研究,2020(12):4-13.

[11] 贺武华,董旭.我国地方教育督导法规的特征、问题及其完善[J].教育学术月刊,2022(1).

[12] 黄建顺.在强国建设中校准教育督导坐标定位[J].中小学校长,2024(2):5-9.

[13] 黄涛,张振梅,刘三女牙.以共存求共生:人智协同共育如何可能[J].教育研究,2025,46(1):147-159.

[14] 贾云洁,王会金,胡苏.经济责任审计能力提升研究:基于一个三维分析框架[J].审计研究,2022(2):52-59.

[15] 教育部.义务教育优质均衡发展督导评估典型经验案例集[M].北京:教育部,2025.

[16] 晋晓琴.新事业单位财务制度和会计制度的不协调性及优化[J].财会月刊,2016(31):28-31.

[17] 李孔珍,李鑫.新时代教育政策执行研究新思考河北大学学报(哲学社会科学版)[J].2021,46(4):99-106.

[18] 李永梅.深化县域教育督导改革的探索与思考[J].上海教育评估研究,2024,13(6):47-50+70.

[19] 罗莎琳德·李瓦西.校本管理:分析与实践[M].北京:北京师范大学出版社,2008.

[20] García,M.拉美教育治理中的校长角色转型[M].墨西哥城:拉丁美洲教育出版社,2020.

[21] 马效义.教育督导案例的内涵特征、叙述逻辑与价值

意蕴［J］.教学与管理，2023（2）.

［22］彭敏，施贵菊，杜尚荣.教师政策执行力的内涵、特征及功能［J］.教学与管理，2024（30）：19-24.

［23］祁占勇，杜越.教育政策执行的影响评估［J］.教育研究，2023，44（5）：145-156.

［24］祁占勇，杜越.什么是好的教育政策执行效果的评估［J］.华东师范大学学报（教育科学版），2022，40（2）：29-42.

［25］UNESCO.全球教育监测报告：素质教育框架下的东亚实践［R］.巴黎：UNESCO，2021.

［26］强化信息技术手段应用提高教育督导的信息化水平［J］.中小学信息技术教育，2020（4）：4.

［27］人民日报.上城区教育督导经验报道［N］.人民日报，2025-02-28（第5版）.

［28］上城区教育局.上城区督学责任区制度［S］.杭州：上城区教育局，2023.

［29］上城区教育局.上城区责任督学管理办法［S］.杭州：上城区教育局，2023.

［30］上城区教育局.上城区中小学幼儿园校（园）长任期结束综合督导暨三年发展规划终结性评估实施方案［M］.杭州：上城区教育局，2024.

［31］上城区教育局.校长任期目标责任书［S］.杭州：上城区教育局，2024.

［32］沈琳.育好教育发展"吹哨人"——以抓好"督学队伍建设"为切入口，助推教育高质量发展［J］.中国教育督导改

革创新案例汇编, 2025.

[33] 宋雪. 立德树人背景下德育专项督导的思考与探索 [J]. 北京教育督导, 2025 (1): 14-18.

[34] 苏君阳. 教育督导学 [M]. 北京: 北京师范大学出版社, 2012.

[35] 苏君阳. 中小学校长应具备哪些学校内部治理能力 [J]. 人民教育, 2024 (Z2): 24-28.

[36] 苏泽. 教育政策基层执行中的"调适式变通": 一个组织学解释——以S县义务教育均衡发展政策执行为例 [J]. 教育发展研究, 2023, 43 (12): 57-65.

[37] 孙立新. 以信息技术应用研究创新基础教育督导评估模式 [J]. 教育导刊, 2011 (11): 28-30.

[38] 唐之享. 关于教育督导的调查与思考 [J]. 湖南教育, 2017 (1): 23-27.

[39] 滕玉成, 臧文杰. 党建引领力与基层治理八讲 [M]. 上海: 东方出版社, 2021: 29-35.

[40] 田树林. 学校发展规划: 校长引领学校发展的蓝图 [J]. 中小学管理, 2010 (11): 12-14.

[41] 王茜萍. 中小学财务管理内控制度研究 [C]. 中国国际科技促进会国际院士联合体工作委员会. 现代化教育国际研究学会论文集 (六). 长春市第五十二中学, 2022: 3.

[42] 王少华, 赵晓艳, 上官泽明. 互联网发展能成为审计整改质量提升的新动能吗——基于构建审计整改总体格局的视角 [J]. 会计研究, 2024 (5): 166-181.

[43] 吴伯田. 教育督导理论与实践的探索: 以浙江师范大

学为例［M］.杭州：浙江教育出版社，2016.

［44］吴景松.西方公共教育治理范式变革及其启示［J］.中国教育学刊，2010（11）.

［45］习近平.论坚持党对一切工作的领导［M］.北京：中央文献出版社，2023：121-126，279-281.

［46］习近平.习近平谈治国理政第三卷［M］.北京：外文出版社，2020.

［47］夏心军.规划力：校长专业发展的应然素养［J］.教学与管理，2019（9）：20-23.

［48］项海刚."见人见事才能见效"［N］.中国教育报，2025-03-21.

［49］项海刚.立体评价：面向新时代教育的上城探索［M］.上海：上海交通大学出版社，2023：158-161.

［50］项海刚.依托规划 激活主体 推进学校治理现代化［J］.中国教育报区域教育高质量发展典型案例，2025.

［51］项海刚.立体评价：面向新时代教育的上城探索［M］.上海：上海交通大学出版社，2023：169-177.

［52］谢登斌，文建章.中小学治理能力现代化的困境及其消解路径［J］.中国教育科学（中英文），2022，5（4）：72-82.

［53］薛国凤，赵立平.走向领导——美国校长课程管理角色转变研究及启示［J］.外国中小学教育，2011（1）.

［54］燕新，张文静.中国特色教育督导：历史逻辑、治理特征和发展趋势［J］.教育研究，2024，45（10）：137-147.

［55］杨鑫，苟睿，解月光.校长数据领导力：落实国家教育数字化战略的关键能力［J］.中国电化教育，2023（5）：

65-73.

[56] 杨秀红,雷俊英. 以管理机制创新促进新建教育集团协同发展 [J]. 中国基础教育2024 (8): 49-50.

[57] 杨宗凯. 信息化驱动教育督导现代化 [J]. 国家教育行政学院学报, 2017 (7): 3-8.

[58] 张鸿,刘龙珍,殷新. 县域政府督学作用发挥的现实困境与突围路径 [J]. 上海教育评估研究, 2025, 14 (1): 62-67.

[59] 张杰英,祁占勇. 多元共治:英国职业教育治理的路径选择与经验镜鉴 [J]. 西北成人教育学院学报, 2024: 42-48.

[60] 赵凯,王砚书,张春林. 内部审计业务外包的风险分析与建议 [J]. 财务与会计, 2019 (17): 75-76.

[61] 浙江日报. 上城区义务教育优质均衡创建工作典型案例 [N]. 浙江日报, 2024-09-23 (第3版).

[62] 郑晶晶. 问卷调查法研究综述 [J]. 黑龙江教育 (理论与实践), 2014 (10): 31-32.

[63] 中共中央办公厅 国务院办公厅. 关于深化新时代教育督导体制机制改革的意见 [EB/OL]. (2020-02-19) [访问日期: 2025-06-12]. http://www.moe.gov.cn/jyb_xxgk/moe_1777/moe_1778/202002/t20200219_422406.html.

[64] 中共中央关于进一步全面深化改革、推进中国式现代化的决定 [M]. 北京: 人民出版社, 2024.

[65] 中共中央 国务院印发《深化新时代教育评价改革总体方案》[J]. 中华人民共和国教育部公报, 2020 (11): 2-7.

[66] 中共中央. 中国共产党巡视工作条例 [M]. 北京: 中国方正出版社, 2024.

［67］中国教师报."任期综合督导"要见事见人［N］.中国教师报,2025-02-12(第4版).

［68］中国教育报.上城教育督导经验专题报道［EB/OL］.(2025-02-12)［2025-03-01］.https：//example.com.

［69］钟智.学校内部控制建设：依据、架构与路径［J］.上海教育科研,2018(6)：61-65.

［70］朱德全,沈家乐.新时代教育评价改革的逻辑框架与突破路径——基于"模糊—冲突"政策执行理论的分析［J］.教育研究,2025,46(1)：118-133.

［71］朱益明,王瑞德.中国教育现代化2035：从规划到实践［M］.上海：上海教育出版社,2020：13.

［72］祝智庭,戴岭,赵晓伟,等.新质人才培养：数智时代教育的新使命［J］.电化教育研究,2024,45(1)：52-60.

［73］R. Ait Novatiani, R. Wedi Rusmawan Kusumah, Winwin Yadiati, Radhi Abdul Halim Rachmat, Andry Arifian Rachman. Internal auditor competence and internal control：Improving internal audit quality to prevent fraudulent financial statements［J］. Cogent Business & Management, Volume 11, Issue 1. 2024.

［74］Sun Q. Research on the internal control system of administrative institutions［J］. Journal of Sociology and Ethnology, 2021, 3(5)：174-178.

后　　记

　　春末夏初，万物繁盛的五月，《综合督导：提升校长现代治理能力的上城密码》的书稿在大家的支持和帮助下，终于付梓了。本书的成稿过程，是一次对区域教育改革的深度复盘，更是一次与多方智慧的对话共振。

　　上城综合督导的实践探索自2009年启程，历经十六载深耕细作，在督导理念、机制与技术层面实现迭代升级，最终凝结成一本兼具实践厚度与理论高度的书稿。本书突破传统督导的"督事"框架，以激活教育内生发展动力为核心，不仅呈现了从规范管理到内涵发展的治理进阶历程，更用翔实的案例剖析了"关键事与关键人"的深层互动逻辑，展现出区域教育治理从单向管理向多元共治的范式转型。

　　从关键事走向关键人是上城综合督导的价值内核，也是顺应新时代教育高质量发展的重要目标。当综合督导逐步转向督关键人时，将充分发挥校长战略愿景的规划与引领作用、治理体系的构建完善作用、多元关系的协调与沟通作用，真正回应建设高质量教育体系、办好人民满意的教育等时代诉求。我们致力于将综合督导打造为推动学校发展的强劲引擎,通过为校长量身打造一份自我审视的总结单、精准剖析的体检单、多方参与的诊断单、专业引领的指导单,以及面向未来的任务单,系统性地助力校长专业能力提升。我们期待,通过综合督导,让管理规范、秩序井然成为有效开展教育教学活动的重要前提,让精进不息、活力迸发成为学校应有的状态。

本书由杭州市上城区教育局党委书记、局长项海刚主编,专职总督学陈韵担任副主编,庞科军、缪华良、王晨华负责书稿的整体设计和各章节具体内容的安排,庞科军负责全书的统稿。各章作者分别为:第一章夏春、周娟娟;第二章应春波、宋德婷;第三章孙心怡;第四章傅亮亮、钱佳芹;第五章金莹、王月;第六章张浩强、毛瑶瑶、李潇;第七章花弘、王晓强、沈建华;第八章缪华良、丁海霞;第九章陈婉婉、尚悦。

在本书撰写过程中,我们得到了省市教育督导部门给予的指导与帮助,特别要感谢原杭州市教育科学研究所施光明所长,作为本书撰写的指导专家,在理念提升、框架构建和经验凝练上,多次给予高位引领和详细指导。上城区各中小学、幼儿园提供了许多素材,袁志刚、张琴、陈洁、陈卫群、邱红燕、胡伟、吴洁、金晓蕾、夏叶丽、徐洁、杨昕珠、李爱敏、邵晓婷、冯娉婷、盛力康等老师撰写了案例。在此,一并表示诚挚的感谢。

本书作为阶段性成果,旨在为全省乃至全国各地在探索综合督导过程中提供"从理念到行动"的参考坐标,也期待借此引发更多关于教育治理现代化的探讨。我们深知,在教育需求日益多元、技术变革加速迭代的今天,综合督导仍是一个需要持续探索的开放性命题。书中未尽之处,诚盼读者批评指正,我们与各位同仁共同探索综合督导的更优路径。

项海刚

2025 年 5 月于杭州